usmeier
662

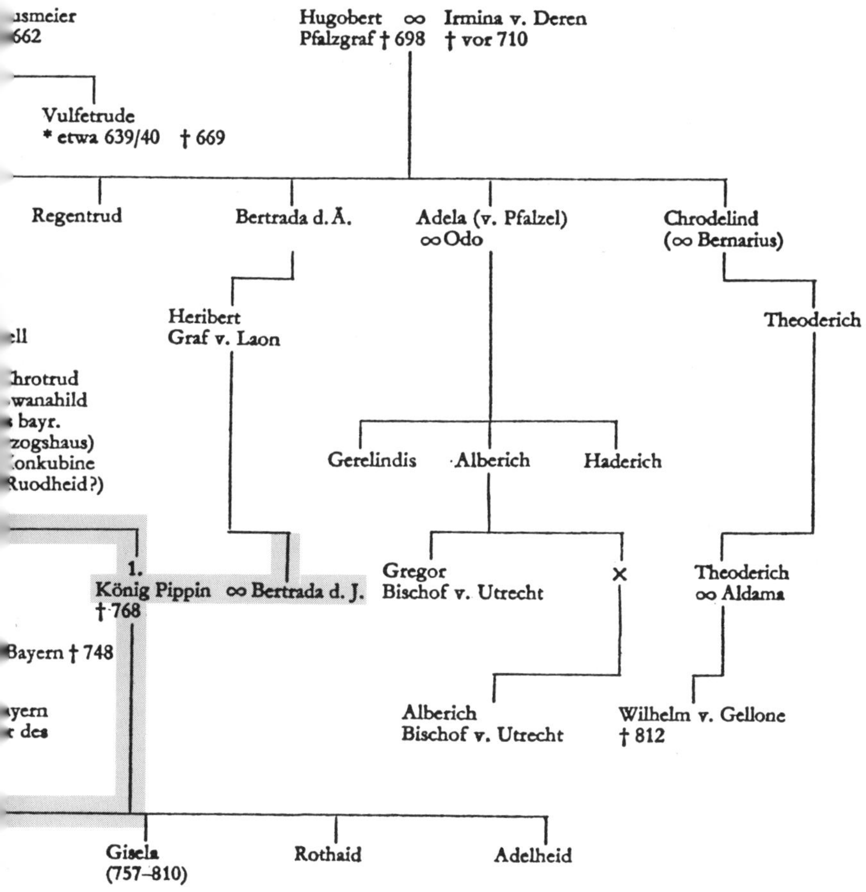

Hugobert ∞ Irmina v. Deren
Pfalzgraf † 698   † vor 710

Vulfetrude
* etwa 639/40   † 669

Regentrud

Bertrada d. Ä.

Adela (v. Pfalzel)
∞ Odo

Chrodelind
(∞ Bernarius)

Heribert
Graf v. Laon

Theoderich

ell

hrotrud
wanahild
s bayr.
zogshaus)
onkubine
Ruodheid?)

Gerelindis   ·Alberich   Haderich

1.
König Pippin ∞ Bertrada d. J.
† 768

Gregor
Bischof v. Utrecht

×

Theoderich
∞ Aldama

Bayern † 748

yern
r des

Alberich
Bischof v. Utrecht

Wilhelm v. Gellone
† 812

Gisela
(757–810)

Rothaid

Adelheid

ERNST W. WIES

KARL
DER GROSSE
KAISER UND HEILIGER

Für meine Frau Marielene

ERNST W. WIES

KARL
DER GROSSE
KAISER UND HEILIGER

BIOGRAPHIE
BECHTLE

4. Auflage 1998
© 1986 by Bechtle Esslingen München
Alle Rechte vorbehalten
Umschlaggestaltung: Christel Aumann, München
Schutzumschlagfoto: Fotoatelier Ann Münchow
Satz: Filmsatz Schröter GmbH, München
Gesetzt aus: 10.5/12 Palatino auf Linotron 202
Druck: Jos. C. Huber KG, Dießen
Binden: R. Oldenbourg, München
Printed in Germany
ISBN: 3-7628-0453-2

INHALT

Das Wirken eines Lebens
171

Die Menschlichkeit eines Lebens
249

Die Nachwirkungen eines Lebens
271

Das Geheimnis eines Grabes

Am 28. Januar des Jahres 814 starb Kaiser Karl, den seine Zeitgenossen »prudens«, den Weisen, und schon die Generation nach ihm »den Großen« nannten.
Sein Freund Angilbert (745–814), Diplomat, Staatsminister, Dichter, Laienabt des Klosters Centula (St. Riquier bei Abbeville) und Lebensgefährte der Karlstocher Berta, gab ihm das Attribut: »Leuchtturm Europas.«
Notker der Stammler (840–912), der Mönch von St. Gallen, nannte ihn, wie vorher schon Alkuin (730–804), »Bischof der Bischöfe.« Leopold von Ranke (1795–1886) sah in ihm einen »Wandler der Welt.«
Nur zwei Persönlichkeiten füllen im Geschichtsbewußtsein der europäischen Menschen den gleichen Raum wie er: Alexander der Große und Julius Cäsar.

Karls Tod und Grablegung

Das Grab Karls des Großen im Aachener Münster ist trotz umfangreicher Forschungen bis heute nicht eindeutig festgestellt. Wir wollen der Geschichte dieses Grabes ausführlich nachgehen, weil sich an ihr zweierlei ablesen läßt: Erstens spiegelt sie die Beachtung wider, die Karl in den verschiedenen Zeitepochen gefunden hat. Zweitens aber haben die Forschungen im Aachener Münster auch Aufschlüsse über die ursprüngliche Architektur mit sich gebracht. Und da stellt sich denn heraus, daß die Architektur der Kirche von

7

Karls Bedeutung, der Größe und Weite seines Machtanspruchs gänzlich durchdrungen ist. Sie ist Symbol für das
Selbstverständnis des ersten deutschen Kaisers. Denn es gab
zwei Thronanlagen auf zwei Ebenen. Die untere war Ausdruck für den weltlichen, die obere für den geistlichen
Machtanspruch. Beide Ebenen waren architektonisch und
geistig auf merkwürdige Weise miteinander verbunden. So
tritt uns schon in der Architektur des Münsters als steinernes
Denkmal machtvoll der Geist des mittelalterlichen Kaisertums entgegen, aber auch seine doppelte Funktion, die
gewaltigen Zündstoff in sich barg.[1]
Über Karls Tod und Sterben wissen wir gut Bescheid. Sein
Biograph und Zeitgenosse Einhard (770–840) berichtet uns
in seiner »Vita Caroli Magni«: »Im Januar wurde er während
seines Winteraufenthaltes in Aachen von hohem Fieber
befallen und mußte das Bett hüten. Er beschloß zu fasten,
wie er es bei Fieber immer getan hatte, denn er glaubte,
durch Enthaltsamkeit die Krankheit zu vertreiben oder
wenigstens zu mildern. Zu dem Fieber stellten sich Schmerzen in der Seite ein, die von den Griechen mit Pleuritis
(Rippenfellentzündung) bezeichnet werden. Trotzdem
bestand er weiter darauf zu fasten und stärkte sich ab und zu
durch weniges Trinken.
Er starb, nachdem er die heilige Kommunion erhalten hatte,
am 28. Januar, in der dritten Stunde des Tages, sieben Tage
nach seiner Erkrankung, im zweiundsiebzigsten Lebens-
jahre. (Man rechnete den Tagesbeginn von 6 Uhr früh an,
also starb Karl zwischen 8 und 9 Uhr morgens.)
Sein Leichnam wurde nach herkömmlicher Sitte gewaschen
und aufgebahrt, dann in die Kirche gebracht und unter
großem Klagen des Volkes begraben. Zuerst wußte man
nicht, wo man ihn bestatten sollte, da er selbst keine Anweisungen darüber hinterlassen hatte. Schließlich stimmten alle
zu, daß er nur in der Kirche ehrenvoll beigesetzt werden
könnte, die er selber aus Liebe zu Gott und unserem Herrn

Jesus Christus und zu Ehren der heiligen und ewigen Jungfrau, der Gottesmutter, in Aachen auf eigene Kosten hatte erbauen lassen. Hier wurde er noch an seinem Todestage beigesetzt und ein goldener Bogen mit seinem Bild und einer Inschrift über dem Grabe errichtet. Darauf stand: »In diesem Grabe ruht Karl, der große und rechtgläubige Kaiser, der das Reich der Franken ruhmvoll vergrößert und siebenundvierzig Jahre erfolgreich regiert hat. Er starb als Siebziger, in der siebenten Indiktion, am 28. Januar im Jahre des Herrn 814.«

Einhard irrt, wenn er sagt, Karl habe keine Anweisung für den Fall seines Todes gegeben. Denn im Jahre 769 hatte Karl tatsächlich verfügt, er wolle in St. Denis neben seinem Vater, König Pippin, bestattet werden.[2]

Doch war diese Verfügung fünfundvierzig Jahre alt und zur Zeit ihrer Abfassung die Aachener Pfalz noch nicht erbaut. So durfte man mit einiger Berechtigung annehmen, daß es Karls Wille war, in seiner Palastkapelle begraben zu werden, so wie es auch Einhards Auffassung war.

Man wundert sich aber über die merkwürdige Hast, mit der Karl bestattet wird. Es ist doch Winter, und keine klimatischen Gründe erzwingen die eilige Beerdigung. Da stirbt der Kaiser des Abendlandes, der Herrscher der Christenheit – und nur wenige Stunden später ist er begraben! Man wartet nicht auf das Eintreffen der Großen des Reiches, nicht einmal auf die Ankunft des Sohnes und Nachfolgers, Kaiser Ludwigs des Frommen, um dessen Wünsche über den Bestattungsort und die Form der Beerdigung zu vernehmen.

Der einzige Grund zur Eile dürfte in der erwähnten Verfügung des Jahres 769 zu finden sein, in der Karl das Kloster von St. Denis als seine letzte Ruhestätte, an der Seite seines Vaters, bezeichnete. Die Mönche dort hatten diese königliche Verfügung sicher nicht vergessen, denn solch ein ruhmreiches Grab bedeutete, neben den Zuwendungen der königlichen Familie, Pilgerströme von nah und fern, und das war gleichbedeutend mit Geld und Macht. Bevor aber St. Denis seine Ansprüche geltend machen konnte, waren vollendete Tatsachen geschaffen und das Kaisergrab für Aachen gesichert.

Dann brach der Normannensturm über das Reich herein. Auch Aachen fiel ihm im Jahre 881 zum Opfer. Die Normannen nahmen die Kaiserpfalz zum Winterquartier und steckten sie bei ihrem Abzug in Brand.

Die Mönche vom Kloster Stavelot retteten den Aachener Reliquienschatz nach Mainz. Sie dürften es auch gewesen sein, die das Grab des großen Kaisers unkenntlich machten, um es vor den normannischen Räubern zu bewahren.

Danach gibt es in den Quellen lange Zeit keinen Hinweis mehr auf das Grab.

Die erste Wiederentdeckung des Karlsgrabes
durch Kaiser Otto III.

Erst im Jahre 1000 rückte das Karlsgrab wieder ins historische Blickfeld. Kaiser Otto III. (983–1002), erfüllt von dem Gedanken der »Renovatio Imperii Romanorum«, traf, von Gnesen kommend, wo er die Gründung des dortigen Erzbistums durch Boleslaw Chrobry (992–1025) bestätigt hatte, in Aachen ein. Sein Ziel war das Karlsgrab.

Aber das Grab war verschollen!

Das Grab des ersten abendländischen Kaisers vergessen!

Ein unglaublicher Tatbestand! Niemand konnte zunächst weiterhelfen. Doch auch wenn man das Grab aus Sicherheitsgründen unkenntlich gemacht hatte, mußte sich die Kenntnis seiner Lage von Domkapitel zu Domkapitel als kostbares Geheimnis vererbt haben! Offensichtlich war es tatsächlich so. Irgendwie muß Otto III. in den Besitz dieses Geheimnisses gelangt sein. Denn nach drei Tagen fand er das Karlsgrab. Über die Wiederauffindung liegen uns drei

Berichte vor, die einen Gelehrtenstreit entfesselt haben und zwar darüber, ob Karl in einem Erdgrab oder einem prunkvollen Throngrab bestattet worden sei. Es sind dies die »Chronik Novalese«, zweitens die »Chronik des Thietmar von Merseburg« und die »Historia des Ademar von Chabannes«.

Thietmars Chronik entstand zwischen 1012 und 1018. Die Frankengeschichte des Ademar von Chabannes, eines Angehörigen des Klosters des heiligen Eparchius zu Angoulême, wird um das Jahr 1030 datiert. Die in den Jahren 1027–1050 verfaßte »Chronik Novalese«, benannt nach einem Kloster in einem Seitentale des Mont Cenis, wurde im Prioratskloster von Breme, einem kleinen Ort im Tale der Susa, geschrieben. Breme liegt in der Landschaft Lomellina, dem jetzigen Reisanbaugebiet Oberitaliens. Der Hauptort Lomello war der Sitz eines Grafengeschlechts. Die Trutzburg der Grafen, in der sie residierten, ist erhalten. Einer dieser Grafen, Otto von Lomello, ist eine historisch genau zu fixierende Persönlichkeit.

Er war Protospatar, das heißt, erster Schwertträger Kaiser Ottos III., und Markgraf von Pavia. Graf Otto von Lomello war einer der drei Begleiter, die mit Otto III. die Karlsgruft in Aachen betraten. Seine Erlebnisse hat er später, nach dem Tode seines Kaisers, dem Mönch von Breme, das eine knappe Reitstunde von Lomello entfernt liegt, erzählt.

»Wir traten bei Karl ein. Denn er lag nicht wie die Körper anderer Verstorbener, sondern er saß auf einem Hochsitz, als lebe er. Er war mit goldener Krone gekrönt, hielt das Zepter in den Händen mit angezogenen Handschuhen, durch die bereits die Fingernägel durchbohrend herausgekommen waren. Über ihm war eine Decke aus Kalk und Marmorstein angefertigt. Als wir an sie kamen, brachen wir gleich ein Loch in sie hinein. Als wir dann zu ihm hereinkamen, empfanden wir einen sehr starken Geruch. Wir richteten sofort ein Gebet an ihn mit gebeugten Kniekehlen. Dann bekleidete ihn Kaiser Otto mit weißen Gewändern, schnitt ihm die Nägel und stellte alles fehlende um ihn wieder her.

Von seinen Gliedern war bis dahin nichts durch Verwesung vernichtet, außer, daß von seiner Nasenspitze ein weniges fehlte, was der Kaiser aus Gold ergänzen ließ. Aus seinem Munde zog er einen Zahn, dann ließ er die Decke wieder herstellen und ging weg.«
(Chronik Novalese III. 32, hrsg. von Cipolla in der Übersetzung von Robert Holzmann.)
Thietmar von Merseburg berichtet den Vorgang so: »Da er (Kaiser Otto III.) über die Ruhestätte der Gebeine Kaiser Karls im unklaren war, ließ er an der vermuteten Stelle heimlich den Boden aufbrechen und nachgraben, bis man sie auf königlichem Throne fand. Nach Entnahme des Halskreuzes und eines Teiles der noch unvermoderten Gewänder legte man das übrige in tiefer Ehrfurcht wieder hinein.«
(Übersetzung von W. Trillmich).
Es ist möglich, daß Kaiser Otto III. bei dieser Gelegenheit die Überreste einem Sarkophag übergab, denn später wurden sie in einem solchen, dem Proserpinasarkophag, gefunden.
Die »Historia des Ademar von Chabannes« weicht zwar in Einzelheiten von den vorigen Schilderungen ab, aber das Sitzen der Leiche auf einem Thron wird auch hier bestätigt.
Ein Historiker vom Range Robert Holzmanns zieht in seiner »Geschichte der sächsischen Kaiserzeit«, wobei er auf Heranziehung des Ademar von Chabannes verzichtet, den Schluß: »Und mag auch dieser oder jener Punkt etwas ausgeschmückt sein, daß der Graf von Lomello am Besuch des Grabes Karls des Großen teilgenommen hat, ist nicht zu bezweifeln. Und so muß die vielerörterte Frage, ob Karl in aufrechtsitzender Stellung beerdigt wurde, auf Grund von zwei unabhängigen Quellen bejaht werden.«
Erinnern wir uns jedoch an Einhards Augenzeugenbericht, so dürfte in der Kürze der Zeit (Karl war ja wenige Stunden nach seinem Tode beerdigt worden) eine prunkvolle Thronbestattung, die ein Gewölbe voraussetzt, nicht möglich gewesen sein. Falls also Karl in einem Throngrab aufgefunden

wurde, so kann dieses nur zu einem späteren Zeitpunkt nach
vorbereitender Planung errichtet worden sein.

Die lateinischen Vokabeln in Einhards Text – humatus est –
sepultus est – sind die gleichen, mit denen die üblichen
Bestattungen in Erdgräbern mit Sarkophagen bezeichnet
wurden. Ausdrücklich von einem Erdgrab spricht auch der
»Planctus de obitu Karoli«, anscheinend in Bobbio in Oberitalien kurz nach dem Tode des Kaisers entstanden. Der
Bericht klagt, »daß den Kaiser Karl nunmehr ein mit Inschrift
versehenes Erdgrab deckt (telluris titulatus tumulus)«, und
er spricht von den »Erdschollen, denen Karl nun überant-
wortet sei (glebis terrae traditus)«.

Am entschiedensten hat sich Th. Lindner in der Zeitschrift
des Aachener Geschichtsvereins in seiner Arbeit »Die Fabel
von der Bestattung Karls des Großen« gegen ein Sitz- oder
Throngrab ausgesprochen. Er findet eine andere Deutung in
Thietmars Text: »Die Gebeine Karls seien – in solio regio – auf
einem Königsthron gefunden worden.« Er leugnet nicht,
daß – solium – in seiner Grundbedeutung mit Thron gleich-
zusetzen sei, versteht aber im Textzusammenhang von
Thietmars Bericht das Wort – solium – als Sarkophag.

Da will einem die Sinndeutung, die Franz Kampers in der
»Zeitschrift der Görresgesellschaft« im Jahresbericht 1917
gibt, zwingender erscheinen. Er bezeichnet als – solium
regium –, als den Königssitz, die gesamte Palastkapelle, so
wie wir heute als Regierungssitz den Ort der Amtsausübung
verstehen, und nicht den Sessel des Regierungschefs.

Lindner ist am eindrucksvollsten, wo er sich der Mitarbeit des
Professors der Anatomie, Dr. Hermann Welcke, versichert.

Dieser schreibt: »Ein Gerippe in einer Grabkammer, auf
einem Gestühl, kann nicht sitzen. Selbst wenn die frische,
fleischige Leiche auf den Sitz geschnürt war, vermöchte dies
das bloße Knochengerüst nicht zusammenzuhalten. War es
vollends durch die Krone und andere Beigaben beschwert,
mußte es zusammenbrechen. Das Ergebnis wäre ein wirrer

Haufen von Gebeinen, auf und um den Thron zerstreut, zwischen Diadem, Zepter und Evangelienbuch. Ein grausiges Bild, widerwärtig und lächerlich zugleich. Die zu verewigende Majestät verwandelt in schneidender Ironie die Vergänglichkeit alles Irdischen. Mors imperator.«

Ferner stellt Lindner fest: »Zu wiederholtenmalen ist der Boden der ganzen Kirche, des Oktogons und des Chores durchwühlt und durchforscht worden, aber nirgends fanden sich Reste einer gewölbten Grabkammer oder eine Spur, die entsprechend ausgelegt werden könnte. Ich kann dem Gedanken nicht entsagen«, so Lindner, »der Graf von Lomello war ein lustiger und geschickter Aufschneider, der seine Leute anmutig zu belügen wußte.«

Man könnte Lindner folgen, gäbe es nicht die gleichlautenden Berichte des Thietmar von Merseburg, der Chronik Novalese und des Ademar von Chabannes.

Zwei Jahre nach dem Besuch des Karlsgrabes in Aachen fand der junge Kaiser Otto III. seinen frühen Tod. Die Zeitgenossen sahen darin die Sühne für Ottos Frevel, die Grabesruhe Karls gestört zu haben.

Was blieb, war Ottos III. Traum von der »Renovatio Imperii Romanorum«, die Idee, daß der Kaiser stellvertretend für Gott die Welt regiere, als Herr der Welt und der Kirche.

Aachen verlor in den folgenden Jahrhunderten nie seine von Karl begründete Bedeutung. Es blieb von 936–1531 Krönungsstadt der deutschen Könige. Neben Salbung und Weihe verlieh der Karlsthron die Würde des Königtums.

Das Karlsgrab jedoch versank wieder im Dämmerlicht der Geschichte, bis im Jahre 1165 Kaiser Friedrich I., genannt Barbarossa, es erneut in den Mittelpunkt des Geschehens stellte.

Die zweite Wiederentdeckung des Karlsgrabes
durch Kaiser Friedrich I.

Wiederum war also das Karlsgrab verschollen. In dem als echt geltenden kaiserlichen Diplom Friedrich Barbarossas vom 8. 11. 1166 wird ausdrücklich gesagt, das Grab habe mit Rücksicht auf äußere und innere Feinde an verborgener Stelle gelegen. Hier stellt sich die Frage, welche äußeren und inneren Feinde um diese Zeit die Grabesruhe des großen Karolingers stören sollten? Schließlich fand Friedrich I.»kraft göttlicher Inspiration« das Grab seines großen Vorgängers. Wiederum liegt die Folgerung nahe, daß das Geheimnis des Karlsgrabes doch im Besitz des Aachener Domkapitels gewesen ist und durch die Macht oder das Gold des Barbarossa gebrochen wurde.

Nach der Wiederfindung des Grabes ließ Friedrich Barbarossa seinen »Ahnherrn Karl« am 29. 12. 1165 heiligsprechen. Diese Heiligsprechung war eine Demonstration und eine Definition staufischer Kaiserpolitik. Über die Art und die Hintergründe dieser Kanonisation wird noch zu sprechen sein.

Nachdem die Gebeine Karls im Jahre 1215, wiederum unter Mitwirkung eines Stauferkaisers, Friedrich II. (1212–1250), im goldenen Schrein des Aachener Münsterchors ihre letzte und endgültige Ruhe gefunden hatten, geriet das zweimal vergessene Ursprungsgrab Kaiser Karls in seine dritte Vergessenheit. So kam es, daß Anfang unseres Jahrhunderts der Aachener Kunsthistoriker K. Faymonville lakonisch resümierte:

»Die Pfalzkapelle enthielt auch das Grab des Kaisers . . . Das Grab ist verschwunden, seine Stelle nicht genauer bekannt.«
Diese Aussage gilt bis auf den heutigen Tag.

Grabestheorien

Der Grabestheorien gibt es viele. Im 17., 18., und 19. Jahrhundert wurde das Grab in der Mitte des Oktogons angenommen. Mitte bis Ende des 19. Jahrhunderts wurde das Grab im Umgang des Oktogons, an der Stelle vor der ungarischen Kapelle, vermutet. Ende des Jahrhunderts gab es eine Grabestheorie, die auf die Ecke zwischen Armenseelen- und Kreuzkapelle am Katschhof verwies. Auch das alte karolingische Chörchen tauchte in den Spekulationen auf. 1902 stellte der damalige Dombaumeister, Professor Buchkremer, Überlegungen an in bezug auf eine Stelle an der Wand zwischen Oktogon und Mathiaskapelle.

Aber bei den Grabungen der Jahre von 1910–1914 im Aachener Dom fand keine Theorie Bestätigung. Vielmehr wurden alle auf Grund der Grabungsresultate hinfällig.

Im Jahre 1958 vermutete der Aachener Dombaumeister Felix Kreusch in einer Lücke im Spannungsfeld des östlichen Oktogonbogens, neben der Mittelachse der Kirche, das Karlsgrab. Aber auch diese Theorie mußte aufgegeben werden. Abschließend sei eine Grabestheorie präsentiert, der sich heute viele Wissenschaftler, Archäologen, Kunsthistoriker und Historiker, wenn auch mit unterschiedlichen Argumenten, anschließen. Ihr Urteil leitet sich her aus der Bausubstanz, aus den Fixierungsmöglichkeiten der Kunstgeschichte und aus dem historischen Quellenvergleich.

Bereits im Jahre 1872 wurde von aus'm Weerth, und im Jahre 1894 von Emil Pauls, die Vorhalle am westlichen Hauptportal des Aachener Münsters als mögliches Karlsgrab angesehen. Diese Auffassung wurde 1933 von Heinrich Wissmann in seiner Heidelberger Dissertation untermauert und in unseren Tagen von dem kürzlich verstorbenen Dombaumeister Professor Leo Hugot durch Untersuchungen der Bausubstanz und architektonischer Konstruktionen in den Bereich der Wahrscheinlichkeit gerückt.

Wenn Wissmann das Grab Karls des Großen in den westlichen Vorbau verlegt, weiß er sehr wohl, daß gerade in den letzten Lebensjahren des Kaisers auf zwei Konzilien (Aachen 809 und Mainz 813) Bestattungen im Kirchenraum untersagt wurden. Dies muß aber, nach Wissmann, bei einer solch außerordentlichen Persönlichkeit wie Karl nicht Geltung gehabt haben. Auch muß eine Kirchenvorhalle nicht unbedingt als Kirchenraum angesehen werden. Wichtig ist, daran erinnert Wissmann, daß Karl das Grab seines Vaters, König Pippins, am Eingang der Kirche von St. Denis mit einer Torhalle überwölben ließ. Sollte das, was der Sohn für den Vater tat, nicht auch für den Sohn gegolten haben?

Wissmann wartet mit weiteren Beispielen auf:

Im Jahre 794 verstarb zu Frankfurt Karls dritte Frau, die Königin Fastrada. Sie wurde in Mainz, in der Kirche St. Alban, beigesetzt,.

Die »vita s. Albani« berichtet, daß sie in einem »Vestibulum« bestattet wurde. Dabei kann es sich nur um einen Vor- oder Torbau der Kirche gehandelt haben.

Auch Angilbert, Freund und Vertrauter Karls und akzeptierter Lebensgefährte seiner Tochter Berta, Laienabt des Kloster Centula in St. Riquier, ließ sich in der Vorhalle seiner Kirche begraben. Wissmann weist bei weiteren Verwandten und Freunden des Kaisers Vorhallenbegräbnisse nach und resümiert: »Wenn der Vater, die Gemahlin, zwei Söhne, der Schwiegersohn (gemeint ist Angilbert) außerhalb des eigentlichen Kirchenraumes in Vor- oder Torhallen beigesetzt wurden, so spricht die Wahrscheinlichkeit dafür, daß man auch das Grab Karls an entsprechender Stelle, im Westanbau des Aachener Münsters zu suchen hat.«

Bei Wissmann wird aus dem – in solio regio – des Thietmar von Merseburg die Gesamtheit des westlichen Vorbaus. Hier, im Erdgeschoß, vermutet er Kaiserthron und Grab.

Es ist von fränkischen Königen, aber auch von anderen germanischen Fürsten, überliefert, daß sie am Kirchentor

Recht sprachen und Gericht hielten. Daß dies von einem Thron aus geschah, ist belegt.

Für Wissmann existieren zwei Throne. Der eine muß im Erdgeschoß des Westbaus gestanden haben, der andere im Obergeschoß, dort, wo der uns überlieferte Karlsthron steht. In diesem Obergeschoß sieht Wissmann auch das Privatoratorium des Kaisers.

Der Marburger Historiker Helmuth Beumann kommt beim Studium der Schriftquellen zum gleichen Ergebnis wie Wissmann.

Der Bericht des Thietmar von Merseburg, Karls Körper sei von Kaiser Otto III. – in solio regio – gefunden worden, hatte also der Forschung den falschen Weg gewiesen. Daher waren alle Bemühungen, im Obergeschoß des westlichen Anbaus, dort, wo heute der Karlsthron steht, das Kaisergrab zu finden, zum Scheitern verurteilt.

Erinnern wir uns: Einhard, Karlsbiograph und einziger Augenzeuge, berichtet nicht sehr genau, er sagt nur, der Kaiser wurde »in ecclesia« begraben.

Es ist eine Auffassungssache, ob ein Tor- oder Vorhallengrab »in ecclesia« oder »extra ecclesiam« ist. Wahrscheinlich war ein Torhallengrab der Kompromiß des mittelalterlichen Menschen, mit den Beschlüssen der Konzilien von Aachen im Jahre 809 und von Mainz im Jahre 813 zu leben. Helmuth Beumann kommt, wie gesagt, zum gleichen Ergebnis wie Wissmann. Er weist aus den Schriftquellen zwei Throne auf zwei Ebenen, den einen im Obergeschoß, den anderen im Erdgeschoß der westlichen Vorhalle, nach.

Diese Bestätigung findet Beumann bei Widukind von Corvey (um 925–973), der sehr genau die Wahl des späteren Kaisers Otto I. (936–973) und seine Krönung zum deutschen König im Jahre 936 in Aachen erzählt: »Nachdem also der Vater des Vaterlandes und der größte und beste König Heinrich gestorben war, wählte sich das gesamte Volk der Franken und Sachsen seinen Sohn Otto, der bereits vorher vom Vater zum

König designiert worden war, als Herrscher aus. Als Ort der allgemeinen Wahl nannte und bestimmte man die Pfalz zu Aachen... Und als man dorthin gekommen war, versammelten sich die Herzöge und obersten Grafen mit der übrigen Schar vornehmster Ritter in dem Säulenhof, der mit der Basilika Karls des Großen verbunden ist, setzten den neuen Herrscher dort auf einen Thron, huldigten ihm, gelobten ihm Treue, versprachen ihm Unterstützung gegen alle seine Feinde und machten ihn nach ihrem Brauch zum König.« Widukind fixiert hier ganz klar einen Thron zu ebener Erde. Folgen wir ihm weiter:»Während dies die Herzöge und die übrige Beamtenschaft vollführten, erwartete der Erzbischof mit der gesamten Priesterschaft und dem ganzen Volk im Innern der Basilika den Auftritt des neuen Königs...

Darauf nahm er Zepter und Stab und sprach: ›Durch diese Abzeichen bist du aufgefordert, mit väterlicher Zucht deine Untertanen zu leiten und in erster Linie den Dienern Gottes, den Witwen und Waisen die Hand des Erbarmens zu reichen; möge niemals dein Haupt ohne das Öl der Barmherzigkeit sein, auf daß du jetzt und in Zukunft mit ewigem Lohn gekrönt werdest.‹ Auf der Stelle wurde er mit dem heiligen Öl gesalbt und mit dem goldenen Diadem gekrönt von eben den Bischöfen Hildebert und Wigfried, und nachdem die rechtmäßige Weihe vollzogen war, wurde er von denselben Bischöfen zum Thron geführt, zu dem man über eine Wendeltreppe hinaufstieg, und er war zwischen zwei Marmorsäulen von wunderbarer Schönheit so aufgestellt, daß er von da aus alle sehen und selbst von allen gesehen werden konnte.«[3]

Hier ist ohne Zweifel der Thron auf der oberen Ebene angesprochen, der auch heute noch »zwischen zwei Marmorsäulen von wunderbarer Schönheit« zu sehen ist.

Auch bei Thietmar von Merseburg findet Helmuth Beumann die Bestätigung eines Thrones auf der Ebene des Atriums, und der untere Thron ist ja der, der bewiesen werden muß.

19

Thietmar berichtet über das gleiche Ereignis, die Königswahl und Krönung Ottos I. zu Aachen:

»Um die große Trauer der Königin Mathilde zu lindern, erwählten alle Fürsten des Reiches ihren Sohn Otto auf Anordnung und Wunsch seines Vaters einmütig zu ihrem Könige und Herrn, indem sie die Rechte erhoben und riefen: ›Es lebe der König und wirke siegreich immerdar.‹

Dann zogen sie nach Aachen. Als sie sich näherten, kamen ihnen alle Großen entgegen, gelobten Treue und Gehorsam, führten ihn an den Kaiserthron und setzten ihn an die Stelle seiner Vorgänger: So erwählten sie ihn zu ihrem Könige, dann sagten sie Gott Dank.«[4]

Dies war der weltliche Teil der Thronsetzung, der sich vor dem Münster vollzog. Thietmar schildert nun die Weihe im Münster durch die Bischöfe, als Bestätigung und Heiligung des Geschehenen.

»In dem durch die Fürsorge Karls des Großen errichteten Münster der heiligen, allzeit jungfräulichen Maria, weihte ihn Hildebert, der Wahrer des Mainzer Stuhls, unter Assistenz des Erzbischofs von Trier mit Genehmigung Wigfrieds, des Erzbischofs des hl. Kölns, denn in dessen Diözese fand das Ereignis statt.«

Aus Thietmars und Widukinds Texten ist, nach Beumann, die weltliche Thronsetzung im Atrium durch die Großen des Reichs gesichert und bewiesen, daß zwei Throne auf zwei Ebenen vorhanden waren.

Wipo, der Hofkaplan des deutschen Königs und Kaisers Konrad II. (1024–1036), berichtet von der Thronsetzung seines Herrn, der, in Kambala gewählt und in Mainz gekrönt, in Aachen die Huldigung der lothringischen Großen entgegennahm. Auch diese Huldigungszeremonie fand, so Beumann und die von ihm angeführten Texte, auf einem Hof im Atrium statt.

Steht man heute vor dem Westwerk des Münsters, so sieht man über der Westlaube den Rundbogen einer baldachinartigen, nach innen gekehrten Konche. Inmitten der Konche befindet sich eine dreiteilige, romanische Fensteranlage. Zwischen dem unteren Fensterrand und der Oberkante der Eingangshalle ist eine Fenestella (Fensterchen), der eine besondere Bedeutung zukommt. In der Verlängerung der Konche nach unten, ungefähr in der Mitte der jetzigen Halle, muß sich der Thron zu ebener Erde befunden haben.

Fassen wir zusammen:

Lindner weist alle Grabestheorien, die von einem Sitz- oder Throngrab ausgehen, was ja ein unterirdisches Gewölbe voraussetzt, ins Reich der Fabel.

Wissmann zeigt an Hand vieler Vergleiche, daß Bestattungen bedeutender Persönlichkeiten aus Karls Familien- und Freundeskreis an der Westseite von Kirchen üblich waren. Über diese Gräber wurden dann Torhallen oder Lauben gebaut, oder die Gräber wurden in bereits vorhandenen Torhallen und Lauben angelegt.

Er gibt vor allem den Hinweis auf das Grab von Karls Vater, König Pippin, der am Westeingang von St. Denis begraben wurde und dem Karl eine Torhalle errichtete.

Beumann, auf historische Texte gestützt, stellt zwei Throne, einen im Obergeschoß des Westwerks für die geistliche Thronsetzung, und einen am Westeingang mit Blick in das Atrium für die weltliche Thronsetzung, fest.

Auf diesen Theorien aufbauend, wartet der Aachener Dombaumeister Leo Hugot mit einer faszinierenden Argumentation auf:

Hugot akzeptiert die zwei Throne.

Genauere Bauuntersuchungen zeigten, daß der Thronraum im Obergeschoß des Westwerks bevorzugt gestaltet ist.

Außer der Kuppel des großen Oktogons ist nur sein Tonnengewölbe mit Mosaiken geschmückt. Der Fußboden ist zwei Stufen über den Boden der übrigen Empore erhoben. Der Altar dieses Thronraumes, dem eine besondere Bedeutung zukommt und der heute an der Rückseite des Karlsthrones steht (ein etwas unsinniger Platz), stand damals gegenüber an der Konche der Westmauer, genau in der Mitte, dort, wo an dieser Stelle heute noch die bereits erwähnte Fenestella sichtbar ist.

Genau in diese Fenestella paßt eine Öffnung an der Rückseite des Altars, der in seinem Innern einen Reliquienbehälter barg.

So ergab sich durch die geöffnete Fenestella eine Luftverbindung zwischen dem Reliquienschatz im Altar und dem unteren Thron.

Vollzog der Kaiser dort sein hohes Amt (z. B. das Richteramt), so stand er im unmittelbaren Gnadeneinfluß seiner Reliquien. Diesen Altar im oberen Throngeschoß, der erst im Jahre 1305 an seinem jetzigen Platz hinter dem Thron zu Ehren des hl. Nikasius konsekriert wurde, bestimmt Leo Hugot in die Zeit Karls des Großen.

Aufgrund vergleichbarer Kirchenanlagen nimmt er an, daß es sich um einen Salvatoraltar handelte. Bei den Reliquien müßte es sich um eine Herrenreliquie (Berührungsreliquie) gehandelt haben, eine Reliquie aus dem Kreis der vier großen Aachener Heiligtümer, die den Grundstock von Karls Reliquienschatz bildeten, wahrscheinlich waren es »die Windeln Christi«. Die Intensität der Reliquienverehrung im Mittelalter ist für uns heute kaum nachvollziehbar. Die Reliquien (lat. Überbleibsel, Asche oder Gebeine, aber auch Gebrauchsgegenstände von Heiligen) boten Teilhabe an der Heiligkeit, waren Brücke zum Himmlischen, Wege zur Gnade.

Johan Huizinga weiß in seinem »Herbst des Mittelalters« von Entartungen und Überspitzungen des Reliquienkults zu berichten: »Das Volk in den Bergen von Umbrien um das Jahr 1000 wollte den Einsiedler Sankt Romuald totschlagen, um seine Gebeine nicht zu verlieren. Die Mönche von Fossa Nuova, wo Thomas von Aquino im Jahre 1274 gestorben war, haben aus Angst, die kostbare Reliquie könnte ihnen

entgehen, die Leiche des edlen Meisters buchstäblich einge-
macht: vom Kopf befreit, gekocht, präpariert. Als der Leichnam der heiligen Elisabeth von Thüringen noch nicht bestattet war, schnitt oder riß eine Schar Frommer nicht nur Stücke
von den Tüchern ab, mit denen ihr Antlitz umwickelt war;
man schnitt ihr die Haare und Nägel ab, ja sogar Stücke von
den Ohren und Brustwarzen.«
Vor solchem Hintergrund wird Karls Reliquienaltar verständlich.

Die bildliche Darstellung in einer Kirche beginnt im Westen
mit dem Heilsgeschehen, der Geburt Christi. Die Windeln
Christi haben Anteil an der Geburt, darum mußten sie in
einem nach Westen weisenden Reliquiar untergebracht sein,
eben dem Salvatoraltar.

Nur wenn schlüssig bewiesen würde, daß der Altar im
Thronobergeschoß der Salvatoraltar war, ergäbe sich die
Übereinstimmung zwischen Schriftquellen und Bausubstanz. Darum erweiterte der Dombaumeister seine Argu-
mentationskette: »Der Hauptaltar des Aachener Domes ist
seit 1951 mit dem goldenen Antependium (Stoffbehang oder
Vorsatztafel aus Metall mit Email und Goldschmiedearbeit
an der Vorderseite des Altars), der ›Pala d'oro‹, geschmückt.
Man hat einen Holzrahmen für die 17 Goldplatten angefertigt, dessen Maße sich nach der Größe des Altares richten
mußten. Diese Maße stimmen mit den ursprünglichen nicht
überein. Vorhanden sind nur noch die Füllungen der einsti-
gen Altarumkleidung. Auf 10 Tafeln ist die Leidensge-
schichte Christi dargestellt: Einzug in Jerusalem, Abendmahl, Fußwaschung, Gethsemane, Verrat des Judas, Geiße-
lung, Dornenkrönung, Weg nach Golgatha, Kreuzigung und
Auferstehung. In der Mitte thront in der Mandorla der
Erlöser in jugendlicher, bartloser Darstellung. Er ist umgeben von den Symbolen der vier Evangelisten, Mensch,
Löwe, Stier und Adler, die in vier kleinen runden Medaillons
angeordnet sind.

Neben dem thronenden Christus steht zur rechten Seite Maria. Zur Linken ist die Abbildung des hl. Johannes des Täufers üblich. Nicht so hier.

Vielmehr ist der Erzengel Michael dargestellt, der mit den Engeln ikonographisch dem Westen des Kirchenraumes zugeordnet und als Seelenführer verehrt wird.«

Leo Hugot folgert hieraus auf eine Ursprungsaufstellung des Antependiums im Westbau der Kirche.

Goldschmiedearbeiten, zeitlich und künstlerisch mit der ›Pala d'oro‹ vergleichbar, finden wir in Paris und Aachen, und zwar in Paris das Baseler Antependium und den Ambo (Lesepult) Heinrichs II. in Aachen.

Unter Berücksichtigung der vergleichbaren Anordnung und Technik, und unter der Annahme eines 1.20 m hohen Altares, gehört die Pala d'oro zu einem Altar von 1.40 m Breite. Genau diese Maße hat der Altar, der heute hinter dem Throne Karls im Obergeschoß steht. Damit ist der verschollene Salvatoraltar wiedererkannt, der einstmals im oberen Thronraum stand, das heißt, an der Westseite im Obergeschoß des Aachener Münsters.

Noppius schreibt 1632, daß die Überlieferung sage: »Ein Ehrw. Capitel habe die güldenen Ornamente aus dem Schatz machen lassen, der im Grabe Karls gefunden worden sei. Diese Legende birgt einen Teil der Wahrheit. Kaiser Otto III. ließ sie zum Seelenheile Karls anfertigen für den Salvatoraltar, unter welchem der große Kaiser, ein Stockwerk tiefer, im Erdgeschoß begraben liegt.«

Soweit der Dombaumeister.

Die Domgrabungen der Jahre 1910–1914 bestätigen die Überlegungen. In der Vorhalle, dem Untergeschoß des Westbaues, wurden zahlreiche Grabstätten freigelegt. Eine lag in der Achse des Bauwerks und hinter dem Fundament, auf welchem die Vorhalle gestanden hat. Die Abmessungen der gefundenen Grabstätte hatten eine lichte Länge von 2.55 m und eine lichte Breite von 1.10 m. Der Proserpinasarg, in dem Karl nach allgemeiner Auffassung begraben wurde, paßte mit 2.15 m Länge und 64 cm Breite gut in diese Gruft und hätte in der Länge wie in der Breite einen Hohlraum von 20 cm gehabt.

Und nun scheint alles zu stimmen.

Dieses Grab lag nahe dem königlichen Throne der unteren Ebene. Es war in seinen Abmessungen groß genug, den Proserpinasarkophag aufzunehmen. Die Grabanlage konnte im Hinblick auf den Arbeitsaufwand in wenigen Stunden errichtet werden.

Jetzt findet auch der Karlsbiograph und unser einziger Augenzeuge, Einhard, seine endgültige Bestätigung: »Daß Karl noch an seinem Todestage, vor Sonnenuntergang beigesetzt wurde.«

Es besteht die sichere Hoffnung, daß die Wissenschaft in wenigen Jahren das Ursprungsgrab Karls nachweisen wird.

Aber wenn dieses Rätsel gelöst ist, wird eine andere, drängendere Frage ihre Beantwortung fordern:

Was waren die Gründe, die das Karlsgrab dreimal in Vergessenheit geraten ließen?

Die Antwort darauf kann nur im Lebensschicksal Karls, dieses gewaltigen und tatenreichen Mannes, gefunden werden. Versuchen wir darum, die entscheidenden Lebensstationen unseres europäischen Gründerhelden nachzuempfinden.

Geheimnisse eines Lebens

*Die Hausmeier – Der Weg aus dem Dunkel
in das Licht der Geschichte*

Aus der blutigen Dämmerung merowingischer Überlieferung, einer Mär von Mord und jeglicher Schandtat, trat ein neues Führungsgeschlecht in die Geschichte ein: die Arnulfinger, die sich später nach ihrem Größten »Karolinger« nannten.[1]
Der merowingische Gründerkönig Clodwich hatte mit dem Schwert und absoluter Gewissenlosigkeit die fränkischen Kleinkönigtümer zum merowingischen Großreich gefügt. Die Dynastie, die sich auf einen sagenhaften Stammvater namens Merowech zurückführte, wähnte sich göttlichen Ursprungs und hielt nur ihr heiliges Blut zum Königtum befähigt. Da jeder Königssohn die Geblütsheiligkeit besaß, vertrat auch jeder von ihnen sein Thronrecht. Das führte zu dauernden Reichsteilungen und Thronkämpfen, in denen die Stärkeren versuchten, die Reichseinheit auf Kosten der Schwächeren wiederherzustellen.
Diese Kämpfe schwächten das Königtum, das seinen Adel durch immer neue Zugeständnisse korrumpieren mußte, um seine Parteinahme für den König zu erkaufen. Im 6. Jahrhundert bildeten sich drei Reichsteile, das germanische Austrien, das romanische Neustrien und das germanische Burgund, das sich aber rasch romanisierte. Die Teilungskämpfe wurden bald aus Kämpfen um Macht und Thron zur Auseinandersetzung zwischen Germanen und Romanen.

27

Auf dem Höhepunkt dieser Kämpfe unternahm es die unerbittliche Königin Brunichilde (gest. 613) als Regentin ihrer Söhne und, als die gefallen waren, ihrer Enkel, die austrasische Königsmacht auf das ganze Frankenreich auszudehnen. Sie scheiterte an ihrem eigenen Adel. War es Verrat oder der Wille, ein fünfzigjähriges Morden zu enden?

Engelbert Mühlbacher in seiner ausgewogenen »Deutschen Geschichte unter den Karolingern« meint: »Die Erhebung gegen Brunichildens Regiment war nicht nur ein Akt politischer Opposition, sie war auch, ging sie wie in Austrasien von den Besseren aus, eine Tat des sittlichen Gefühls.« Man rief den neustrischen König Chlotar II. (584–629) ins Land. Er kam, sah und siegte ohne Schwertstreich, da der austrasische Adel nicht mehr zum Kampf bereit war.

Die Königin Brunichilde fiel in König Chlotars II. Hand. Ihr Schicksal, als Sittengemälde der Zeit, schildert »Die Chronik des Fredegars und der Frankenkönige«: »Wie Brunichilde vor Chlotar, der sie tödlich haßte, erschien, rechnete er ihr vor, wie zehn Frankenkönige durch ihre Schuld ermordet worden seien, nämlich Sigybert und Meroeus und sein eigener Vater Chilperich, Theudebert und dessen Sohn Chlotar, ebenso Meroeus, Chlotars Sohn, endlich Theuderich und seine drei Söhne, die soeben umgebracht worden waren. Dann ließ er sie drei Tage lang auf verschiedene Weise martern, dann zuerst auf ein Kamel setzen und so durch das gesamte Heer führen, hierauf mit dem Haupthaar, einem Arm und einem Fuß an den Schwanz des wildesten Pferdes binden, und so ward sie von den Hufen des davonsprengenden Tieres zerschlagen, bis ihr Glied für Glied abfiel.«

Die Anführer der austrischen Adelsgesellschaft, die Brunichilde dem neustrischen König Chlotar auslieferten, waren der heiligmäßige Bischof Arnulf von Metz und der in den Maaslanden begüterte Pippin d. Ältere.

Aus der Ehe zwischen Arnulfs Sohn Ansegisel und Pippins Tochter Begga entstand das Geschlecht der Karolinger. Ihre machtpolitische Basis war eine riesige Ländermasse im Maas-, Mosel-, Ardennenraum bis hin zum Rhein.

Ansegisels und Beggas Sohn Pippin der Mittlere (MD 687–714) baute als austrasischer Hausmeier seine Stellung aus. Er besiegte nach wechselnden Kämpfen in der Schlacht bei Tertry im Jahre 687 den neustrischen Hausmeier.

Seitdem sind nach Karl Fleckenstein »die Karolinger als Hausmeier und Fürsten der Franken – principes Francorum – die ungekrönten Häupter des Frankenreiches, die Merowinger nur noch gekrönte Schattenfiguren in ihrer Hand«.

Den Hausmeier, den Majordomus, finden wir bei fast allen germanischen Stämmen. Aber allein bei den Franken stieg er zu solcher Macht auf.

Der Grund liegt in der Schwäche der letzten merowingischen Herrscher. Da Macht kein Vakuum duldet, besetzte die Vitalität der fränkischen Hausmeier die machtfreien Räume, die die dem Wohlleben hingegebenen Merowingerkönige hinterließen.

Ursprünglich Verwalter kleiner und mittlerer Königsgüter, wurden sie allmählich die Herren am Hofe. Alle Gewalt ging von ihnen aus, die Könige wurden zu leeren Symbolen der Macht. Einhard schildert sie uns, wie sie blondgelockt mit einem Ochsenkarren über Land fahren, Schausteller eines pervertierten Königtums, abhängig von der Gnade der Hausmeier. Nur eines schützt sie noch, der mystische Glaube an die Heiligkeit des Blutes, des Blutes Merowechs.

Die Hausmeier wurden auch zu Anführern der Adelsgesellschaft und später ihre Herren.

Der Aufstieg der Karolinger von Hausmeiern zu Königen und Kaisern war eine vierfache Aufeinanderfolge von Herrscherpersönlichkeiten und ihrem Glück.

Pippin der Mittlere (MD 687–714) sein Sohn Karl Martell (MD 714–741), dessen Sohn Pippin der Jüngere (MD 741–751, Kg. 751–768) und wiederum dessen Sohn, Karl der Große (Kg. 768–800, Ks. 800–814), erbauten mit politischem Geschick, dem sicheren Blick für das Mögliche und mit charismatischer Kraft das karolingische Reich.

Jeder von ihnen stand in der Kontinuität des anderen, baute auf dem Werk des vorigen auf, führte fort und entwickelte Neues auf den Fundamenten des Vorhandenen, flexibel in Mitteln und Methoden, der jeweiligen Zeit und ihren Möglichkeiten angepaßt, doch unbeirrbar den geheimen, nur von ihnen geahnten Zielen folgend.

In der Rückschau erscheint das Werk der Karolinger wie der Bau eines mittelalterlichen Domes, der von vier kongenialen Baumeistern, nach einem von jedem von ihnen akzeptierten Plan, Stufe für Stufe vollendet wurde.

Pippin der Mittlere starb im Alter von 80 Jahren. Bei seinem Tode drohte die von ihm wieder hergestellte Reichseinheit zu zerbrechen. Seine persönliche Tragik war, daß er alle seine legitimen Söhne begraben mußte. So hinterließ er das Reich seinem kindlichen Enkel Theudoald unter der Regentschaft seiner Frau Plektrudis.

Sofort brach Widerstand auf. Pippins zu seinen Lebzeiten bezwungene Feinde griffen nach der Macht.

Neustrien brach aus dem Gesamtreich aus, verbündete sich unter einem Hausmeier Raganfred und dem Merowingerkönig Chilperich II. mit dem Friesenfürsten Radbod und drang gemeinsam mit ihm tief nach Austrien ein, während die Sachsen aus dem Dunkel ihrer Wälder bis über den Niederrhein vorstießen. Plektrudis floh mit ihrem Enkel in das seit Römertagen befestigte Köln.

Pippins Erbe schien zerbrochen.

In dieser Schicksalsstunde trat Karl Martell, Pippins Sohn aus der Verbindung mit der Friedelfrau Chalpaida (Friedel war im althochdeutschen Recht die lösbare Ehe mit einer freien Frau, deren Sicherstellung nur in der Morgengabe bestand), in den Kampf zur Erhaltung des politischen Erbes seines Vaters. Er befreite sich aus der Haft, in der ihn Plektrudis, wohl in Aachen, hielt.

Obwohl väterlicher Wille, wahrscheinlich auf Plektrudis' Vorstellungen hin, ihn als Bastard von der Macht ausgeschlossen hatte, gelang es ihm, den austrasischen Heerbann um sich zu scharen.

Die Friesen stießen mit ihren Schiffen im März 716 rheinaufwärts, die Austrier bahnten sich den Weg durch die Ardennen. Der Angriff der Verbündeten galt Köln. Karl warf sich den landenden Friesen entgegen, erlitt aber eine schwere Niederlage.

Plektrudis kaufte sich bei den siegreichen Verbündeten durch Herausgabe großer Teile des karolingischen Schatzes frei. Den siegreichen Neustriern aber, die mit ihrer Kriegsbeute den Weg zurück durch die Ardennen nahmen, lauerte Karl in Amblève, in der Nähe von Malmedy auf und besiegte sie, so daß sie fluchtartig das Land verließen.

Zur Legalisierung seiner austrischen Herrschaft setzte Karl einen Merowinger names Chlotar als Königsdarsteller ein. Dann besiegte er in zwei Feldzügen 719 und 720 den Hausmeier Raganfred und dessen Thronfiguranten Chilperich, und zwang Neustrien wieder in den fränkischen Reichsverband zurück. Seine Stellung wurde so stark, daß er, als sein merowingischer Schattenkönig Chlotar starb, den neustrischen König Chilperich als Königssymbol für das Gesamtreich einsetzte.

Nachdem Karl den austrisch-karolingischen Prinzipat und so die fränkische Reichseinheit wieder hergestellt hatte, galt es, die Ansprüche des Reiches bei den rechtsrheinischen Stämmen, den Friesen und den Sachsen, wieder durchzusetzen. Ebenfalls mußte die fränkische Oberhoheit in Baiern, Alemannien und Aquitanien aufgerichtet werden. Eine Aufgabe, die letztlich erst von Karl dem Großen, dem Enkel Karl Martells, erfüllt wurde.

Im Jahre 732 vollbrachte Karl Martell seine historische Tat, als er in einer siebentägigen Schlacht zwischen Tours und Poitiers die Araber unter Abdarrahman, der im Kampfe fiel, besiegte. Es war mehr als ein Sieg. Es war eine Weltstunde, in der sich Europas eigenes Schicksal bis zum heutigen Tage entschied und aus der heraus das wurde, was wir unter Abendland verstehen.

Der Siegeslauf des Islam, der in einem knappen Jahrhundert neben Arabien, seinem Ausgangsland, Persien, Syrien, Ägypten, Libyen, die ganze afrikanische Nordküste des Mittelmeeres bis weit über Tanger hinaus, erobert hatte, war gestoppt worden. Zwar hatte Karl noch Jahre zu tun, um die Sarazenen hinter die Pyrenäen zurückzutreiben. Das Kriegsglück war schwankend und die Lage zeitweilig so bedrohlich, daß Karl den Langobardenkönig um Waffenhilfe bitten mußte. Schließlich aber war die ganze Meeresküste von Toulouse, Narbonne über Arles, freigekämpft von islamischer Herrschaft.

Der fränkische Hausmeier war zur stärksten Macht im Abendland aufgestiegen. Karls Ruhm, durch seinen Sieg über die islamischen Araber ein Vorkämpfer und Schutzherr der Christenheit zu sein, strahlte so über Europa, daß sich der von den Langobarden bedrohte Papst Gregor III. (731–741) entschloß, dem Franken die Schutzherrschaft über Rom und das Papsttum anzubieten, da der byzantinische Kaiser dieser Schutzherrenpflicht nicht mehr nachkam.

Dieses Angebot war einer der vielen Versuche der Päpste, sich aus der byzantinischen Vorherrschaft zu lösen. Gregor III. sandte Karl Martell symbolhaft eine der üblichen Nachahmungen der Schlüssel vom Grabe des heiligen Petrus und trug ihm mit beschwörenden Worten die Schutzherrschaft über Rom im Namen des römischen Volkes unter Lossagung vom byzantinischen Kaiser an.

Karl winkte ab. Er begnügte sich mit einer diplomatischen Intervention beim langobardischen Bundesgenossen zu Gunsten des Papstes. Er war Realpolitiker, und auch er hätte fragen können: »Wieviel Divisionen hat der Papst?«

Ihm war das Bündnis mit den Langobarden lieber, deren

Bündnistreue er gerade im Kampfe mit den Arabern erprobt hatte.

Ja, innerlich hegte er große Sympathie für den Langobardenkönig Liutprand (712–744). Da er selbst einstmals die Einheit des auseinanderbrechenden Frankenreiches erstritten und jeden Widerstand gegen dieses Ziel mit Härte niedergeschlagen hatte, verstand er König Liutprand gut, der die Einheit eines gesamtitalischen Langobardenreiches erkämpfen wollte.

Im übrigen war das fränkisch-langobardische Verhältnis zu jener Zeit so eng, daß Karl seinen jüngsten Sohn Pippin vom Langobardenkönig adoptieren ließ. Das bedeutete eine Erhebung zum Königssohn, womit sich für Pippin der Weg vom langobardischen zum fränkischen Königtum vorzeichnete.[2]

Karl, der seinen Staat in harten Kämpfen gefestigt hatte, dachte also nicht an italische Abenteuer. Auch ergab sich eine gewisse Distanz zum Papsttum dadurch, daß Karl Martell sich gerne und freizügig des Kirchengutes bediente, um bewährte Vasallen fester an sich zu binden und ein Reiterheer unterhalten zu können.

Das Kirchengut stellte für jeden Herrscher eine große Versuchung dar.

Konstantin der Große (Ks. 306–337) und seine Nachfolger hatten der Kirche die Güter der heidnischen Tempel übereignet. Damit wurde die Kirche zum größten Grundeigentümer der Zeit. Ihr Eigentum war überdies in besonderer Weise bevorrechtet, da die Geistlichen von persönlichen Steuern und die Kirche von der Grundsteuer befreit waren.

Da das Königsgut nicht ausreichte, um genügend Vasallen, das heißt Reiter und Ritter, an Krone und Staat zu binden, lag der Rückgriff auf das Kirchengut nahe.

Dem hl. Bonifatius gelang es, die Organisation der Kirche zu reformieren und das Eigentumsrecht der Kirchen an den von den Herrschern okkupierten Gütern ausdrücklich anerkennen zu lassen, in der Praxis aber mußte der Besitz in den

Händen der karolingischen Vasallen belassen werden. Man fand schließlich eine Rechtsform, die sich »precaria verbo regis« nannte: »Prekarie auf königliches Geheiß.«[3] Danach verstand man die nicht zurückerstatteten Güter als Leihgabe, für die an die kirchlichen Eigentümer ein Zins entrichtet wurde.

Karl der Große sollte später durch den Kirchenzehnten der Kirche eine finanziell gesicherte Basis geben. Aber auch dann noch stützten Kirchen und Kirchgut Staat und Krone. Auch Karl Martells Sohn Pippin (741–768) bediente sich in seinen Anfängen der enormen kirchlichen Landreserven. Unter den Zwängen der Politik und durch das Wirken des hl. Bonifatius änderte und modifizierte er seine Haltung. Im Jahre 742 als Hausmeier zur Herrschaft gelangt, mußte er diese zunächst mit seinem Bruder Karlmann teilen, der über Austrien, Alemannien und Thüringen herrschte. Pippin hatte Neustrien mit Burgund und der Provence geerbt. Aquitanien wurde unter der Oberhoheit des Reichs von eigenen Herzögen regiert.

Dem Bayernherzog Odilo war es gelungen, gegen den Willen der fränkischen Brüder Pippin und Karlmann deren Schwester Hiltrud, die Tochter Karl Martells, zu heiraten. Ihrer beider Sohn, Herzog Tassilo, sollte später im tragischen Kampf mit seinem Vetter Karl dem Großen sein Herzogtum Bayern verlieren.

Karlmann war kirchenfreundlicher als Pippin und förderte die Missionsarbeit von Bonifatius. Dieser entwarf in seinen Berichten an den Papst ein Sittengemälde der fränkischen Kirche zu dieser Zeit.

Er forderte vom Papst Verhaltensmaßregeln gegen diejenigen, »die von Jugend an in Unzucht und Ehebruch gelebt, zu Diakonen geweiht, vier, fünf und mehr Beischläferinnen nachts in ihrem Bette haben«.

Den gesetzgeberischen Niederschlag von Bonifatius' Empörung über den inneren Zustand der fränkischen Kirche finden wir in Karlmanns Capitulare, das auf einer Synode des Jahres 742 oder 743 erlassen wurde.

Die sittliche Reform des Klerus wurde darin unerbittlich gefordert, Amtsentfernung und Verlust der Pfründe wurde über die »falschen Priester, die ehebrecherischen und unzüchtigen Diakone und Kleriker« verhängt. Verboten wurde weltlichen Klerikern das Zusammenleben mit Frauen und die Teilnahme an Kriegszügen, gefordert wurde der unbedingte Gehorsam gegenüber dem Diözesanbischof. Mit aller Kraft gingen die Kapitularien gegen die sittliche Verwahrlosung des Klerus vor. Im Kerker, bei Wasser und Brot, mußte büßen, wer sich dem Verbrechen der Unzucht hingab.

Die Bischöfe wurden aufgefordert, die heidnischen Gebräuche, die sich im Christentum erhalten hatten, wie Totenopfer, Losdeutungen, Wahrsagerei, Schlachten von Opfertieren neben der Kirche, abzuschaffen.

Auch in der Frage des Kirchenguts übernahm Karlmann kompromißlos die Auffassung des Bonifatius. Er ordnete die völlige Restitution und Rückgabe des Kirchengutes an. Anscheinend aber übernahm sich Karlmann dabei. Denn am 3. März 744 hielt sein Bruder Pippin eine Synode ab. Seine Gesetze, die hier verabschiedet wurden, zeugen von größerer Staatsklugheit als die gutgemeinte Kompromißlosigkeit des Bruders.

Pippin befahl nur das, was auch durchsetzbar war. In der für den Staat so wichtigen Frage des Kirchengutes, auf dem ja bewaffnete karolingische Vasallen saßen, deren Existenz und materielle Versorgung für den Staat unverzichtbar war, wurde angeordnet: »Von den hintangegebenen Kirchengütern sollen Mönche und Nonnen getröstet werden, bis es ihrem Bedarf genügt; von dem übrigen soll ein Zins erhoben werden.« Das kann doch nur heißen, daß die Vasallen auf dem verliehenen Kirchengut verbleiben, daß jedoch Klöstern, denen soviel genommen worden war, daß sie ihren

Eigenbedarf nicht mehr decken konnten, ausreichend zurückgegeben wurde. Von dem in der Verleihung verbleibenden Teil sollte den Klöstern ein Zins gezahlt werden. Eine Regelung, mit der beide Seiten, die Vasallen wie die Klöster, leben konnten.

Pippin hielt in seinem Capitulare auch seine Geistlichkeit zu einem sittlichen Lebenswandel an, allein seine Forderungen wurden nicht durch drakonische Strafen gestützt. Pippin wandte sich überdies nicht nur an den Klerus, sondern auch an die Laien, denn dort war das sittliche Verhalten sicher nicht besser.

So warnte er vor Unzucht, falscher Zeugenschaft, er rief auf zu ehrlichem Handel, zu reinen Gewichten, er befaßte sich mit der Institution der Ehe, verbot Ehen mit gottgeweihten Frauen und wies darauf hin, daß der Mann sein Weib nicht entlassen dürfe, außer, wenn er sie bei Unzucht ertappte.

Pippins Capitulare ist die Gesetzgebung eines Staatsmannes, der dem Ganzen verpflichtet ist und der den gesunden Kompromiß zwischen den Notwendigkeiten des Staates und den Interessen der Kirche zu schaffen weiß.

Diese Haltung wurde schließlich auch vom Papst honoriert, der auf die Klagen des Bonifatius antwortete: er solle doch Gott danken, daß er wenigstens den Zins durchgesetzt habe, da, wie er ja selber berichte, der Staat von äußeren Feinden bedroht sei.

Karlmann muß die Diskrepanz zwischen seiner weltfernen Unabdingbarkeit und der staatsmännischen Weisheit des Bruders empfunden haben.

Schon im Jahre 746 hatte er den Wunsch geäußert, sich vom Reichsgeschäft zurückzuziehen.

Genau kennen wir seine Gründe nicht. Sicher spielte die Frömmigkeit eine Rolle, die wir ja, neben einer großen Sinnenlust, bei den Karolingern immer wieder finden und für die der heilige Urahn Arnulf das Vorbild war. Es wird aber auch gesagt, daß es die Reue über seine Grausamkeit beim letzten Alemannenfeldzug gewesen sei, wo er bei Cannstadt ein scharfes Blutgericht gehalten hatte. Vielleicht war es auch die Erkenntnis, daß das Reich in der Hand des Bruders besser aufgehoben war.

Die Quellen sagen über den Vorgang folgendes: »Er übergab das Reich mit seinem Sohne Drogo den Händen seines Bruders Pippin.«[4]

Vielleicht kam Karlmanns Resignation aus der gleichen Quelle, die den greisen Bonifatius sieben Jahre später in den bewußt gesuchten Märtyrertod trieb, die Erkenntnis, wie schwer, ja schier unmöglich es war, das Reich Gottes in dieser Welt aufzurichten.

Das kirchengeschichtliche Wirken Karlmanns und Bonifatius' war indes nicht umsonst. Die fränkische Kirchenreform wurde fortan nicht mehr unter angelsächsischer Leitung wie bei Bonifatius, sondern in enger Verbindung mit Rom durch zwei fränkische Aristokraten verwirklicht.

Es waren dies der Bischof Chrodegang von Metz (gest. 766) und der oberste Hofkaplan Fulrad, Abt von St. Denis († 784).

Unter ihrer behutsamen Leitung fand die fränkische Kirche die sittliche Reinigung und die moralische Kraft, die es ihr ermöglichten, das kommende fränkische Königtum zu stützen. Der Mönch Karlmann, der im Kloster von Monte Cassino Zuflucht und Frieden suchte und im Jahre 754 in Vienne seinen frühen Tod fand, war daran sicherlich nicht ohne Verdienst.

Seit 747 war Pippin Alleinherrscher der Franken. Die Ansprüche ans Reichsregiment von Karlmanns Sohn Drogo wehrte er ab.

Er unterwarf erneut Aquitanien, wobei sein Halbbruder und Rivale Grifo, der Sohn Karl Martells mit der Agilolfingerin Swanahild, den Tod fand.

Das heilige Blut der Könige

Drei Generationen von Hausmeiern hatten nun im Frankenreich geherrscht, die Reichseinheit gewahrt und die Franken zu europäischer Vormacht geführt, neben sich die merowingischen Schattenkönige, ohnmächtige Zerrbilder der Macht. Gleichwohl besaßen diese Schattenkönige etwas Einzigartiges: das heilige Blut, das allein zum Königsheil begnadete. Dieses immaterielle »Königsheil« war es, auf das das Volk vertraute, von dem die Anerkennung der Herrscher durch das Volk abhing. Aber auch den Hausmeiern saß eine Erfahrung im Blut. Einmal hatte ein Pippinide, der Hausmeier Grimoald I., nach der merowingischen Krone gegriffen und seine Tat im Jahre 662 mit dem Leben bezahlt. Dabei hatte er seinen Staatsstreich mit aller erdenklichen Vorsicht, ja mit psychologischer Behutsamkeit ausgeführt, um die Gefühle des Volkes zu schonen. Er veranlaßte den austrasischen Merowingerkönig Sigibert III., seinen, Grimoalds Sohn, zu adoptieren, in der Hoffnung, so in die Geblütsheiligkeit des Königsgeschlechts hineinzuwachsen. Als Sigibert III. im Alter von 25 Jahren starb, wurde Grimoalds Sohn unter dem Merowingernamen Childebert III. zum König erhoben. Aber dieses königliche Zwischenspiel des Pippiniden Childebert III. endete 6 Jahre später mit seinem natürlichen Tode. Ein echter Merowinger bestieg unter dem Namen Childerich II. wieder den Thron, und der Hausmeier Grimoald I., der den Königstraum seines Geschlechts inszeniert hatte, büßte dafür im Jahre 662 mit dem Leben.[5] Die Franken sahen in Grimoalds Tat ein Verbrechen gegen das heilige Blut des merowingischen Königtums. Was Geblütsheiligkeit bedeutete, schildert uns Gregor von Tours (gest. 594) in einem Beispiel. Es zeigt den hohen charismatischen Wert der Geblütsheiligkeit, aber auch die bestialische merowingische Grausamkeit. Königin Chrodechilde (gest. 544), zweite Gemahlin König Chlodwigs I. (gest. 511), wollte das Teilkönigreich ihres Sohnes Chlodomer, der im Jahre 524 in der Schlacht von Véseronce nahe Vienne gefallen war, ihren Enkeln erhalten. Doch gelang es ihren beiden anderen Söhnen, den Teilkönigen Chlotar I. (511–561) und Childebert I. (511–558), die Söhne ihres toten Bruders Chlodomer durch Hinterlist in ihre Gewalt zu bringen. Sie sandten einen Boten an ihre Mutter, Königin Chrodechilde, mit folgendem Ansinnen:»Deinen Willen, ruhmreiche Königin, wünschen deine Söhne, unsere Gebieter, zu erfahren, was du nämlich meinst, daß mit diesen Knaben geschehen müsse: ob ihnen die Locken geschoren werden und sie leben sollen, oder ob man sie beide umbringen solle . . .« Die Königin sagte in ihrem Schmerze – und Gregor findet viele Entschuldigungen für ihre Antwort:»Lieber will ich sie, wenn sie nicht auf den Thron erhoben werden, tot sehen, als geschoren.«

So geschah es auch.

Das ist nach unserem Gefühl eine ungeheure Antwort und eine ungeheure Tat.

Jedoch der königlichen Großmutter erschien es besser, daß ihre Enkel das Leben verloren als die Heiligkeit des königlichen Blutes.

Der byzantinische Geschichtsschreiber Prokop (um 500–562?) berichtet:»So haben die wilden Heruler, ein germanisches Volk vielleicht nordeuropäischer Herkunft, nachdem sie ihren König erschlagen hatten, Boten nach der Insel Thule zu den dortigen Herulern geschickt, ob sie dort einen Königssproß aus dem alten Herrscherhaus fänden. Die Gesandten treffen auf Thule viele Königssprossen an; sie wählen darunter frei den tauglichsten aus . . . Er stirbt auf der Reise; die Boten kehren noch einmal um und nehmen einen anderen mit. In der langen Wartezeit schwanken aber die Donau-Heruler zu dem Gedanken ab, daß sie doch besser täten, ohne legitimistische Experimente einen der Ihren auf den Thron zu setzen. Sie wagen indes, trotz ihrem äußerlichen Christentum, diesen Bruch des alten Völkerglaubens nicht selbst zu vollziehen, sondern wenden sich, wohl auch aus politischen Gründen, an den Kaiser, wie später 751 die Franken in verwandter Lage an den Papst. Kaiser Justinian I. (527–565) bestimmt ihnen einen König aus ihrem Volke, nicht von altem Geblüt, aber staatskundig und mit ihren Angelegenheiten vertraut; sie huldigen ihm und sind mit ihm zufrieden. Da naht sich der landfremde Königssproß. Der neue König geht ihm mit den Waffen entgegen; die Heruler billigen den Kampfesentschluß: aber als nur noch eine Tagesreise sie von dem echten Königssproß trennt, vergessen sie alle Vernunft: sie gehen des Nachts in geschlossener Reihe zu dem Fremdling über, brechen so mit dem Kaiser und fallen alsbald unter dem Schwert der byzantinischen Übermacht.«

Dieses Beispiel lehrt zweierlei. Die Germanen konnten sich von einem König abwenden, wenn er das Königsheil verlor, und wenn er den Wechselbezug der Treue zwischen König und Volk brach, konnten sie ihn sogar töten. Es zeigt aber auch den irrationalen Glauben an die Fähigkeit des Königsblutes, an die mystische Macht des Königsgeschlechts. Wie wären sie sonst einem König, einem Manne aus ihrer Mitte, den sie jahrelang kannten und der wohl große Verdienste hatte, ja, den sie sich sogar vom Kaiser hatten benennen lassen, in der Nacht davongelaufen, dem Fremden, Unbekannten zu, der allerdings das heilige Blut der Königssippe in seinen Adern trug?

Wie lange der Glaube an die Geblütsheiligkeit gewirkt hat, sei an einem letzten Zeugnis belegt.

Zweihundert Jahre lang hatte das kapetingische Herrscherhaus in Frankreich regiert. Die Dynastie schien allein schon durch den Adel des Alters geheiligt. Da heiratete der Kapetinger Philipp II. August eine Frau aus unbekanntem deutschen Grafengeschlecht, »Agnes von Meran«. Die Heirat schien kein sonderlicher dynastischer Erfolg. Aber als in Frankreich bekannt wurde, daß diese Agnes einen Tropfen karolingischen Blutes in sich trug, ging ungeheurer Jubel durch Frankreich. Volk und Hof feierten die Rückkehr des Königshauses zum erlauchten Geschlecht Karls des Großen.

Soviel ersehen wir aus diesen Beispielen: die Barriere der mangelnden Geblütsheiligkeit mußte auch für den allein-herrschenden Hausmeier Pippin im Jahre 752 ein schweres, fast unüberwindliches Hindernis zur Erlangung der fränkischen Krone sein.

Um dennoch den begehrten, magischen Kronreif zu erlangen, mußte er für die mangelnde Geblütsheiligkeit einen adäquaten Ersatz finden, und das Geschlecht der Merowinger mußte dem Volke als nicht nur regierungsunfähig, sondern auch als unwürdig dargestellt werden.

Einen Nachhall dieser Propaganda, deren Ziel eine Meinungsumbildung im Volke für die Karolinger war, finden wir in der ansonsten recht genauen und kritischen »Vita Karoli Magni« des Einhard, die siebzig Jahre nach dem Ereignis sich noch nicht von der Kampagne gegen die Merowinger und für die Karolinger hatte lösen können:

»Das Geschlecht der Merowinger, aus dem die Franken ihre Könige zu wählen pflegten, herrschte nach allgemeiner Ansicht bis zur Zeit Hilderichs (auch Childrich III. genannt, Kg. v. 743–752). Hilderich war auf Befehl des römischen Papstes Stefan abgesetzt, geschoren und ins Kloster geschickt worden. Obwohl das Geschlecht dem Anschein nach erst mit ihm ausstarb, hatte es schon lange seine Bedeutung eingebüßt und besaß nur mehr den leeren Königstitel. Die wirkliche Macht im Königreich hatten die Hofmeister des Palastes, die sogenannten Hausmeier, die an der Spitze der Regierung standen.

Dem König blieb nichts anderes übrig, als sich mit seinem Titel zu begnügen und mit wallendem Kopfhaar und unge-schnittenem Bart auf dem Throne zu sitzen und den Herrscher zu spielen. Er durfte die Gesandten anhören, die von überall her kamen, und sie dann mit Worten entlassen, die seine eigenen zu sein schienen, die man ihm aber in Wirklichkeit vorgeschrieben und oft sogar aufgezwungen hatte. Der König besaß fast nichts, das er sein eigen hätte nennen können, außer dem wertlosen Königstitel und einem unsicheren Lebensunterhalt, den ihm der Hausmeier gewährte. Auch gehörte ihm ein Landgut, das aber nur ein geringes Einkommen brachte. Auf diesem Landgut hatte er sein Wohnhaus mit einer kleinen Anzahl von Dienern, die ihm die nötigsten Dienste leisteten. Wenn er eine weitere Reise machen mußte, wurde er von einem Knecht nach Bauernart in einem Wagen gefahren, den ein Ochsengespann zog. So fuhr er zum Palast, so auch zu den öffentlichen Volksversammlungen, die zweimal im Jahre zum Wohle des Reiches abgehalten wurden, und so pflegte er auch wieder nach Hause zurückzukehren.

Der Hausmeier aber besorgte die ganze Staatsverwaltung und alles andere, was an inneren und äußeren Regierungsgeschäften angeordnet und ausgeführt werden mußte.«

Die Polemik des Einhard ist unverkennbar. Er spricht von einem König, der nichts mehr tun darf, als mit wallendem Haar und ungeschnittenem Bart auf dem Throne zu sitzen. (Wir wissen, daß das wallende Haar das persönliche Attribut der Königssippe war.)

Einhard verrät uns Weiteres. Der von ihm als unwichtig bezeichnete König war immerhin unabdingbarer Bestandteil der zweimal jährlich stattfindenden Volksversammlung. Er war, zumindest für diese Volksversammlungen, ein Sakralsymbol. Ferner sagt uns Einhard, daß der König weitere Reisen unternahm. Wozu wohl? Zumindest doch, um sich vor dem Volk zu zeigen. Den politisch zwar machtlosen, aber heilbringenden König von Angesicht zu Angesicht zu sehen, war anscheinend für das Volk ein Erlebnis, auf das es nicht verzichten wollte.

Herablassend erwähnt Einhard, daß der König auf einem Karren, der von Ochsen gezogen wurde, dahinfuhr. Jacob Grimm sagt dazu: (S. Deutsche Rechtsaltertümer, Göttingen 1854):»Die Ochsen des Königs waren... in besonderer Achtung und vermutlich zur Zeit des Heidentums geheiligte Tiere. Königliche und edle Frauen fuhren gleichfalls mit Ochsengespann.«

Man sollte also nicht zu gering von den letzten Merowingerkönigen denken. Auch in unseren heutigen europäischen Demokratien gibt es Könige, die die gleichen Funktionen erfüllen wie sie. Sie ziehen durchs Land und zeigen sich dem Volke, sie eröffnen ein- oder zweimal im Jahr die Reichsversammlung, sprich Parlament. Sie halten Reden, die sie nicht geschrieben haben, und sie geben Regierungserklärungen ab, die sie aus der Hand ihrer Hausmeier, man nennt sie heute Ministerpräsidenten, empfangen.

Darüber hinaus verkörpern sie die Staatsidee, die Legitimität, die Kontinuität.

Die Geblütsheiligkeit der Könige steht heute zwar nicht mehr im Vordergrund, aber wir sprechen auch in unseren Tagen von der Erlauchtheit des Blutes, und ganz allgemein vom blauen Blut des Adels.

Pippin hat die Geblütsheiligkeit der merowingischen Königssippe, die Macht, die sie im Denken des fränkischen Volkes ausübte, ernster genommen, als Einhard uns glauben machen will.

Darum arbeitete er sehr sorgfältig seine Strategie zur Erlangung der fränkischen Krone aus, darum ließ er seine Kleriker die Regierungsunwürdigkeit der merowingischen Sippe behaupten, darum verbündete er sich mit der moralischen Macht von Kirche und Papsttum, um sein Kronrecht unanfechtbar zu machen.

Er hatte treue Helfer im fränkischen Klerus.

Da war Fulrad (gest. 784), oberster Hofkaplan und seit 749 Abt des wichtigen Klosters von St. Denis. Es war der gleiche

Fulrad, der mit Erzbischof Chrodegang von Metz (gest. 766) die Reformation der fränkischen Kirche zu einer romverbundenen Landeskirche durchführte, die aber fest in der Hand des fränkischen Königs blieb. Ihm zur Seite stand der Bischof Burchard von Würzburg, ein Angelsachse, aus der Tradition der dortigen Petrusverehrung.
Diese beiden hervorragend geeigneten Männer wurden nach Rom entsandt. Sie sollten dem Heiligen Vater, Papst Zacharias (741–752), jene Frage stellen, die die innere Situation des Frankenreiches ausdrückte: »Ob es gut sei oder nicht, daß es im Frankenreiche Könige ohne königliche Gewalt gebe.«
Der Papst antwortete: »Es sei besser, daß der wirkliche Inhaber der Gewalt König heiße als einer, der ohne Königsgewalt geblieben sei, damit die naturgemäße Ordnung nicht gestört werde.«[6] In diesem Spruch des Papstes sahen spätere Zeiten den Präzedenzfall für den päpstlichen Rechtsanspruch auf Ein- oder Absetzung von Königen.

Der Griff nach der Krone

Doch nicht der Spruch des Papstes machte Pippin zum König, sondern die Wahl und Huldigung der Franken. Wahrscheinlich Mitte November 751 vollzog sich die Erhebung Pippins zum König der Franken. Danach erst kamen Weihe und Salbung. Ob sie durch den heiligen Bonifatius durchgeführt wurden, ist ungesichert.
Unabhängig davon war dies ein großer Tag für Pippin und die Kirche. Die Heiligkeit des Geblüts war zurückgedrängt. Eine neue Idee weihte von nun an die Herrschaft und gab ihr mystischen Glanz, das Gottesgnadentum der christlichen Könige: diese Idee lebte durch das ganze nächste Jahrtausend.
Der lange Weg der Arnulfinger und der Pippiniden durch die

Jahrhunderte war am Ziel! Neu und mit neuen Inhalten erfüllt stellte sich das karolingische Königtum der Geschichte. Sie nannten sich jetzt:»Könige von Gottes Gnaden.« Ein Königtum, das sich nicht mehr aus der paganen Heiligkeit des Blutes legitimierte, sondern aus der Gnade Gottes, mußte ein neues, umfassenderes Verhältnis zu Kirche und Christentum finden. Aber erst Pippins Sohn, Karl der Große, fand die innere Logik für den Aufbau seines Staates, die sich aus dem Gottesgnadentum ergab.

Ihr habt gelobt, ihr habt geschworen,
um Eurer Seelen Seligkeit

Die Nachfolger Petri, die Päpste, nahmen die fränkischen Könige in die Dankbarkeitspflicht. Der Nachfolger des Papstes Zacharias, Papst Stephan II. (752–757), war in großer Not. Wie ein Sperriegel lagen das Excharchat von Ravenna und der Dukat von Rom, also der noch offiziell unter byzantinischer Jurisdiktion stehende Teil Mittelitaliens, zwischen dem Königreich Langobardien und den süditalienischen, langobardischen Herzogtümern von Spoleto und Benevent. Jeder langobardischen Reichspolitik mußte es eingegeben sein, diesen Sperriegel zu überwinden und ein langobardisches Gesamtitalien zu schaffen. Karl Martell hatte diese langobardische Staatsidee im Grunde anerkannt und dem Ruf nach Waffenhilfe des Papstes Gregor III. (731–741) nicht entsprochen, sondern es bei einer diplomatischen Intervention bei seinem Bundesgenossen, dem Langobardenkönig Liutprand, bewenden lassen. Seine Demarche erreichte immerhin, daß unter einem neuem Papst, Zacharias (741–752), ein Friedensschluß gefunden wurde, der Rom keine Einbußen brachte.
Doch im Jahre 753 brach die Krise wieder aus. Die Langobarden besetzten das ravennatische Excharchat, drangen in

den römischen Bezirk ein und forderten die Unterwerfung Roms.

Papst Stephan II. (752–757) folgte dem Wege, den ihm Papst Gregor vorgewiesen hatte. Er rief die Franken zu Hilfe. Aber er sandte nicht Boten, Gesandte oder Briefe, nein, der Heilige Vater eilte selbst über die Alpen, um Hilfe beim fränkischen König zu suchen. Ein einmaliger Vorgang. Es war dies ein Bruch mit Byzanz und seinem Kaiser, der nicht mehr in der Lage war, Rom und dem Exarchat Schutz und Hilfe zu geben.

Am 6. Januar 754 erschien Papst Stephan vor König Pippin, der ihn in seiner Pfalz zu Ponthion, in der Champagne, empfing. Die Szene ist oftmals geschildert worden. Zuerst die Darstellung der Papstchronisten: König Pippin hatte seinen Sohn Karl (die erste historische Erwähnung Karls des Großen) vorausgesandt, das Haupt der Christenheit zu begrüßen. Er selbst ritt mit seinem Gefolge dem Papst 3000 Schritt weit entgegen. Als dieser sich nahte, stieg er vom Pferde, warf sich zu Boden und führte, wie ein Marschall nebenher schreitend, den Zelter des Heiligen Vaters eine Strecke weit am Zügel. Unter Hymnen und Gesängen wurde der Einzug in die königliche Pfalz gehalten. Pippin und sein Gast begaben sich in die Kapelle. »Hier«, so berichtet der Papstbiograph, »nahmen sie Platz, und bald bat der Papst den König unter Tränen, er möge den Besitz des heiligen Petrus und des römischen Staates vertragsmäßig sicherstellen; jener willfahrte dem Papst und versprach eidlich, all seinen Aufträgen und Mahnungen mit all seinen Kräften zu gehorchen und, wie er verlangt hatte, den Exarchat von Ravenna, die Gerechtsame und Orte des römischen Staates auf jede Weise zurückzugeben.«

Eine fränkische Quelle, die Metzer Annalen, sieht den Vorgang demgegenüber so, daß es der Papst war, der sich vor dem König demütigte. Er erschien am Tage seiner Ankunft mit seiner ganzen Begleitung in Sack und Asche, er warf sich zu Boden und bat beschwörend den König bei Gottes Barmherzigkeit und bei den Verdiensten der heiligen Apostel Petrus und Paulus, daß er ihn und das römische Volk aus der Hand der Langobarden errette.»Und nicht eher wolle er sich erheben, als bis ihm der König, seine Söhne und die Vornehmsten der Franken die Hände gaben und ihn als Zeichen der zukünftigen Hilfe und Befreiung vom Boden aufrichteten. Da erfüllte König Pippin alle Wünsche des Papstes.«

Das Hilfsversprechen Pippins an den Papst, das ja einen Kriegszug gegen die Langobarden beinhaltete, brauchte die Zustimmung des Volkes und der Großen.

So versammelte sich am 1. März 754 zu Braisne, in der Nähe von Soissons, die große Volksversammlung, das Märzfeld. Sie hatte über Krieg und Frieden zu entscheiden. Die fränkischen Großen waren nicht begeistert, für die Sache des Papstes gegen die ehemaligen langobardischen Verbündeten einen Krieg in Italien zu führen, der dem fränkischen Reich und ihnen keinen realen Machtzuwachs bot. Einhard berichtet über diese Situation:

»Schon früher einmal hatte Karls Vater Pippin, auf Gesuch des Papstes Stefan II. ihn (den Langobardenfeldzug) begonnen, jedoch unter großen Hindernissen: denn gewisse führende Franken, die ihn gewöhnlich berieten, hatten sich diesem Plan so entschieden widersetzt, daß sie öffentlich erklärten, sie würden den König verlassen und nach Hause zurückkehren.«

Selbst bei Einhard klingt Jahrzehnte später stille Kritik an König Pippins zweimaligem Langobardenfeldzug für die Rechte des Papstes an. Zwei Feldzüge, die den Franken selber kaum Vorteile brachten! Und in dem Lob, das er seinem König Karl erteilt, liegt die Kritik an König Pippin:

»König Karl dagegen ließ nicht locker, bis er den König Desiderius durch eine lange Belagerung gezwungen hatte, sich bedingungslos zu unterwerfen.«

Dann führt Einhard aus, daß Karl das langobardische Königtum auf seine Person übertrug und wenig später seinen Sohn Pippin zum König der Langobarden erheben ließ. Das war handfeste Machtpolitik, die das Verständnis der fränkischen Großen fand.

Dennoch gelang es Pippin, auf einem folgenden Reichstag am 14. 4. 754 in Quierzy, den Beschluß einer Heerfahrt gegen die Langobarden herbeizuführen und das berühmte Schenkungsversprechen, die Geburt des Kirchenstaates, durchzusetzen.

Der Papst vollzog zum Dank persönlich die Salbung an Pippin und seinen Söhnen Karl und Karlmann. Er tat noch ein übriges, er verpflichtete die Franken – bei Strafe der Exkommunikation –, nie einen anderen König als aus dem Geschlecht Pippins zu wählen.

Die endgültige Sanktionierung der Karolinger als neues Königsgeschlecht war erreicht.

Mehr noch. Der Papst ernannte Pippin und seine beiden Söhne zum »patricius Romanorum«, zum Schutzherrn Roms. Zwar stand es dem Papst nicht zu, diesen Titel zu verleihen. Das gehörte zum Rechtskreis der byzantinischen Kaiser. Pippin revanchierte sich, indem auch er, ganz im Stile großer Herren, etwas verschenkte, was er gar nicht besaß. In seiner »donatio Pippinii«, die er in Quierzy veröffentlichte, versprach er dem hl. Petrus und seinem Stellvertreter, dem Papst, große Gebiete Italiens, die sich zum Teil zu diesem Zeitpunkt noch in der Hand der Langobarden befanden. Das Schenkungsversprechen betraf Rom, den sogenannten römischen Dukat, das Exarchat von Ravenna und weitere Landstriche. König Pippin war bereit, dem Papst ein eigenes Reich zu erobern.[7]

Zuvor hatte er noch, Politiker, der er war, an den Langobardenkönig Aistulf die Botschaft gesandt: »Er möge aus Ehrfurcht für die Apostel Petrus und Paulus von den Feindseligkeiten gegen das römische Gebiet ablassen, und ... keine widerrechtlichen und ungesetzlichen, den Römern bisher nie auferlegten Leistungen eintreiben.«

War auch die Botschaft Pippins an die Langobarden im Ton höflich, bemüht, nicht zu verletzen, so war sie dennoch ein Eingriff in die inneren Angelegenheiten eines bislang verbündeten Staates, dem schlicht die weitere Expansion untersagt wurde. Bedenkt man, daß die Eroberungen der Langobarden aus byzantinischem Besitz bestanden, so wird das Groteske der Situation sichtbar.

Aistulf lehnte ab. Aber auch er sandte einen Vermittler zu den Franken: Es war Karlmann, der Bruder Pippins, der der Macht entsagt hatte und auf dem Monte Cassino als Mönch lebte. Er eilte herbei, es heißt auf Befehl seines Abtes, um gegen den Langobardenfeldzug sein Wort zu erheben. Schließlich war das fränkisch-langobardische Bündnis Ergebnis der Politik seines Vaters Karl Martell gewesen. Aber die Königserhebung Pippins hatte die staatsrechtliche Situation im Frankenreich erheblich geändert. Als Karlmann abdankte, war er Hausmeier in seinem Teilreich gewesen. Dieses Teilreich hatte er seinem Bruder übergeben, wohl in der Hoffnung, daß seine Söhne, wenn sie regierungsfähig waren, ihren Anteil an Staat und Reich erhielten. Diese Hoffnung war jetzt durch Pippins Königstum vernichtet. Folgerichtig verschwanden Karlmanns Söhne, genau wie die Merowingersprößlinge, als Mönche in fränkischen Reichsklöstern.

Karlmanns Mission stieß ins Leere. Der Papst verwies den Mönch Karlmann, dessen geistlicher Herr er war, ins Kloster. Seine Begleiter wurden ebenfalls festgesetzt und erst drei Jahre später, auf Fürbitte ihres Abtes, wieder freigelassen.

Karlmann, der Mönch, war zwischen die Räder der Geschichte geraten. Er starb, ein gebrochener Mann, im Jahre 754 in Vienne.[8]

Der Feldzug Pippins gegen die Langobarden begann. Gleichzeitig sandte Pippin nochmals Botschaft an König Aistulf. Er bot eine namhafte Geldentschädigung an, wenn die Langobarden auf eine papstfreundliche Politik einschwenken würden.

Aistulf mußte auch diesmal ablehnen. Die Waffen sollten entscheiden.

Der Feldzug begann im Sommer 754, erster Auftakt fränkisch-deutscher Italienzüge. Der Übergang über die Alpen wurde erzwungen, Pavia eingeschlossen und König Aistulf streckte die Waffen. Er versprach die Herausgabe des eroberten römischen Gebietes, die siegreichen Franken rückten ab. Das Versprechen von Quierzy schien eingelöst.

Der Papst zog in Rom ein, begleitet von König Pippins Stiefbrüdern Hieronymus, Bernhard und Remigius, alle drei außereheliche Söhne Karl Martells. Neben dieser hochrangigen Eskorte der Erzkapellan des Frankenreichs.

Der Jubel in Rom war groß, aber verfrüht.

Aistulf brach alle geschworenen Eide, marschierte im Winter 755/56 in die römische Campagna ein und belagerte Rom.

Am Neujahrstag 756 wird Rom von drei langobardischen Heeresgruppen eingeschlossen. Der Kampf wird auf beiden Seiten erbittert geführt. Am 55. Tage der Belagerung gelingt es einer Gesandtschaft des Papstes, den Belagerungsring zu durchbrechen und Hilfe im Frankenreiche zu erflehen. In grellsten Farben werden die Schandtaten der Langobarden geschildert: da werden die Bilder der Heiligen ins Feuer geworfen und mit Schwertern zerfetzt, Hostien geschändet, die wimmernden Kinder von den Brüsten der Mütter gerissen und erschlagen, Mönche furchtbar geschlagen und die Nonnen geschändet.

Sicher war die Kriegführung damaliger Zeiten grauenvoll. Erstaunlich ist aber, daß die Langobarden die Peterskirche, die damals vor den Toren Roms lag, nicht zerstörten.

Zweck dieser Briefe war es wohl nicht, einen objektiven

Sachverhalt zu schildern, sondern, zumindest verbal, die
Hilfe der Franken zu erzwingen.
Der Papst ruft mit der Stimme des hl. Petrus dem König und
seinen Söhnen zu:»Eilet, eilet, bei dem allmächtigen Gott
mahne und flehe ich euch an, eilet und kommet zu Hilfe,
bevor die lebendige Quelle, aus der ihr gesättigt und wieder-
geboren seid, versiege, bevor der kleine, von der hellodern-
den Flamme, aus der ihr euer Licht erhalten habt, noch
übrige Funke erlösche, bevor eure geistige Mutter, die hl.
Kirche Gottes, in der ihr das ewige Leben zu erhalten hofft,
gedemütigt, preisgegeben, von den Gottlosen entehrt und
befleckt werde. Ich flehe euch an, meine geliebtesten Adop-
tivsöhne, bei der Gnade des hl. Geistes, ich flehe und aufs
inständigste, vor dem furchtbarsten Gott, dem Schöpfer
aller, mahne und ermahne ich, der Apostel Gottes, Petrus,
und mit mir die hl. katholische und apostolische Kirche, die
der Herr mir anvertraut hat, daß ihr nicht diese Stadt Rom
zugrunde gehen laßt, in welcher der Herr meinen Leib
beigesetzt, welche er auch mir empfohlen, wo er die Grund-
feste des Glaubens gelegt hat. Befreit sie und das römische
Volk, eure Brüder, und gebt sie nicht den Langobarden
preis, damit nicht eure Länder und Besitzungen fremden
Völkern preisgegeben werden. Laßt mich nicht getrennt
werden von meinem römischen Volke, damit ihr nicht
geschieden und getrennt werdet von dem Reich Gottes und
dem ewigen Leben. Was ihr von mir verlangt, ich werde
euch zu Hilfe kommen und meinen Schutz leihen...
Bekannt ist es, daß mehr als alle anderen Völker unter dem
Himmel euer Volk, die Franken, mir, dem göttlichen Apostel
Petrus, ergeben war, und deshalb habe ich die mir vom
Herrn übergebene Kirche euch, durch die Hand meines
Stellvertreters, anvertraut zur Befreiung aus den Händen der
Feinde. Denn davon seid aufs festeste überzeugt, daß ich,
der Diener Gottes, der berufene Apostel, euch in all euren
Nöten, wenn ihr mich gebeten habt, geholfen und euch

durch Gottes Kraft den Sieg über eure Feinde gegeben habe. Und auch in Zukunft werde ich ihn euch geben, glaubet es, wenn ihr zur Befreiung dieser meiner Stadt Rom möglichst rasch herbeieilt.« Die Franken folgten dem Ruf, sie mußten ihm folgen, denn der langobardische Angriff auf Rom war ein glatter Vertragsbruch, der nicht hingenommen werden konnte, wenn das fränkische Ansehen nicht Schaden nehmen sollte. Pippin nahm wieder den Weg über den Mont Cenis. Die Klausen wurden umgangen, vom Rücken her angegriffen und erobert. Der Weg in den Süden war frei, Pavia wurde wieder eingeschlossen und schließlich genommen. Aistulf unterwarf sich und zahlte schwere Tribute. Die Auferlegung dieser Tribute war notwendig, denn König Pippin mußte die eigenen Vasallen ja bei Laune halten und ihnen den ungeliebten Langobardenfeldzug vergolden. Abt Fulrad wurde beauftragt, die Rückgabe der zu restituierenden Gebiete zu überwachen. Geeignete Truppenkontingente ermöglichten es.

Er legte die Schlüssel der zurückgegebenen Städte nebst einer Schenkungsurkunde am Grabe des hl. Petrus in Rom nieder. Der Kirchenstaat war Wirklichkeit geworden.

Es ist einsehbar, warum Pippin so konsequent auf diesen Kirchenstaat hingearbeitet hatte.

Der Segen des Papstes hatte seinem Königtum sakrale Würde verliehen und somit einen gleichwertigen Ersatz für die germanische Geblütsheiligkeit geschaffen. Der Papst hatte, als er den vom Monte Cassino herbeieilenden Karlmann in die Klosterzelle zurückverwies, verhindert, daß sich um Karlmann, der durch Pippins Königtum die Teilhabe seiner Söhne am Reich verloren sah, eine Widerstandsgruppe gegen die junge Dynastie bildete. Natürlich hatte der Papst auch im eigenen Interesse gehandelt. Aber deckungsgleiche Interessenlagen sind Fundamente für dauerhafte Bündnisse.

Über die politische Interessenlage hinaus hatte Pippin ein weiteres Motiv für sein Handeln. Er beteuerte, so der Papstbiograph, »daß er um keines Menschen Gunst willen sich zweimal diesem Kampf ausgesetzt habe, sondern nur aus Liebe zum hl. Petrus und für die Vergebung seiner Sünden.« »Für die Vergebung seiner Sünden!« Das ist ein Motiv, das wir beim mittelalterlichen Menschen nicht hoch genug veranschlagen können. Die Sündenvergebung und die ewigen Strafen, das waren die zwei Leitmotive im Choral der Kirche. Wir finden sie in den Briefen der Päpste an die fränkischen Herrscher von Karl Martell bis zu Karl dem Großen.

Schon in einem Brief an Karl Martell heißt es:»Wir fürchten, es wird dir als Sünde angerechnet, wenn unsere Feinde uns verspotten. Wir ermahnen dich vor Gott und seinem furchtbaren Gericht, daß du um Gottes und deines Seelenheiles willen der Kirche des heiligen Petrus und seiner besonderen Herde zu Hilfe kommst. Verschließe deine Ohren nicht vor meiner Forderung, so wird der Apostel dir auch nicht das Himmelreich verschließen. Ich beschwöre dich bei dem lebendigen, wahrhaften Gott, und bei den allerheiligsten Schlüsseln vom Grabe des hl. Petrus, die wir dir als Geschenk übersenden, ziehe nicht die Freundschaft der Langobardenkönige der Liebe zum Apostelfürsten vor.«

An die fränkischen Großen, die sich dem Langobardenzug aus vielen guten Gründen widersetzten, ergeht die päpstliche Adresse:»Um des Kampfes willen, den ihr für eure Mutter, die Kirche, bestehet, werdet ihr vom Apostelfürsten die Vergebung eurer Sünden, aus Gottes Hand hundertfachen Lohn und ewiges Leben empfangen... Wir beschwören euch bei Gott, bei unserem Herrn Jesus Christus und bei dem Tage des ewigen Gerichts, an dem wir alle Rechenschaft ablegen werden über unsere Taten vor dem Stuhl des ewigen Richters: lasset euch durch nichts abhalten, eurem König beizustehen, zum Besten des hl. Petrus, damit durch seine Gnade eure Sünden getilgt werden und er nach der Gewalt,

die Gott ihm als Pförtner des Himmelreichs verliehen hat,
euch die Tür öffne und euch einlasse zum ewigen Leben.«
Und weiter gehen die päpstlichen Beschwörungsformeln an
die Könige:»Bedenke, wenn wir zugrunde gehen sollten,
auf wessen Seele diese Sünde fallen würde! Für das Unheil,
das uns zustößt, wirst du, geliebter Sohn, mit all deinen
Beamten Rechenschaft ablegen vor Gottes Richterstuhl.«
Die Päpste wissen aber auch zu loben. Nach Pippins Sieg
heißt es:»Zum Heil eurer Seele habt ihr, da Gott euch den
Sieg vom Himmel gesandt hatte, dem hl. Petrus zu seinem
Recht zu verhelfen gesucht und ihm geschenkt, was ihm
zukam.«
Ein andermal:»Euch gilt die Verheißung des Herrn, kommet, ihr Gesegneten meines Vaters, dieweil ihr einen guten
Kampf gekämpft, den Lauf vollendet und den Glauben
gehalten habt, so empfanget denn die Kränze, die euer
harren, nehmet die Herrschaft, die euch bereitet ist vom
Anfang der Welt.«
Pippin und seine Söhne werden jedoch angefeuert zu
bedenken, daß das Werk noch nicht vollendet ist. Papst
Paul I. schreibt im Jahre 758:»Ich beschwöre dich bei dem
lebendigen Gott, du wollest unsere Bitte gnädig erhören,
auf daß der allmächtige Gott in dem, worum du ihn bittest,
dir auch sein Ohr neige und dich zum Sieger über alle
Völker der Barbaren mache. Denn alle Völker der Erde
haben gehört von deinem Kampfe zum Schutze der Kirche
und nennen dich rühmend den großen, erhabenen König.
Wir aber hören nicht auf, deinen Ruhm weit und breit zu
verkünden.«
Stephan II. mahnt Pippin, erinnert an das Schenkungsversprechen von Quierzy und spricht wörtlich von einem
»Schuldschein«, wenn er Pippin zuruft:»Wisset, daß der
Apostelfürst eure Schenkungsurkunde wie einen Schuldschein in Händen hält! Diesen Schein müßt ihr bezahlen,
damit, wenn dereinst der gerechte Richter kommt, zu rich-

ten die Lebendigen und die Toten, und der Fürst der Apostel zeigt, daß der Wechsel verfallen ist, ihr dann nicht strenge Rechenschaft abzulegen habt.«

Und in anderer Version spricht Petrus:»Auf, mein Sohn, befreie, die sich zu dir flüchten, auf daß du einst am Tage des Gerichts sagen könnest: mein Herr, Fürst der Apostel, heiliger Petrus, ich bin ich, dein Knechtlein, ich habe den Lauf vollendet, die Treue gehalten.«

Und wiederum klagt der heilige Petrus, drohend mit der Stimme des Papstes:»Wo ihr aber zaudern und nicht alsbald meiner Mahnung folgen solltet, so wisset, daß ich euch im Namen der Dreieinigkeit nach der Gnadenkraft, die mir von Christus dem Herren verliehen ist, wegen solcher Übertretung unseres Befehles ausschließe vom Reich Gottes und vom ewigen Leben.«

Kein Register magisch-alttestamentarischer Beschwörungskunst wird ausgelassen. Papst Stephan II., der Pippin ja persönlich kannte, weiß auch die Liebe Pippins zu seiner Frau Berta den Ordnungsmitteln päpstlicher Politik einzufügen.»Laß mich nicht im Stich, so wirst du auch nicht vom Himmelreich zurückgewiesen und nicht gewaltsam von deiner süßesten Gattin getrennt werden.«

Angesichts dieser Texte darf man sagen: Psychologie ist vielleicht eine moderne Wissenschaft, sicherlich ist sie aber eine uralte Kunst.

Man stelle sich vor; da sitzt dieser noch halbbarbarische Frankenfürst, sicherlich ein Mann, der denken kann, und vernimmt im Kreise seiner hohen Geistlichkeit, Männern, die durch die bonifatianische Kirchenreform sowieso auf den Apostelfürsten eingeschworen sind, diese zwingenden, beschwörenden Formeln des Papstes.

So angesprochen, so angerührt, immer und immer wieder ermahnt, gefordert, angefleht, bedroht mit Seelenstrafen, gezüchtigt mit Höllenfeuer und ewiger Verdammnis, aber auch gerühmt, erhoben als höchster der Könige, als ruhmreicher Verteidiger des heiligen Petrus, des Apostelfürsten, dem die Schlüssel zum Himmelreich anvertraut sind, mußte Pippin nachgiebig werden, und man wird jetzt seinen Ausspruch besser verstehen: »Um keiner Menschengunst willen habe ich diesen Kampf zweimal gewagt, sondern aus Liebe zum heiligen Petrus und zur Vergebung meiner Sünden.«

Die Situation ist also derart: Auf der einen Seite ein König, der die größte reale Macht im Abendland in Händen hält, dessen Dynastie aber noch jung und ungesichert ist, auf der anderen der höchste Kirchenfürst, dem keinerlei reale Macht gegeben ist, der aber alle sakrale Macht auf sich vereinigt. Der König stellt dem Papst seine reale Macht zur Verfügung, um ihm ein Staatsterritorium zu erwerben. Der andere setzt seine sakrale Macht und Würde ein, um die junge Dynastie des fränkischen Königs zu unterstützen. Damit ist Pippins Italienpolitik gerechtfertigt.

Das Bündnis der fränkischen Könige mit dem heiligen Petrus wurde bei der fränkischen Reichsteilung des 9. Jahrhunderts zunächst von den westfränkischen, später von der französischen Krone übernommen.

Es dauerte über ein Jahrtausend an, bis zum 21. Januar 1793, dem Tag, an dem König Ludwig XVI. sein Haupt auf das Schafott der Revolution legte.

Der Tod des Kirchenstaates ließ noch fast ein Jahrhundert auf sich warten, bis er, am 20. 9. 1870, im Königreich Italien aufging.

Pippins Schöpfung, so zwingend die politische Situation sie ihm gebot, war freilich dem Papsttum auch eine schwere Last. Zwar gab es in damaliger Zeit keine andere Möglichkeit, eine Institution zu erhalten, als sie mit Landbesitz auszustatten. Daß dieser Landbesitz die Form eines souveränen Staates haben mußte, war von der Bedeutung der Päpste her verständlich. Aber sie wurden als Landesherren in Zukunft mit hineingezogen in die Niederungen der europäischen Politik. Je größer ihre reale Macht, um so mehr sank ihre sakrale Autorität.

Staatsrechtlich war der Kirchenstaat des Pippin eine sonderbare Konstruktion.

Der Papst, als Herr des Kirchenstaates, erkannte noch lange die Oberhoheit des byzantinischen Kaisers an, tatsächlich aber unterstand er der Schutzmacht des fränkischen Königs. Der eigentliche Rechtsgrund des Kirchenstaates lag in der später als Fälschung entlarvten »Konstantinischen Schenkung.«

Sie besagte, daß, als Konstantin der Große seine Residenz nach Byzanz verlegte, er dem Papst Silvester I. (314–335) kaiserliche Ehren zuerkannt und ihm Rom und die kaiserlichen Provinzen Italiens und des Westens übertragen habe.

Im übrigen hat es die Kurie nie gewagt, das dubiose Papier den byzantinischen Kaisern, noch Pippin oder Karl dem Großen zu präsentieren.

Als König Pippin am 24. 9. 768 in St. Denis starb, wo er auch sein Grab fand, hatte er das von ihm begründete fränkisch-karolingische Königtum gefestigt, er war Schutzherr von Kirche und Kirchenstaat und hatte eine lose Oberhoheit über Langobardien.

Eine seiner markantesten Leistungen ist die Einbeziehung Aquitaniens in den fränkischen Reichsverband. Seit dem Jahre 760 war Pippin Jahr für Jahr nach Aquitanien gezogen und hatte die Grenzen des fränkischen Reiches immer weiter vorverlegt. 762 konnte er Bourges erobern und im Jahre 766 erreichte er die Garonne. Als im Jahre 768 der aquitanische Herzog Waifars ermordet wurde, brach der Widerstand gegen Pippin zusammen. Fränkische Grafen übernahmen das Regiment und Aquitanien wurde Teil der fränkischen Reichsordnung.

Auch der baierische Herzog Tassilo III. hatte im Jahre 757 König Pippin und seinen Söhnen einen Vasalleneid geleistet.[9] So war es ein schwerer Affront gegen die fränkische Krone, als Tassilo III. die Heeresfolge, Teil der Vasallenpflicht, für den Heereszug von 763 nach Aquitanien verweigerte. Aber die Karolinger bewiesen einen langen Atem. Erst im Jahre 788 ahndeten sie den »harisliz« (Verweigerung der Heeresfolge von 763), nachdem sie die anderen Probleme ihres Reiches beseitigt hatten, um dann Baiern um so unwiderruflicher in den fränkischen Reichsverband zu zwingen. Pippin hat seinen geschichtlichen Auftrag erfüllt. Er hat das Reich, das er von seinem Vater Karl Martell übernahm, ruhmreich vergrößert und den Königstraum seines Geschlechts verwirklicht. Die ungelösten Probleme in Sachsen und Baiern, in Rom und Langobardien hinterließ er seinen Nachfolgern.

Die Stunde der Königinmutter

Am 24. September 768 starb König Pippin in St. Denis. Einen Monat später schon, am 29. Oktober 768, wurden beide Söhne, Karl in Noyon und Karlmann in Soissons, gesalbt und zu Königen erhoben.

Der Herrschaftswechsel im Jahre 768 entspricht den früheren merowingisch-karolingischen Mustern. Wieder wurde das Reich zwischen den Königssöhnen geteilt.

Karl (geb. 742?) erhielt den Westen und den Norden; Karlmann (geb. 751) die mittleren und südlichen Länder.

Die Verfügung über Baiern ist unbekannt. Nach dem harisliz von 763 schaltete Tassilo wie ein Souverän.

Aquitanien und seine Bindung ans fränkische Reich war beiden Brüdern anvertraut.

Aber genau dort flammte beim Bekanntwerden von Pippins Tod der Aufstand auf. Sein Anführer war ein gewisser Hunoald. Ob er Herzog war, läßt sich den Quellen nicht entnehmen. Er könnte der Vater des ermordeten Herzogs Waifars gewesen sein. Karl stellte sich der Situation und marschierte. Karlmann, der zur Waffenhilfe für den Bruder verpflichtet war, nahm an dem Feldzug nicht teil, man weiß nicht, ob mit oder ohne Einverständnis Karls.

Jedoch ist es gesichert, daß sich die beiden Brüder während des Feldzuges auf aquitanischem Boden in einem Ort namens Duasdives (jetzt Moncontur de Poitou) trafen. Wir wissen nur von dieser Zusammenkunft und einer daraus folgenden Besprechung, deren Ergebnisse unbekannt sind.

Jedenfalls zog Karlmann von Duasdives wieder nach Hause, Karl jedoch setzte den Marsch ins Innere Aquitaniens fort.

Die gängigste These ist, daß die Brüder sich im Streit trennten, Karlmann die Waffenhilfe verweigerte und seiner eigenen Wege ging. Es wäre genauso möglich, daß die beiden Brüder auf Grund einer gemeinsamen Lagebeurteilung zu dem Schluß kamen, daß Karls militärische Kräfte ausreichten, um den aquitanischen Aufstand niederzuschlagen. Aber daß das Verhältnis der Brüder zueinander prinzipiell gestört war, sagt uns Einhard in seiner »Vita Karoli Magni« in Kapitel 19: »Nach dem Tode seines Vaters ertrug er seines Bruders Unfreundlichkeit und Eifersucht während der gemeinsamen Regierungszeit mit großer Geduld.«

Karl marschierte vor bis zur Garonne und sicherte den Fluß durch Ausbau eines Stützpunktes, der Festung Fronsac. Ob Karl die Garonne überschritt, ist nicht gesichert. Sicher aber ist, daß er eine Gesandtschaft an den Herzog Lupus, zu dem Hunoald und seine Gattin vor Karl geflohen waren, schickte, die die Auslieferung Hunoalds forderte.

Angesichts der fränkischen Waffen lieferte Herzog Lupus die beiden Flüchtlinge aus, um einem Einmarsch Karls und einer Unterwerfung durch die Franken zu entgehen.

Hier wird erstmals ein Verhaltensmuster sichtbar, das Karl von seinem Vater Pippin übernommen hatte und das er weiter ausbauen sollte.

Der Krieg war für Karl immer die »ultima ratio«. Vor jedem

Waffengang bot er auch in Zukunft Verhandlungsmöglichkeiten an.

Im Juli befand sich Karl bereits wieder auf dem Rückzug. Aquitanien war befriedet und fest eingefügt in den fränkischen Reichsverband.

Ansonsten berichten uns die Quellen des Jahres 769 nichts über weitere Aktivitäten Karls.

Die Regie der politischen Handlungen ging vorläufig auf die Königinmutter Bertrarda über, die in einer großangelegten Friedensaktion die Verhältnisse in Europa zu stabilisieren versuchte.

Der große Friedensplan

Betrardas Friedenskonzept hatte System.

Als Erstes und Wichtigstes erschien es ihr nötig, den Frieden zwischen ihren beiden Söhnen wiederherzustellen, damit die gesamte Macht des Frankenreiches in die kommenden Verhandlungen eingebracht wurde. In Selz im Unterelsaß traf sie sich mit ihrem Sohn Karlmann, der sich ihren Überzeugungen beugte.

Die Versöhnung der Brüder galt als so wichtig, daß eigens eine fränkische Gesandtschaft nach Rom reiste, um dem Papst die Versöhnung der fränkischen Brüder anzuzeigen.

Zugleich wurde dem Papst versichert, daß Karl und Karlmann bereit seien, die Versprechungen ihres Vaters, König Pippins, in bezug auf Papst, Rom und Kirchenstaat einzuhalten.

Der Papst war hoch erfreut, mahnte aber die volle Einhaltung der Schenkungsversprechen von Quierzy an, die nach seiner Auffassung immer noch nicht voll erfüllt seien. Die Befriedigung der päpstlichen Ansprüche war eine wichtige Voraussetzung für Bertrardas Friedenspolitik.

Dann zog Bertrarda von Selz weiter nach Baiern, einem der

möglichen Krisenherde des fränkischen Reiches. Ihr voraus war, auf Wunsch ihres Sohnes Karl, der Abt Sturmi von Fulda, selber ein geborener Baier, zu Herzog Tassilo gereist. Es gelang ihm, ein erträgliches Verhältnis zwischen dem fränkischen Reich und dem Herzogtum Baiern zu begründen. Die Franken waren bereit, ihre Lehnsherrschaft über Baiern nicht voll auszuschöpfen, sie tasteten, jedenfalls vorläufig, die Herrschaft Herzog Tassilos nicht an, der in Baiern regierte wie ein Souverän. In Bertrardas neuer Politik kam ihm eine entscheidende Schlüsselrolle zu.

So traf sich die Königinmutter mit ihrem Neffen Tassilo, der ja auch zugleich der Vetter ihrer Söhne war, um Familiäres, das aber auch zugleich ein Stück Weltgeschichte war, zu besprechen.

Stützpfeiler ihrer Friedenskonstruktion waren die vier langobardischen Prinzessinnen, Liutberga, Adelperga, Gerberga und Desiderata, wobei letzterer Name nicht gesichert ist. Herzog Tassilo war mit Liutberga verheiratet, deren Schwester Adelperga mit dem Langobardenherzog von Benevent.

Gerberga war oder wurde unmittelbar darauf die Frau von Betrardas Sohn Karlmann.

Auf ihrer anschließenden Italienreise zum Hofe nach Pavia machte die Königinmutter den Brautwerber für ihren Sohn Karl. Sie hielt beim Langobardenkönig Desiderius um die Hand der letzten Königstochter Desiderata für ihren Sohn Karl an. Karl erfüllte aus Staatsraison den Wunsch seiner Mutter und heiratete Desiderata.

Aus den fränkischen Königen waren somit Schwiegersöhne des Langobardenkönigs geworden, der Herzog von Benevent war ihr Schwager, ebenfalls ihr Vetter Herzog Tassilo von Baiern.

Überwölbt werden sollte dieses Ehesyndikat durch die Verheiratung des langobardischen Thronfolgers und Königssohnes Adelchis mit der Bertrardatochter Gisela.

So bedingungslos sich Karl dem Spruch seiner Mutter in

bezug auf die eigene Ehe gebeugt hatte (Einhard berichtet uns:»Sodann heiratete er auf Anraten seiner Mutter eine Tochter des Langobardenkönigs«), so sehr widersetzte er sich einer Ehe seiner Schwester Gisela mit dem langobardischen Königssohn.

Er sah offenbar die Langobardenpolitik seiner Mutter nur als ein Zwischenspiel an und wußte, daß ein Mann sich leichter aus einer Ehe, die zur Fessel wird, befreien kann als eine Frau.

Oder hat, wie die Sage wissen will, Karl eine verbotene Neigung zu seiner Schwester Gisela gehabt, als deren inzestuöse Frucht der Held des Rolandliedes und Graf der bretonischen Mark, Roland, genannt wird?

Das würde Karls besondere Liebe und Neigung zu Roland erklärlich machen.

Wir wissen es nicht!

Sicher ist nur, daß Gisela sehr bald den Schleier nahm und uns später als Äbtissin der Frauenklöster Chelles und Notre Dames de Soissons begegnet.

Die Königinmutter vollendete ihre diplomatische Mission und fuhr nach Rom, um an den Gräbern der Heiligen zu beten und um dem Papst die neue europäische Machtkonstellation vorzustellen.

Ihrer Persönlichkeit und ihrem Geschick war es gelungen, den Langobardenkönig zu bewegen, bedeutende Städte des Exarchats, auf die der Papst durch das Schenkungsversprechen von Quierzy Anspruch erhob, an den heiligen Stuhl abzutreten.

Mochte aber auch die Friedensordnung der Bertrada faszinierend sein, der Papst konnte ihr niemals zustimmen. Franken, Baiern und Langobarden vereinigt, schlimmer noch, das Papsttum und sein junger Kirchenstaat eingeklemmt zwischen dem norditalienischen Königreich Langobardien und dem süditalienischen Langobardenherzogtum Benevent, das konnte auf Dauer nur zu Lasten des Heiligen

Stuhles gehen. Vehement griff der Papst die Ehe zwischen Karl und Desiderata an. Seine Sendschreiben atmen Panik. »Was für ein Wahnsinn«, ruft er, »daß Euer edles fränkisches Volk, das alle Völker überstrahlt, und Euer so glänzendes und edles Königsgeschlecht befleckt werden sollte durch das treulose und stinkende Volk der Langobarden, das gar nicht unter die Völker gerechnet wird und von welchem bekanntlich die Aussätzigen stammen; denn kein vernünftiger Mensch kann glauben, daß so gefeierte Könige durch eine so verwünschte und verabscheuungswürdige Berührung sich beflecken. Denn was für eine Gemeinschaft hat das Licht mit der Finsternis und welchen Teil der Gläubige mit dem Ungläubigen?« (2. Korinth. 6, 14, 15)[10]

In seinem Bemühen, den fränkisch-langobardischen Ehebund zu verhindern, verstieg sich Papst Stephan zu der Behauptung, die beiden fränkischen Könige seien beide rechtmäßig verheiratet, und somit eine Neuvermählung ausgeschlossen. Wir haben aber die sicheren Zeugnisse, daß Karls Verhältnis mit Himiltrud, einem fränkischen Mädchen von hohem Adel, keine legitime Ehe war. Das geht auch daraus hervor, daß der Sohn dieser Verbindung, Pippin, als Bastard galt und deshalb bereits – vor seiner Rebellion gegen Karl – von der Thronfolge ausgeschlossen war.

Betrachtet man die Ereignisse objektiv, so kann man die Aufregung des Papstes verstehen.

Rom lag, wie die Nuß im Nußknacker, zwischen den beiden langobardischen Staaten, und was noch schlimmer war, beide standen jetzt im Bündnis mit den mächtigen Schutzherren Roms, den Franken... Der geringste Druck, und Rom konnte zerbrechen.

Aber auch bei den Langobarden war man nicht recht glücklich. Wie viele schöne Städte hatte man, auf dringliches Anraten des mächtigen fränkischen Bündnispartners, dem Papst restituieren müssen! Schließlich hatte man noch, als höchsten Preis, das Ziel eines geeinigten langobardischen

Italien aufgeben müssen, zumindest für den Augenblick. Doch auch für die Franken brachte die neue Bündnispolitik der Bertrarda Probleme.

König Pippin hatte, um die papstfreundliche Politik der Franken, die zur Schaffung des Kirchenstaates führte, durchzusetzen, schwere Widerstände fränkischer Großer überwinden müssen. Um dieser Widerstände Herr zu werden, war er gezwungen gewesen, eine neue Mehrheit für seine papstfreundliche Politik in seinem Volke zu schaffen. Nun waren beide Teile des Volkes etwas verwirrt. Eine papstfreundliche Politik, im Bündnis mit den Langobarden, das war doch ein Widerspruch!

Der direkte Anrainer an Italien war Karls Bruder Karlmann. Sein Teilkönigreich grenzte mit der Provence und Burgund unmittelbar an das langobardische Italien an. Fühlte sich Karlmann durch die neue Italienpolitik Bertrardas und Karls übergangen?

Karlmann war in Rom durch eine bewaffnete Gesandtschaft unter der Führung eines Mannes namens Dodo vertreten.

Dodo hatte bislang die langobardenfeindliche Politik, deren führende Kräfte am päpstlichen Hofe der Primicerius Christoforus und dessen Sohn Sergius waren, gestützt. Christoforus und sein Sohn Sergius waren neben dem Papst die mächtigsten Männer Roms, seitdem sie den Usurpator des päpstlichen Stuhles, Konstantin, beseitigt und an seiner Stelle Papst Stephan III. im Jahre 768 erhoben hatten.

Ihr Einfluß schwand mehr und mehr dahin, denn der Papst mußte sich jetzt, unter den Zwängen der neuen Politik, dem Langobardenkönig Desiderius nähern.

Der Langobardenkönig hatte sich gegen die Partei des Christoforus eine Gegenpartei unter Führung des päpstlichen Kämmerers Paulus Afiarta aufgebaut und ihn mit den notwendigen Geldmitteln versehen.

Als König Desiderius nun gar mit Heeresmacht vor Rom zog, um mit Papst Stephan über die Rechte des heiligen Petrus zu verhandeln, griffen Christoforus und sein Sohn Sergius zu den Waffen. Sie drangen in den Lateran ein und versuchten, sich des Papstes zu bemächtigen. Der Papst flüchtete sich, eine wahre Umkehr der Gegensätze, in die Basilika St. Peter, die damals vor den Toren Roms lag – in die Arme des Langobardenkönigs.

Christoforus rief das Volk von Rom zum Aufstand gegen den Papst und gegen den Landesfeind, die Langobarden, auf. Aber die weltklugen Römer, die politische Machtgewichtung erkennend, überhörten den Ruf.

Der päpstliche Kämmerer Paulus Afiarta und sein langobardisches Gold hatten gute Arbeit geleistet. Man sieht, Einfluß- und Machtkauf sind keine neuen Mittel der Politik.

Die Langobarden siegten.

Die fränkische Seite, oder besser die fränkische Seite Karlmanns, dessen Gesandter Dodo mit Waffengewalt die langobardenfeindliche Partei des Christoforus unterstützt hatte, unterlag. Christoforus wurde geblendet und starb bald.

Das Verhältnis der Brüder, Karl und Karlmann, war nach diesen Vorfällen schlechter denn je.

Papst Stephan beschreibt diese abenteuerliche Umkehr der politischen Machtverhältnisse in einem Brief an Bertrarda und Karl, seltsamerweise nicht an Karlmann, und nennt König Desiderius »seinen ausgezeichneten Sohn«, ihn, den er bislang mit der Metapher »verruchtest« belegt hatte. Er führt Klage über »die Missetaten und teuflischen Einflüsterungen Dodos«, der damit gewiß das Mißfallen Karlmanns erweckt habe. Dodo soll also der neuen Konstellation geopfert werden. Aber Karlmann denkt nicht daran, sondern er ist so erbost, daß er mit Heeresmacht nach Rom ziehen will. Der Papst berichtet weiter, daß er von »seinem ausgezeichneten und von Gott erhaltenen Sohn«, gemeint ist der Langobardenkönig, »alle Gerechtsame des heiligen Petrus ungeschmälert empfangen habe«.

Bertrardas Friedenspolitik, eine liebenswerte Politik zur

Überbrückung der Gegensätze unter dem Motto: »Seien wir doch alle vernünftig und nett miteinander«, war, trotz der Ehebündnisse, gescheitert.

Das Gegenteil dessen, was sie erreichen wollte, war eingetreten. Der Streit zwischen den fränkischen Brüdern war neu entflammt. Desiderius stand in Rom, der Papst war in seiner Hand. Der Papst, auf dessen Sanktionierung sich fränkisches Königtum gründete, war ein manipulierbarer Faktor in der Hand der Langobarden geworden.

Das fränkische Patriziat, die Schutzherrschaft über Rom und die Kirche, war wieder zur leeren Worthülse, wie einst unter den Byzantinern, herabgesunken. Die Gegensätze waren schroffer, schartiger denn je.

Karl durchschlägt den gordischen Knoten. Er sendet die ungeliebte langobardische Königstochter Desiderata, für ihn nur noch eine politisch schädliche Beziehung, an ihren Vater, König Desiderius zurück. Es ist dies mehr als eine tödliche Beleidigung. Mit dieser Tat ist eine neue Politik dramatisch und unwiderruflich vollzogen.

Karls Schritt fand nicht die einhellige Zustimmung seiner Franken. Sein Vetter Adalhard, der mit zu den Trauzeugen gehört hatte, fühlte sich durch diese Tat meineidig gemacht. Er verließ den Hof und trat in das Kloster Corbie ein.[11] Alle möglichen Gründe hat man in diese Eheauflösung, in diesen schroffen Abbruch, hineingedeutet.

Dabei ist der Vorfall klar und eindeutig.

Diese Ehe war eine politische Ehe. Als sie nicht die Resultate brachte, um derentwillen sie geschlossen wurde, gab es für Karl keinen Grund, sie weiterzuführen. Ja, er mußte sie in dieser spektakulären Form lösen, um die Umkehrung seiner Politik sichtbar zu machen.

Das langobardisch-fränkische Bündnis war also aufgekündigt und in blanke Feindschaft umgeschlagen.

Angesichts der klaren Sachlage und der überlegenen fränkischen Macht stellte sich bald darauf auch der Papst wieder an die Seite der Franken.

Um die gleiche Zeit, in der all dies geschah, die genaue Reihenfolge der Ereignisse ist nicht mehr feststellbar, gefiel es der Dramaturgie der Weltgeschichte, daß Karls Bruder Karlmann, am 4. 12. 771, in seiner Pfalz Samoussy verstarb. Sein Wunsch, in der Kirche des hl. Remigius zu Reims bestattet zu werden, wurde ihm erfüllt. Was Karlmanns Leben nicht erreicht hatte, das erreichte sein Tod. Die weltpolitische Lage veränderte sich grundlegend. Drohte eben noch nach Einhards Andeutungen ein Krieg der fränkischen Brüder, so stand jetzt wieder die gesamte Kraft des vereinten Frankenreiches unter König Karl im Spiel der Mächte. Am 4. 12. 771 war Karlmann gestorben. Am 24. 12. 771 feierte Karl das Weihnachtsfest in Attigny als anerkannter König und Gesamtherrscher des fränkischen Reiches: Eine Machtübernahme, die sich unblutig und blitzschnell in 20 Tagen vollzog, obwohl Karlmann thronfolgeberechtigte Söhne hinterlassen hatte.[12]

Daraus sollten sich noch Probleme ergeben.

Karl, König der Franken, und der Weg zur Gesamtherrschaft

Es ist nun an der Zeit, uns die Herkunft des Mannes näher anzusehen, der in den kommenden 40 Jahren die europäische Welt verändern sollte. Der zum Gründer einer neuen Staatsidee wurde, die ein Jahrtausend Bestand hatte und als Traum im Herzen der Menschen bis heute nicht verklungen ist.

Der Bericht unseres Karlsbiographen Einhard über Karls Jugend ist sparsam, ja ungenügend. Er schreibt:»Ich halte es

für sinnlos, von Karls Geburt, Kindheit und Jugendzeit zu
erzählen, da bisher noch nicht davon berichtet wurde und
heute auch niemand mehr lebt, der Auskunft darüber
geben könnte. Daher habe ich mich entschlossen, das
Unbekannte wegzulassen und sofort dazu überzugehen,
seine Persönlichkeit, seine Taten und andere Begebnisse
seines Lebens zu schildern und zu beschreiben.«
Mehr weiß uns Einhard nicht über das Leben Karls vor
seinem Königtum zu berichten. Karls Geburtsort ist unbekannt, ebenso sein Geburtsjahr.

Geheimnisse um Karls Geburt und den karolingischen Bruder- zwist

Die Spekulationen über seinen Geburtsort sind sämtlich
unfundiert. Sie sind alle nach dem Jahre 1165, dem Jahre
von Karls Heiligsprechung entstanden. Es konnte ja für
eine Stadt materiell interessant werden, der Geburtsort des
heiligen Kaisers zu sein, da sie dann als eventuelle Wall-
fahrtsstätte Pilgerfahrten auf sich ziehen mußte.
Die Verwirrung über Karls Geburtsjahr spiegelt sich in
allen großen europäischen Enzyklopädien wieder.
»Meyers Enzyklopädisches Lexikon« hat sich für den
2. April 742 entschieden. »La Grande Encyclopédie, Librairie
Larousse, Paris« bietet auch das Jahr 742 als Geburtsjahr an.
Die »Encyclopaedia Britannica« stellt zur Auswahl die Jahre
742 oder 743.
Das »Handbuch der europäischen Geschichte« von Theodor Schieder verweist auf die Forschungen von K. F. Werner (Francia 1973) und entscheidet sich für das Jahr 747.
Der »Große Brockhaus« beharrt auf dem Jahre 742, macht
aber redlicherweise ein Fragezeichen hinter der Jahresan-
gabe. Der »Große Plötz« schreibt unter Karl: geboren wohl
742.

Die Unsicherheit ist offensichtlich. Die Historie wird damit leben müssen.

Der größere Teil der Geschichtsschreiber hat sich für das Jahr 742 entschieden, wahrscheinlich unter dem Einfluß Einhards, der die Grabinschrift Karls überliefert, in der es unter anderem heißt:»Er starb als Siebziger, in der siebenten Indiktion, am 28. Januar im Jahre des Herrn 814.« Wäre Karl 747 geboren, so rechnet man, dann wäre er nur siebenundsechzig Jahre alt geworden und Einhard hätte nicht von einem Siebziger gesprochen. Warum aber soviel Aufhebens um Karls Geburtsjahr? Weil eben in diesem Geburtsdatum der Grund zu dem Bruderzwist zwischen Karl und Karlmann zu finden sein könnte. Die Quellen berichten nur über die Tatsache des Bruderzwists. Ja sogar ein Krieg zwischen den beiden Königsbrüdern wurde zeitweise für wahrscheinlich angesehen. Gründe dafür werden nirgends genannt. Einhard sucht die Urheber des Bruderzwistes im Lager Karlmanns.»Doch konnte der Friede zwischen den beiden Brüdern nur mit größter Schwierigkeit aufrecht erhalten werden, da die Karlmannsche Partei wiederholt versuchte, die Eintracht zwischen den Brüdern zu zerstören. Ja, es gab sogar gewisse Leute, die die beiden Könige durch Intrigen in einen Krieg verwickeln wollten.«

Das ist alles sehr vage formuliert. Über die Gründe, über Form und Ausmaß der Intrige erfahren wir nichts. Karls Geburtsjahr, gleichgültrig ob 742 oder 747, und das Heiratsdatum seiner Eltern, Pippin und Bertrarda, welches von den Annalen von St. Bertin auf das Jahr 749 festgelegt ist, geben allerdings einen massiven Grund für die Feindschaft der Brüder. Damit wäre Karl zwar kein uneheliches, aber ein voreheliches Kind von Pippin und Bertrarda gewesen. Leicht kann es in der Umgebung Karlmanns Menschen gegeben haben, die mit dem Hinweis auf Karls Geburtsmakel die Feindschaft der Brüder immer wieder anfachten.

Die heroisierende Geschichtsschreibung der Vergangenheit hat dieses Faktum zwar immer gekannt, versuchte es aber wegzudiskutieren. Ein so zuverlässiger und gründlicher Historiker wie Engelbert Mühlbacher zieht eine Passage des Cathvulfbriefes heran, über den noch zu sprechen sein wird, in der es heißt:»Karl sei außerdem auf besonderes Gebet seiner Eltern, hauptsächlich der Mutter, geboren worden.« Mühlbacher folgert daraus:»Um außereheliche Kinder pflegten die Eltern, namentlich die Mütter, auch damals nicht so dringend sich an Gott zu wenden.« Die Logik scheint treffend, doch hält sie der näheren Betrachtung nicht stand.

Für Bertrarda, die Tochter Chariberts, des Grafen von Chalons, war es auch in einer außer- oder vorehelichen Verbindung wichtig, von Pippin, dem Hausmeier der Franken, ein Kind, namentlich einen Sohn und Erben, zu empfangen. Ein solches Kind konnte für Pippin und Bertrarda die Brücke sein, die eine Ehe ermöglichte.

Nur der Geburtsmakel Karls gibt einen ausreichenden Grund für die immer wieder zitierte Feindschaft der Brüder. Auch die Hinweise der Historiker, die Tatsache, daß Karls Thronfolgerecht unumstritten war, beweise die Legitimität seiner Geburt, sind nicht treffend.

Karl Martell wird angeführt, der als Bastardsohn Pippins des Mittleren und der Chalpaidia von der Thronfolge ausgeschlossen war und sich sein Recht mit dem Schwert erstreiten mußte.

Auch Grifo, der Bastardsohn Karl Martells und der Friedelfrau Swanahild, der von der Legitimität ausgeschlossen wurde, soll Beweis dafür sein, daß im Karolingerreich nur legitime Söhne die Herrschaftsnachfolge antreten konnten. Aber die Schicksale dieser Bastarde lassen sich nicht als Beweis heranziehen, da sie eben Kinder von Nebenfrauen, von Konkubinen waren. Karl hingegen war der Sohn seiner Eltern, der voreheliche Sohn, der nach dem Eheschluß seiner

Eltern seine volle, legitime Stellung im Reich erhielt. Die Feindschaft der Brüder, deren Gründe Einhard so standhaft verschweigt, und das Schweigen, besser das Verdrängen der höfischen und der bürgerlichen Geschichtsschreibung, die an ihrem ersten großen Kaiser keinen Makel dulden wollte, ist damit erklärt.

Einem zweiten Geheimnis wollen wir uns nähern.

Am 9. Oktober 768 werden Karl und Karlmann zu Königen erhoben. Am 4. 12. 771 stirbt Karlmann und Karl übernimmt die Gesamtherrschaft.

Was hat Karl, dieser tatenfrohe und tatenstarke Mensch, in diesen drei Jahren unternommen?

Er entsendet den Abt Sturmi, nach Baiern, um ein erträgliches Verhältnis mit Tassilo herzustellen.

Im Frühjahr 769 sehen wir Karl nach Aquitanien ziehen. Die aufständische Provinz ist rasch unterworfen, denn im Juli sehen wir Karl bereits wieder auf dem Rückzug zu seinen Pfalzen.

Dieser aquitanische Feldzug ist das einzige Ereignis des Jahres 769, von dem die Annalen berichten.

Auch in den Jahren 770 und 771 sehen wir keine großen Aktivitäten des Tatmenschen Karl. Die Außenpolitik überläßt er seiner Mutter.

Auf Anraten seiner Mutter heiratet er die langobardische Königstochter Desiderata. Damit erfüllt er nicht nur einen Wunsch im Friedenskonzept seiner Mutter, sondern er entwertet so die Vorzugsstellung seines Bruders Karlmann, der als Gatte der langobardischen Königstochter Gerberga Schwiegersohn des Langobardenkönigs Desiderius war. Karl stellt sich damit gleichberechtigt neben dieses Verhältnis.

Ansonsten erfahren wir keine Aktivitäten Karls.

Sonderbar, so will es scheinen.

Analysieren wir aber einmal die Lage Karls und des fränkischen Reiches.

Sicher war Karl zu der Erkenntnis gekommen, daß ein gemeinsames Handeln der Brüder und damit die volle Machtausschöpfung des fränkischen Reiches nicht möglich war. Für seine Pläne, die wir ihn später vollziehen sehen, ist aber die Gesamtkraft des Reiches unabdingbar.

So kann Karl nur ein Ziel gehabt haben: die Gesamtherrschaft über das fränkische Reich zu erlangen.

Der Cathvulfbrief, der dazu diente, die Aggressionsabsichten Karlmanns bloßzustellen, ist vieldeutig.

Cathvulf, wahrscheinlich ein Geistlicher, zählte in einem Brief an Karl die besonderen Glücksfälle auf, mit denen Gott Karl gesegnet habe: »Zuerst, daß er auf das besondere Gebet seiner Eltern, namentlich seiner Mutter, geboren sei; zweitens, daß er der Erstgeborene sei, der sich des besonderen Segens Gottes erfreue; dann daß Gott ihn bewahrt habe vor den Nachstellungen seines Bruders, wie man von Jakob und Esau lese; daß er mit seinem Bruder zur Herrschaft gelangt sei; endlich, daß Gott seinen Bruder von der Erde weggenommen und Karl die Herrschaft über das gesamte Reich ohne Blutvergießen verliehen habe.« Dieser Brief läßt offen, wer denn nun die treibende Kraft zur Erlangung der Gesamtherrschaft war, Karl oder Karlmann? Begrüßt wird lediglich das Ergebnis als ein Zeichen der Güte Gottes.[13]

Überlegt man sich aber, daß Karl innerhalb von 20 Tagen das Reich seines Bruders in Besitz nahm, so drängt sich die Vermutung auf, daß die Aktivitäten auf seiten Karls lagen und daß das, was geschah, von langer Hand vorbereitet war.

Karl begab sich wenige Tage nach dem Tode seines Bruders nach der Villa Corbonacum (Corbeny in der Nähe von Laon).

Dort trat, man bedenke die Kürze der Zeit, eine Art Reichsversammlung zusammen. Die Vornehmsten unter Karlmanns Großen, zugleich auch ehemalige Paladine König Pippins, waren der Erzkaplan Fulrad, Abt von St. Denis, der auch später eine bedeutende Rolle in Karls Reich spielte, und der Erzbischof Wilcharius von Sens, der Nachfolger Chrodegangs von Metz, an der Spitze der fränkischen Reichskirche.

Von den weltlichen Großen sind uns die Namen der Grafen Warin und Adalhard benannt, wobei wir nicht wissen, ob es sich bei diesem Adalhard um jenen Vetter Karls des Großen handelt, der sich, anläßlich der Verstoßung von Karls langobardischer Frau, enttäuscht ins Kloster von Corbie zurückzog.

Karl ist plötzlich Gesamtherrscher der Franken.

Man ist erstaunt.

Da ist doch die Frau Karlmanns, Königin Gerberga, da sind zwar junge, aber doch thronberechtigte Söhne Karlmanns?

Da wäre doch ein Regentschaftsrat, an der Spitze die Königinmutter, umgeben von Karlmanns Paladinen, zu bilden gewesen. Ein Regentschaftsrat, der bis zur Großjährigkeit von Karlmanns Söhnen die karlomannische Reichshälfte regiert hätte.

Solche Situationen hatte der Adel immer geliebt. Boten sie doch die beste Voraussetzung, die Privilegien der Adelsgesellschaft zu erweitern.

Denn nicht die Treue zu König und Reich zeichnete den europäischen Adel aus, sondern sein Egoismus, die Königsmacht zu mindern und die eigene Macht zu vergrößern. Nichts von alledem geschah. Die Egoismen brachen nicht auf.

Wer hat bei den Großen des Reiches die Einsicht gefördert, das eigene Glück, und das Glück der Franken allgemein, liege in einem Gesamtreich unter König Karl?

Die Königinmutter Gerberga mit ihren Söhnen steht nach Karlmanns Tod allein. Wir hören nur von einem Dux Autcharius, er soll König Pippins Schwager gewesen sein, der mit der Königin und ihren Kindern zu ihrem Vater, dem Langobardenkönig Desiderius floh.

Einhard versucht in seiner Karlsvita die Flucht der Gerberga als unnötig darzustellen. Ja, er sieht darin eine Kränkung Karls.

Sicher war es in damaliger Zeit unvergessen, daß König Pippin in ähnlicher Situation die Söhne seines Bruders Karlmann zu Mönchen hatte scheren lassen, um ihren Kronanspruch im Schweigen fränkischer Klöster für immer zu begraben. Überblickt man noch einmal den Vorgang der Machtübernahme, ihre Schnelligkeit, die lautlose Perfektion, mit der sich alles vollzieht, dann weiß man, was Karl in den scheinbar tatenlosen Tagen der Jahre 769, 770 und 771 betrieben hat: »Die Wiederherstellung der Gesamtherrschaft im fränkischen Reich.«

Die Taten eines Lebens

Karl war fränkischer Gesamtherrscher. Das aquitanische Problem hatte er noch zu Karlmanns Zeiten gelöst. Diese Provinz war festgefügter Teil des Reiches.
Baiern war eine Problemzone besonderer Art. Herzog Tassilo, Karls Vetter, regierte in Baiern, als habe er nie auf dem Reichstag zu Compiègne im Jahre 757 König Pippin und seinen Söhnen den Vasalleneid geleistet, indem er in der üblichen Weise seine gefalteten Hände in die des Königs gelegt hatte.
Aber der fränkische König war Realist. Selbst der Gesamtkraft des fränkischen Reiches war es nicht möglich, an allen Brennpunkten gleichzeitig anzutreten.
Zunächst regelte er seine persönlichen Verhältnisse und heiratete die erst dreizehnjährige Hildegard, die Enkelin des Alemannenherzogs Gotfrid. In einer zwölfjährigen, glücklichen Ehe schenkte sie ihm neun Kinder. Sie starb schon im Jahre 783. Paulus Diaconus hat ihre Tugend, ihre Schönheit und hohe Gesinnung in ihrer Grabschrift gefeiert.[1]
Karl stand vor der Entscheidung, ob er zuerst den Langobardenkrieg oder den Sachsenkrieg führen sollte.
Der Langobardenkrieg war unausweichlich, nachdem König Desiderius nach Karls Affront versucht hatte, den Papst zu bewegen, seine Enkel, die Söhne Karlmanns, zu fränkischen Königen zu salben.
Wenn Karl sich dennoch zu dem Sachsenkrieg entschloß, so darum, weil dort die Situation dringlicher und fränki-

sches Reichsgebiet gegen sächsische Raubzüge zu sichern war.

Karl und der Krieg – Das Muster der Kriege –
Die 5. Kolonne

Bei raschem Blick auf die Geschichte erscheint Karl zunächst in der dominierenden Gestalt des Kriegers. Allein dieser Mann ist zu vielschichtig, zu facettenreich, um in solch grobes Raster zu passen. Karl stellte im Gegenteil das Mittel der Politik immer über das Mittel des Krieges.

Außer dem verlorenen spanischen Krieg, dessen Ziele er später durch die Errichtung der spanischen Mark dennoch erreichte, war Karl in allen seinen Kriegen immer siegreich. Auch Karl Martell und König Pippin hatten nie einen Krieg verloren, so daß die Franken in dem unerhörten Gefühl lebten, Franke, das sei gleichbedeutend mit Sieger. Dennoch machte Karl vor jedem Krieg Verhandlungsangebote. Ja, man kann, wie erwähnt, von einem durchgängigen Verhaltensmuster sprechen. Auch im aquitanischen Krieg machte Karl dem Waskonenfürsten Lupus, in dessen Land sich der für die aquitanischen Unruhen verantwortliche Hunoald befand, das Angebot, den Flüchtigen auszuliefern. Der Waskonenfürst ging auf Karls Angebot ein und ersparte sich einen Krieg, den er sicher verloren hätte.[2]

Im Langobardenkrieg wird Karls Verhaltensweise noch deutlicher.

Zunächst machte er dem Langobardenkönig Desiderius das Angebot von 14000 Goldsoldis (eine ungeheure Summe, denn das Gold war in Europa und dem Frankenreiche durch die Seeherrschaft der Araber im Mittelmeer knapp geworden, einer der Gründe, warum Karl später auf Silberwährung umstellte), wenn er die vom Papst reklamierten

Städte und Landschaften dem heiligen Stuhl zurückgeben würde.[3] Der Langobardenkönig lehnte ab.

Darauf zog Karl mit Heeresmacht durch die Alpen, bis ihm die langobardisch besetzten Klausen den Weg verstellten.

Erneut machte Karl ein Angebot: Stellung von langobardischen Geiseln, eine für jede vom Papst geforderte Stadt. Wiederum Ablehnung durch den Langobarden. Karl machte ein weiteres Verhandlungsangebot. Auch diesmal wieder Ablehnung. Jetzt erst marschierte Karl. Er umging die Klausen, schloß Pavia ein, siegte, und wurde König der Langobarden.

Diese Verhandlungsangebote weisen Karl mehr als Politiker denn als Krieger aus. Sie hatten den Zweck, den Waffengang zu vermeiden, und die Aufgabe, dem langobardischen Adel zu signalisieren, »mit diesem König Karl kann man verhandeln«.

Die Angebote veränderten tatsächlich das Klima im langobardischen Lager, denn sie blieben nicht geheim. Der Kampfeswille der langobardischen Großen wurde gelähmt, sie sahen, daß es für sie auch ohne ihren König ein Weiterleben geben würde, ein Weiterleben an der Seite eines verhandlungsbereiten Siegers.

Abfall und Verrat breiteten sich aus. So war schließlich das Schicksal des Desiderius besiegelt.

Auch bei den Sachsenkriegen setzte Karl seine Zeichen. Die sächsischen Ethelinge erkannten daraus, daß das Frankenreich größere Möglichkeiten bot als die Enge der sächsischen Wälder.

Sie, die Ethelinge, sollten sich als erste an Karls Seite stellen und ihm die Opfer zutreiben für den Sachsenmord in Verden an der Aller.

Als in späteren Jahren Karl die Macht hatte, Baiern zu disziplinieren und wieder fest in den Reichsverband zu fügen, hatte er große Teile des baierischen Adels, aber auch des Klerus auf seiner Seite, so daß die Reichsannalen berichten konnten:»Die Baiern waren Karl treuer als ihrem Herzog.«

Ja, überspitzt könnte man sagen, in seinen Expansionskriegen marschierte Karl nie, ohne eine 5. Kolonne im Lager des Gegners zu haben.

Seine einzige Niederlage, die im Spanienfeldzug, erlitt er nur, weil auch dieser Feldzug in seinen Grundzügen zwar genau dem erfolgreichen Muster seiner Kriegsdiplomatie entsprach, wobei er aber, wie wir sehen werden, das Opfer einer Fehlinformation wurde.

Wie Wolfgang Braunfels schreibt:»Das Handwerk der Karolinger war der Krieg. Nichts anderes hatten sie gelernt, für nichts anderes waren sie erzogen. Die Siege allein gaben ihnen das Recht auf Herrschaft. Sie bezeugten zuletzt auch ihren Anspruch auf das Königtum. Wenn man später den Krieg das letzte Mittel der Politik genannt hat, so war es in der archaischen Welt noch ihr erstes.«[4] Das trifft auf Karl Martell, auf König Pippin mit Sicherheit zu, ja der gesamte fränkische Adel ist unter dieser Prämisse zu sehen. Nicht aber Karl der Große. Bei ihm tritt aus der Gestalt des Kriegers der Politiker und schließlich der Lehrer seiner Völker in den Vordergrund.

Wie sich die Franken selber sahen, zeigt das Selbstporträt, das sie im Prolog der»Lex Salica« im 8. Jahrhundert von sich zeichneten:»Der berühmte Stamm der Franken, der von Gott selbst geschaffen wurde, mutig im Kriege und ausdauernd im Frieden . . . von edler Gestalt und makellosem Glanz und außergewöhnlicher Schönheit, wagemutig, schnell und draufgängerisch, zum katholischen Glauben bekehrt und gegen jede Häresie gefeit . . . Es lebe Christus, der die Franken liebt.«

Ein griechisches Sprichwort sagt, und trifft damit die Doktrin fränkischer Machtausweitung:»Den Franken habe zum Freund, aber nicht zum Nachbarn.«

Die Franken verloren sich nie in gotische oder vandalische

Träume von fernen Sonnenländern. Sie schoben, von ihrer Reichsmitte her, ständig ihre Grenzen nach vorn. Sie erweiterten ihren Staatsraum nur durch die Vorverlegung ihrer Grenzen, und blieben so immer der Basis ihrer Macht verbunden.

Für ein Volk von solchem Expansionsdrang war der Krieg allerdings Lebenselement und Beruf.

Während eines Jahrhunderts, von Karl Martells Regierungsantritt im Jahre 714 bis zum Tode Karls des Großen im Jahre 814, gab es nach den Untersuchungen von J. F. Verbruggen, nur 7 kriegsfreie Jahre. Der Krieg war die Regel, der Frieden die Ausnahme.

Man versammelte sich im Frühjahr auf dem März- oder dem Maifelde und zog in den Krieg. In diesem Automatismus lag ein gewisser Zwang. Der fränkische Krieger erhielt keinen Sold, sondern einen Anteil an der Beute, sei es bewegliches Gut oder Land. Um aber Beute zu machen, mußte man Krieg führen.

Es war genau kodifiziert, wer und mit welchen Waffen auf der Heeresversammlung zu erscheinen hatte. Die Größe des Landbesitzes bestimmte die Anzahl der Gefolgsleute, die Art der Waffen, ob leichte oder schwere Reiterei. Kleinere Landbesitzer statteten gemeinsam einen Bewaffneten aus. Es ist erstaunlich, wie exakt diese Kriegsorganisation über weite, unüberschaubare Räume, mit mangelnden Kommunikationsmöglichkeiten, funktionierte.

Darum war die Disziplin streng, unerbittlich. Auf Verweigerung oder Entziehung der Heeresfolge standen hohe Bußen, auf Fahnenflucht der Tod.

Diese Kriegergesellschaft war das Fundament der Lehns- oder Feudalgesellschaft. Der König vergab Land zu Lehen. Der Mann verpflichtete sich zu Gefolgschaft. Je größer der Landbesitz des Lehnsmannes, um so mehr Bewaffnete mußte er dem König zur Heeresfolge stellen.

Ein Heer war, damals wie heute, eine teure Angelegenheit.

Seit der Mitte des 8. Jahrhunderts beherrschte der gepanzerte Reiter das Schlachtgeschehen. Bewaffnung und Ausrüstung eines Panzerreiters mit Pferd, Panzer und Waffen kosteten um diese Zeit 36–40 Schillinge. Das war der Gegenwert einer Herde von 18–20 Kühen. Dieser Kostenfaktor läßt die Phantasiezahlen mittelalterlicher Heere auf Formationen von höchstens 3000 Reitern und 10000 Mann Fußvolk schrumpfen.

Um ein solches Heer aufzustellen, war der Gegenwert einer riesigen Rinderherde von 100000 Stück Vieh nötig. Und diese Zahlen sehe man vor dem Hintergrund einer Gesamtbevölkerung in Mitteleuropa von 8 Millionen Menschen, nach neueren Schätzungen!

Einige Historiker erklären die Dauer von Karls Eroberungszügen, namentlich des Sachsenkrieges mit seinen 32 Kriegsjahren, aus der zahlenmäßigen Schwäche der karolingischen Heere. Sie genügten wegen ihrer hohen Kampfkraft, um auf dem Schlachtfeld zu siegen, waren aber für eine andauernde allgemeine Befriedung zu schwach.

Die karolingische Taktik, von Karl Martell entwickelt und von Karl dem Großen zur Blüte gebracht, bestand nicht im frontalen Massenangriff, mit dem die Germanen einst die römische Welt in Schrecken versetzt hatten, sondern im beweglichen Einsatz kleiner, schwergepanzerter Reitergeschwader, die von unterschiedlichen Angriffspositionen her in den Feind stießen. Eine Taktik, wie wir sie in ihren Grundzügen in den Panzerschlachten eines Rommel oder Guderian im Zweiten Weltkrieg wiederfinden.

Zu dieser Reitertruppe hatte sich noch eine Elitetruppe gebildet, die unmittelbar unter Königsbefehl stand, die »scara francisca«. Eine Garde, eine heilige Schar. Es gelang Karl, mit den Jahren diese »scara francisca« so zu vergrößern, daß sie zu eigenen militärischen Aufgaben befähigt war, vor allem aber, daß sie als eine feste Truppe ganzjährig zur Verfügung stand.

Kriegführen war auch in karolingischer Zeit nicht nur eine Angelegenheit des Mutes, der besseren Bewaffnung und der überlegenen Taktik. Es war und ist auch eine Transport- und Verkehrsfrage, wir nennen es heute Logistik. Man hatte erkannt, daß Pferde, denen das Geschirr erlaubt, die Wagen mit der Brust zu ziehen, größere Lasten bewegen können. Karolingische Wagen, so hat man errechnet, konnten Lasten bis zu 600 kg bewältigen. Mit ihrer Hilfe wurde der Nachschub sichergestellt.

Zu diesem gut organisierten Kriegswesen kam der unbändige Kampfeswille des fränkischen Kriegers und eine spartanisch-harte Ausbildung, von der uns Hrabanus Maurus (780–856) berichtet: »Wir sehen heute, daß Kinder und Jugendliche in den Häusern der Großen dazu erzogen werden, Härten und Widrigkeiten wie Hunger und Durst, Kälte und Sonnenglut zu ertragen ... Ein Sprichwort sagt: »Wer nicht bis zur Pubertät im Reiterkampf ausgebildet ist, wird diese Fähigkeiten im höheren Alter, wenn überhaupt, nur mit großer Mühe erlangen!«

In diesen wenigen Sätzen liegt wahrscheinlich eine der Siegesformeln fränkischer Heere.

Daß große Heere die Wirtschaftskraft seines Reiches aufzuzehren drohten, hat Karl immer gesehen. Darum rief er im Jahre 807 nur die Besitzer von wenigstens 3 Mansen, (ca. 40 ha) und im Jahre 808 die Besitzer von 4 Mansen zur Heeresfolge auf.

Wie Karl es verstand, die fränkische Volkskraft nach Möglichkeit zu schonen und sich die Kräfte der unterworfenen Völker nutzbar zu machen, schließlich welch glänzender Organisator er war, erweist sich daran, daß er seinen spanischen Feldzug mit Truppen aus Aquitanien, Langobardien, Baiern und Burgund bestritt.

In seinem Feldzug von 793 führte er Aquitanier nach Süditalien, und im Jahre 806 stellten die Sachsen jeden 6. Mann im Kampf gegen die Awaren.

Natürlich waren in diesen Heeren fränkische Kadertruppen eingebunden, jedoch wird deutlich, wie Karl es verstand, die Gesamtkraft seines Reiches zum Einsatz zu bringen.

Seine Weitsicht als militärischer Planer und Organisator und sein Erkennen großer Zusammenhänge werden am Beispiel des Rhein-Donau-Kanals sichtbar. Aus militärischen Gründen entschloß er sich nämlich, den Rhein mit der Donau zu verbinden und so die Schiffahrt von der Nordsee bis zum Schwarzen Meer möglich zu machen. Der Kanal sollte von der Regnitz, einem Nebenfluß des Mains, zur Altmühl, einem Nebenfluß der Donau, führen.

Allein die technischen Möglichkeiten der Zeit hielten nicht Schritt mit Karls epochalem Projekt. Die Reichsannalen sagen uns:»Bei dem anhaltenden Regen und da das sumpfige Erdreich von Natur aus zu viel Nässe hatte, konnte die Arbeit keinen Halt und Bestand finden. Wieviel Erde bei Tage von den Grabenden herausgeschafft wurde, soviel setzte sich wieder bei Nacht, indem die Erde wieder an ihre alte Stelle zurücksank.«[5]

Die Reste dieser»fossa carolina« sind bei dem Dorfe Graben gefunden worden. Die Länge des geplanten Grabungsstükkes betrug 1400 Meter.

Die Krone der Langobarden – Der Kirchenstaat

Das Jahr 772 sieht Karl auf einem Straffeldzug nach Sachsen. Unter Karl bekam der Sachsenkampf neue Dimensionen. Der Feldzug war kurz, aber eindrucksvoll. Darüber wird noch zu berichten sein.

Die große politische Frage, die in diesem Augenblick anstand, hieß nicht Sachsen, sondern Langobardien und Italien.

Papst Stephan war gestorben. Der gleiche Stephan, der durch die Außenpolitik der Königin Bertrarda an die Seite des Langobardenkönigs Desiderius getrieben worden war, sich bald darauf aber wieder den Franken zugewandt hatte. Sein Nachfolger war Papst Hadrian I., dessen Pontifikat von 772 bis 795 währte. Hadrian war gegen den Willen des König Desiderius zum Papsttum gelangt. Er suchte wieder das Bündnis mit den Franken.

Der Hilferuf des Papstes erreichte Karl Ende Januar 773 in seiner Pfalz Diedenhofen bei Metz. Da die Langobarden die Grenzen gesperrt hatten, hatte der Papstbote Paulus den Seeweg über Marseille nehmen müssen. Im übrigen war eine Alpenüberquerung ein gefährliches Abenteuer. Der Bote brachte ein Handschreiben des Heiligen Vaters, der »den Frankenkönig für den Dienst Gottes und die Gerechtsame des heiligen Petrus und die Tröstung der Kirche gegen Desiderius und die Langobarden aufrief«.

Wenn Karl auch später gegenüber dem Papst behauptete: »weder um der Schätze, noch um Land und Leute willen, habe er mit dem fränkischen Heer solche Beschwerlichkeiten ertragen, sondern nur für die Einbringung der Gerechtsame des heiligen Petrus, die Erhöhung der Kirche und die größere Sicherheit des Papstes«, so ist dies bestenfalls ein Teil der Wahrheit.

In Wirklichkeit gab es eine weit darüber hinaus reichende Erfahrung aus der Bündnispolitik von Karls Mutter Bertrarda, daß ein Papst, von den Franken allein gelassen, keine andere Wahl hatte, als sich in die Hand der Langobarden zu geben.

Ein Papst in der Macht der Langobarden aber war eine gefährliche Waffe, die sich jederzeit gegen das Frankenreich richten konnte.

Hatte sich doch seinerzeit Desiderius an den Papst gewandt mit der Bitte, seine Enkel, die Söhne Karlmanns, zu fränkischen Königen zu salben.

Der Papst hatte mit Blickrichtung auf die Franken dieser Bitte tapfer widerstanden. Doch einmal in langobardischem Griff, konnte er dieser Bitte auf Dauer nicht widerstehen. Es wäre nicht undenkbar gewesen, daß ein langobardenhöriger Papst die ganze Karolingersippe als Thronräuber gebannt hätte.

Nein, die Lage in Italien mußte geklärt werden, der Papst einer langobardischen Bedrohung entzogen und fest in das System fränkischer Macht eingefügt werden.

Dies alles konnte geschehen, indem sich der fränkische König der Welt als Wahrer päpstlicher Rechte, besser noch, als Hersteller der Gerechtsame des heiligen Petrus darstellte. Auch Karl mußte wie seinerzeit sein Vater Pippin die Bedenken seiner fränkischen Großen gegen einen Langobardenfeldzug beseitigen. Zu tief saß bei ihnen noch die Erinnerung an eine hundertjährige fränkisch-langobardische Bündnispolitik.

Wenn Karl dem König Desiderius das Angebot eines friedlichen Ausgleichs machte, nämlich die Zahlung von 14000 Goldsoldis für die Herausgabe der vom Papste geforderten Gebiete, so wirkte dieses Angebot nach zwei Seiten. Einmal machte Karl seinem Adel seinen Friedens- und Verhandlungswillen deutlich, zum andern aber auch dem langobardischen Hochadel um Desiderius.

Bereits im Jahre 772 hatten sich langobardische Große an Karl mit der Bitte gewandt, in Langobardien einzumarschieren und mit ihrer Hilfe König Desiderius zu stürzen. Diese Verbindung erweist sich aus einer Urkunde, worin Desiderius' Sohn Adelchis (gest. nach 788) dem St. Salvatorkloster in Brescia das wegen Untreue eingezogene Vermögen des Augino und anderer verurteilter Langobarden schenkte. Ergänzend hierzu findet sich die Angabe des »Chronicon Salernitanum«, wonach lombardische Adelige Gesandte an Karl schickten, die ihn aufforderten, Desiderius zu stürzen, und ihm versprachen, ihn auszuliefern, falls er in ihre Hand falle. Man sieht, Karls 5. Kolonne war bereit.

Nachdem Desiderius Karls Friedens- und Verhandlungsangebot abgelehnt hatte, rief Karl den fränkischen Heerbann auf. Auf der großen Reichsversammlung in Genf trat das aufgebotene Heer zusammen. Der Feldzug wurde von der Versammlung genehmigt und sofort begonnen.

Diese Entscheidung des Sommers 773 war ein Ereignis von weltpolitischer Bedeutung. In ihr war ein künftiges Kaisertum angelegt und der vielhundertjährige Kampf um Italien und Rom, zwischen Papsttum und Kaiserreich.

Karl griff Italien von zwei Seiten an. Mit seinem Hauptheer zog er über den Mont Cenis gegen das Hauptverteidigungswerk Italiens, gegen die Klausen. Karls Oheim Bernhard führte eine Armee über den großen St. Bernhard, durch das Aostatal hindurch und drang bei Ivrea in die Po-Ebene ein. Seine Aufgabe war es, die langobardischen Stellungen an den Klausen vom Rücken her zu bedrohen. Karls Zug kam vor den Klausen zum Stehen.

Wieder machte Karl ein Verhandlungsangebot.

Desiderius und sein Sohn Adelchis, sich ihrer starken Verteidigungsstellung an den Klausen bewußt, lehnten ab.

Die geschichtliche Wahrheit dessen, was jetzt geschah, ist umhüllt von einem Gespinst von Sagen, Lügen und Zweckbehauptungen.

Nach der »Vita Hadriani« waren die Franken an den Klausen zunächst so verwirrt und mutlos geworden, daß sie den Feldzug ohne Kampf abbrechen wollten. Die Papstbiographie berichtet weiter: »Da der allmächtige Gott die Schlechtigkeit des bösen Desiderius und seine unerträgliche Dreistigkeit erblickte, so schickte er, den Tag ehe die Franken nach Hause abziehen wollten, Angst und Schrecken über ihn, seinen Sohn Adelchis und sämtliche Langobarden; und in der Nacht ließen sie ihre Zelte und alle ihre Gerätschaften dahinten und ergriffen, ohne daß jemand sie verfolgte, alle zusammen die Flucht. Als das Heer der Franken dieses sah, verfolgte es sie und tötete viele von ihnen.«[6]

Nach dem Papstbiographen geschah dieses Wunder Gottes auf Grund der Gebete des Papstes, so daß der eigentliche

Langobardensieger nicht Karl, sondern der Papst gewesen wäre.

Die dreihundert Jahre jüngere Chronik Novalese weiß uns die lebenspralle Sage zu berichten, Karl habe sich während dieser Zeit in Novalese aufgehalten. Dort sei ein langobardischer Spielmann vor ihm erschienen, der sich angeboten habe, gegen glänzenden Lohn die Franken auf geheimen Pfaden durch das Gebirge, vorbei an den Klausen zu führen. In einer anderen sagenhaften Ausschmückung erfahren wir, der Spielmann habe nicht um schnödes Gold gebeten, sondern um alles Land, das der Schall seines Hifthornes erreiche. Nachdem der König das bewilligt hatte, stieß der Spielmann gewaltig in sein Horn, lief in weitem Kreise herum und fragte die Menschen:»Hast du mich blasen gehört?« Wurde seine Frage bejaht, so rief er:»Dann ist alles mein.«

Die Wahrheit ist weniger kompliziert und phantastisch. König Pippin war seinerzeit zweimal über die Alpen marschiert. Sicher befanden sich daher im Heere Karls Männer, die die damaligen Kriegszüge mitgemacht hatten und die die örtlichen Verhältnisse kannten. Sicher ist auch, daß langobardische Verräter zu Karls Diensten standen.

Die Lorscher Annalen berichten weit schmuckloser als die angeführten Beispiele, dafür aber glaubhafter:»Karl schickte seine Schar über das Gebirge; Desiderius aber, als er das erfuhr, verließ die Klausen, und nun zog König Karl samt den Franken, da durch den Beistand des Herrn und die Fürbitte des heiligen Apostels Petrus ohne Verlust oder irgendeinen Zusammenstoß die Klausen geöffnet waren, in Italien ein, er und alle seine Getreuen.«[7]

Ein klassisches Umgehungsmanöver war durchgeführt worden. Karls Truppen, unter der Führung seines Oheims Bernhard, erschienen im Rücken der Langobarden, die daraufhin ihre Stellungen aufgaben und sich in das befestigte Pavia flüchteten.

Der Gebirgspfad, auf dem die Umgehung erfolgte, hieß noch im elften Jahrhundert »Via Francorum.«

Während sich Desiderius in Pavia verschanzte, zog sein Sohn und Mitkönig Adelchis nach Verona, das damals als festeste Stadt Langobardiens galt. In seiner Begleitung waren die Frau des verstorbenen Karlmann, Königin Gerberga, ihre Söhne, die als fränkische Thronprätendenten wichtige Persönlichkeiten waren, und der getreue Dux Autcharius. Karl erschien Ende September vor Pavia, schloß die Stadt ein und eröffnete die Belagerung.

Er richtete sich auf eine längere Dauer ein, rief sogar seine Frau Hildegard nebst seinen Kindern ins Feldlager vor Pavia. Dort gebar sie ihm, ob noch im Jahre 773 oder im Jahre 774, eine Tochter. Adelheid soll sie geheißen haben. Wenn Einhard sie nicht erwähnt, so deshalb, weil sie früh starb. Das Kind war den Härten des Lagerlebens nicht gewachsen.

Karl jedenfalls feierte Weihnachten im Feldlager vor Pavia, wie uns die Lorscher und die Metzer Annalen, aber auch die Chronik von Moissac übereinstimmend berichten.

Noch im Winter 774 zog dann Karl nach Verona, der Zuflucht der Königin Gerberga und ihrer Söhne.

Es heißt, die Königin und ihre Kinder hätten sich freiwillig in Karls Hand gegeben. Die neuere Forschung glaubt zu wissen, daß bei dieser Gelegenheit Verona gefallen ist.

Wie ernst Karl die Gefahr der möglichen Thronanwartschaft seiner Neffen nahm, zeigt sich daran, daß er selber, wahrscheinlich mit der »scara francisca«, vor das winterliche Verona zog, um Karlmanns Söhne in seine Gewalt zu bringen. Sie wurden gefaßt, geschoren und versanken in fränkischen Reichsklöstern im Strom der Geschichte.

Dem langobardischen Königssohn Adelchis gelang die Flucht aus der Stadt. Er floh über Epirus nach Salerno und von dort nach Byzanz. Sein Thron blieb ihm für immer verloren.

Im Frühjahr 774 eroberten Karls Truppen weitere Städte

Langobardiens, jedoch Pisa widerstand schon über fünf
Monate dem Einschließungsring der fränkischen Heere.

Karl zog nun mit einer auserlesenen Schar seiner Großen
nach Rom, um, so berichten die Annalen, das Osterfest an
den heiligen Stätten der ewigen Stadt zu feiern. Aber es
ging um mehr.

Während Karl vor den Klausen, vor Pavia und Verona die
Langobarden bekämpfte, hatte sich das Herzogtum Spoleto
in eine lose Abhängigkeit zum Heiligen Stuhl begeben. Karl
mochte darin eine gegen ihn gerichtete päpstlich-langobar-
dische Koalition erblicken. In jedem Falle sah er darin eine
Störung seiner Politik, die er so schnell wie möglich beseitigen wollte. Der Papstbiograph spricht von der Überra-
schung, ja, vom Erstaunen Hadrians, als er von der kurz
bevorstehenden Ankunft Karls erfuhr:

»Als Papst Hadrian vernahm, daß der König der Franken
so plötzlich heranziehe, wurde er fast überwältigt von
Staunen und schickte sämtliche Behörden etwa 30 Miglien
(ca. 45 km) weit ihm entgegen an den Ort, der Novä heißt,
wo sie ihn mit dem Banner empfingen. Als er sich ungefähr einen Meilenstein Rom genähert hatte, schickte er alle
Scholen der Miliz mit ihren Befehlshabern und die Schul-
knaben aus, welche Palm- und Ölzweige trugen und unter
dem Gesang von Lobliedern jauchzend den König der
Franken empfingen. Auch ließ der Papst, wie es beim
Empfang des Exarchen oder des Patricius Sitte ist, dem
König die Zeichen des heiligen Kreuzes entgegentragen
und ihn mit der höchsten Auszeichnung empfangen. Karl
selbst aber, der große König der Franken und Patricius der
Römer, stieg, als er die Zeichen des Kreuzes näherkom-
men sah, von seinem Pferde ab und machte sich mit seinen Großen zu Fuße auf den Weg nach St. Peter. Der
Heilige Vater stand schon in der Frühe des Sabbats auf
und eilte mit seinem Klerus und dem römischen Volk nach
St. Peter, um den Frankenkönig zu empfangen, und auf

den Stufen zu der Kirchenhalle erwartete er ihn mit seinem Klerus.

Als aber Karl kam, küßte er die einzelnen Stufen der Kirche und kam so zu dem Papste, der oben in der Vorhalle neben der Pforte der Kirche stand. Sie umarmten sich, dann ergriff Karl die rechte Hand des Papstes. So traten sie unter Lobgesängen auf Gott und den König in die Peterskirche ein, und der ganze Klerus und alle Diener Gottes riefen mit lauter Stimme: Gelobet sei der da kommt im Namen des Herrn! Darauf begaben sich mit dem Papste der Frankenkönig und alle seine Begleiter zu dem Grabe des heiligen Petrus; dort fielen sie nieder, beteten zu dem allmächtigen Gott und dem Apostelfürsten und priesen die göttliche Macht, weil sie ihnen auf Fürbitten des Apostelfürsten einen solchen Sieg verliehen habe. Nachdem dieses Gebet zu Ende war, bat der Frankenkönig den Papst um die Erlaubnis, nach Rom gehen und in den verschiedenen Kirchen seine Andacht verrichten zu dürfen. Und beide, der Papst und der König mit den römischen und fränkischen Großen, stiegen zusammen hinab zu dem Sarge des heiligen Petrus und schworen sich gegenseitig Treue.«

Dann folgt die Schilderung weiterer Osterfeiern von Papst und König. Schließlich berichtet der Papstbiograph vom wichtigsten Ereignis, vor dessen Hintergrund alles andere nur Beiwerk scheint:

»Am vierten Wochentage aber (Mittwoch, dem 6. April 774) zog der Papst mit den Hofbeamten und städtischen Beamten in die Peterskirche hinaus (die damals vor den Toren Roms lag), um sich mit dem König zu unterreden, und drang beharrlich und inständig in ihn und ermahnte ihn mit väterlicher Liebe, jenes Versprechen vollständig zu erfüllen, das sein Vater Pippin und Karl selbst mit seinem Bruder Karlmann und alle fränkischen Großen dem seligen Petrus und seinem Stellvertreter, dem Papst Stephan dem Jüngeren, als dieser ins fränkische Reich kam, gegeben hatten, nämlich verschiedene Städte und Territorien dieser Provinz Italiens (d. h. des römischen, im Gegensatz zu dem langobardischen Italien) dem seligen Petrus und allen seinen Stellvertretern zu ewigem Besitze zu übergeben.

Nachdem Karl sich selbiges Versprechen, welches in Francien an dem Orte, der Carisiacus (Quierzy) heißt, gegeben worden, hatte vorlesen lassen, erklärten er und seine Großen sich mit allen seinen Bestimmungen einverstanden, und freiwillig und gern ließ Karl eine andere Schenkungsurkunde nach dem Muster der früheren durch seinen Kapellan und Notar Hitherius aufsetzen, worin er diese Städte und Territorien dem seligen Petrus zugestand und ihre Übergabe an den gedachten Papst gelobte innerhalb bestimmter Grenzen, wie sie in dieser Schenkungsurkunde angegeben sind, nämlich von Luna angefangen mit Einschluß der Insel Corsica, dann in Surianum (Sarzana), Mons Bardo (Monte Bardone, Apenninenpaß la Cisa, zwischen Pontremoli und Parma) resp. Vercetum (Berceto), Parma, Regium (Reggio), Mantua, Monselice, den ganzen Exarchat von Ravenna in seinem alten Umfange und die Provinzen Venetien und Istrien, sowie auch das ganze Herzogtum von Spoleto und Benevent. Und nachdem diese Schenkung aufgesetzt war, unterzeichnete sie derselbe christlichste Frankenkönig eigenhändig und ließ auch die Namen aller Bischöfe, Äbte, Herzöge und Grafen darunter setzen. Darauf legten er und seine Großen sie auf den Altar des seligen Petrus und nachher innen auf dem Grabe desselben nieder und übergaben sie dem seligen Petrus und seinem Stellvertreter, dem Papste Hadrian, indem sie mit einem entsetzlichen Eidschwur gelobten, alles zu halten, was jene Schenkung bestimmte. Auch ließ er ein zweites Exemplar dieser Schenkungsurkunde gleichfalls durch Hitherius anfertigen, und legte es innen auf den Leib des seligen Petrus, unter den Evangelien, die sich da befinden und geküßt werden, als sicherste Bürgschaft und zum ewigen Gedächtnis seines und des fränkischen Namens, mit eigenen Händen nieder. Ein drittes, von der Kanzlei dieser unserer Kirche ausgefertigtes Exemplar der Schenkungsurkunde nahm er mit sich nach Hause.«[8] Es ist verständlich, daß Hadrians Biograph sich so ausführlich und genau über die Ereignisse des 6. April 774 ausläßt. Sind doch das Schenkungsversprechen von Quierzy und seine Erneuerung durch Karl in den römischen Ostertagen die eigentliche Rechtsgrundlage des Kirchenstaates.

Es ist verwunderlich, daß beide Urkunden, das Schenkungsversprechen von Pippin und seine Erneuerung durch Karl, verlorengegangen sind. Sie mußten doch als kostbarste Rechtsgrundlagen gehütet werden. Nichts Wichtigeres gab es für die Päpste als diese beiden Dokumente.

Realisiert man aber einmal die Ländermassen, die der Papstbiograph angibt, so wird zumindest der Inhalt der Urkunden fraglich. Karl und Pippin müssen ja dem Papst praktisch ganz Italien mit Korsika geschenkt haben, mit Ausnahme der heutigen Lombardei!

Erinnern wir uns: Pippin war gegen schwere Widerstände seiner Großen zweimal gegen die Langobarden zu Felde gezogen. Er wollte aber im Grunde nicht ihre Vernichtung, sondern ihre Reduzierung. Ein Schenkungsversprechen wie das oben erwähnte hätte jedoch Langobardien zu einem nicht lebensfähigen Kleinstaat gemacht.

Das hat Pippin sicher nicht gewollt.

Und Karl, der nach der Kapitulation Pavias im Juni 774 und seinem Sieg über den von seinen Großen verratenen Desiderius zwar in der Lage war, sein angebliches Versprechen zu erfüllen, hätte nie daran gedacht, den Kirchenstaat zu einer europäischen Großmacht zu machen.

Was er dem Papste wirklich zugestehen wollte, erkennen wir Ostern 781, als Karl den Kirchenstaat bestätigte, mit Rom Perugia, Ravenna und Bologna als den wichtigsten Städten, abgerundet durch die Sabina und mit anderen kleineren Grenzkorrekturen.

Im Jahre 787 überließ Karl durch Schenkung dem Papst ferner bestimmte Städte in Tuscien und in Benevent, zum Beispiel Capua. Karl gab also, überließ und schenkte, oftmals mit Einschränkungen, aber den Traum Papst Hadrians von einem italienischen päpstlichen Großreich verwirklichte er nicht. Am Schenkungsversprechen der beiden Karolinger ist somit nicht zu rütteln, wohl aber an dem Umfang der Schenkungen, den der Papstbiograph angibt. Da freilich die Urkunden fehlen, werden immer Zweifel bleiben über Art und Umfang der Schenkung.

Vermutlich waren die Gebietsansprüche darin nicht so genau und präzise dargestellt wie im Bericht der Papstbiographie. Dann könnte es im Interesse des heiligen Stuhles gewesen sein, die unbefriedigenden Dokumente verschwinden zu lassen und statt dessen, zäh und beharrlich, immer wieder, den päpstlichen Anspruch zu präzisieren und geltend zu machen.

Aber auch bei Karl war eine Veränderung der Interessenlage eingetreten.

Nur wenn er bei Beginn des Langobardenfeldzuges an eine Zerschlagung des Langobardenreiches gedacht hätte, ja, auch noch Ostern 774 in Rom diese Absicht gehabt hätte, wäre es vorstellbar gewesen, daß er den Gebietsforderungen des Papstes, die der Hadrianbiograph darstellt, zugestimmt hätte. Doch der Sieg von Pavia veränderte Karls Welt.

Anders als sein Vater Pippin, der sich nach seinen langobardischen Siegen mit einer losen Lehnsherrschaft begnügt hatte, nahm Karl den Titel eines Königs der Langobarden an. Er nannte sich jetzt: »rex Francorum et Langobardorum« und nun, nachdem er italienischer Territorialherr war, fügte er erstmals hinzu:»atque patricius Romanorum.« Seit dem Sieg von Pavia beurkundet seine Kanzlei Karls Herrschaft in Italien. Neben dem Frankenreich blieb aber das Langobardenreich als eigenständiger Staat bestehen, beide Länder waren nur durch die Unterstellung unter den gleichen Herrscher vereinigt. Dies ist der erste Fall einer Personalunion in der europäischen Geschichte. Auch die langobardische Herrschaftsstruktur wurde im wesentlichen nicht angetastet. Natürlich kamen fränkische und alemannische Königsbeamte ins Land, die gemeinsam mit dem langobardischen Adel das Land im fränkischen Sinne regierten. Die alte langobardische Verfassung blieb aber in Kraft, auch die langobardischen Herzöge wurden teilweise in ihren Herzogtümern belassen. Lediglich nach Pavia wurde eine fränkische Besatzung gelegt. Paulus Diaconus, selber Langobarde, rühmt, daß Karl, was selten geschehe, ein milder Sieger gewesen sei. So mußte Karl nur einmal, im Jahre 776, einen langobardischen Aufstand niederschlagen. Dies blieb die erste und einzige Empörung gegen Karls Regiment in Langobardien, da er es verstanden hatte, den langobardischen Adel in seine Herrschaft zu integrieren.

Als König von Langobardien konnte er auch sein Verhältnis zu Papst und Kirchenstaat neu gestalten. Der König der Franken sei nunmehr Anrainer des Kirchenstaates, so argumentierte seine Diplomatie; daher brauche es keinen starken Kirchenstaat mehr, war doch der Patricius der Römer jetzt in der Lage, Papst und Kirche jeden erdenklichen Schutz zu geben.

Mitte Juli 774 verweilte Karl noch in Pavia. Er schenkte mit seiner Frau Hildegard dem Kloster des heiligen Martin in Tours Besitzungen in Oberitalien aus dem langobardischen Königsgut, so eine Insel im Gardasee mit dem Castell Sirmione, außerdem am gleichen See die Ortschaft Peschiera, Val Camonica und ein Hospital in Pavia. Das Kloster St. Denis wurde mit dem Veltlintal beschenkt. So wurde auch die Kirche zum Ausbau der karolingischen Macht in Langobardien benutzt. Man kann sagen, daß der militärischen Invasion der Franken eine Invasion fränkischer Mönche in Italien vorausging. Wichtige Klostergründungen in Mittelitalien standen unter fränkischem Einfluß. Der Gründer des Klosters Farfa bei Rom war fränkischen Ursprungs. Unter seinem Einfluß schufen drei Langobarden das Kloster San Vincenzo am Volturno. Und in dem vom heiligen Benedikt um 529 gegründeten Kloster auf dem Monte Cassino, dem Mutterkloster des abendländischen Mönchtums, lebten fränkische Mönche wie Pippins Bruder Karlmann und Karls Vetter Adalhard.

Das von dem Iroschotten San Columban im Jahre 612 gegründete Kloster Bobbio in Oberitalien wurde fränkisches Reichskloster.

Um die persönliche Bindung Langobardiens an die fränkische Krone zu vertiefen, ließ Karl im Jahre 781 bei seiner zweiten Romfahrt seinen vierjährigen Sohn Pippin vom Papst taufen und zum Unterkönig der italienischen Reichsteile weihen.

Gleichzeitig erhob er seinen Sohn Ludwig zum Unterkönig von Aquitanien, um auch diesen problematischen Reichsteil an das fränkische Königtum zu binden.[9]

Das fränkisch-langobardische Großreich war zu einem Macht- und Ordnungsfaktor ersten Ranges herangereift. So mußte es notwendig an die Interessenräume der byzantinischen Weltmacht und ihres sakralen, übernationalen Kaisertums stoßen. Karl versuchte in seiner Weitsicht, mögliche Schwierigkeiten in dieser Hinsicht gar nicht erst aufkommen zu lassen. Während der zweiten Romfahrt des Jahres 781, bei der Karl seine Söhne zu Königen salben ließ, gelang es nach langwierigen Verhandlungen mit Byzanz, die Verlobung der Karlstochter Rotrud mit Kaiser Konstantin VI., dem Sohn der Kaiserin Irene zustande zu bringen. Für diese Verlobung war Karl bereit, den Byzantinern Süditalien zu überlassen.

Ein Versuch der Selbstbegrenzung.

Erst als sich im Jahre 787 erwies, daß die Ehe mit dem Kaisersohn aus mancherlei Gründen nicht zustande kam, griff Karl auf seinem dritten Romzug in Unteritalien ein. Der langobardische Herzog Arichis von Benevent, der sich selbstbewußt »princeps gentis Langobardorum« nannte, sich als Erbe der langobardischen Königsgewalt sah und dessen Herzogtum zumindest nominell Teil des byzantinischen Reiches war, ließ es jedoch nicht zum Kampfe kommen. Er unterwarf sich der fränkischen Oberherrschaft und stellte seinen Sohn Grimoald als Geisel. Zusätzlich erklärte er sich zur Zahlung eines Jahrestributs und zu territorialen Abtretungen an den Kirchenstaat bereit. Karl genügte dies. Benevent war damit zunächst dem byzantinischen Machtbereich entzogen. Wahrscheinlich scheute er aber auch einen Krieg so weit im Süden. Er wußte um die Problematik gefährdeter Nachschubwege und um die geographischen und klimatischen Schwierigkeiten, Erfahrungen, die seinem Sohn, dem Unterkönig Pippin von Italien, sowie seinem Enkel Bernhard noch bevorstanden. Das beneventanische Beispiel zeigt uns Karls Sinn für das Mögliche. Genau wie im langobardischen Fall, wo Karl dem König Desiderius eine Geldentschädigung als Ersatz für die von den Langobarden an den Papst zu restituierenden Gebiete anbot, so versuchte er auch in seinem Verhältnis zu Byzanz durch Verlobung und Ehe eine politische Lösung, bevor er sich für die militärische Intervention entschied.

Die Sachsenkriege (772–805) – Zur Missionierung verdammt

Während seiner Kämpfe in Italien stand Karl ununterbrochen in seinem großen Krieg gegen die Sachsen.

Der Sachsenkrieg war eine Erblast, die die Karolinger von den Merowingern übernommen hatten. Karl Martell, Pippin und sein Bruder Karlmann waren gegen die Sachsen gezogen. Diese Feldzüge scheinen nicht auf Eroberung ausgerichtet gewesen zu sein, obwohl von sächsischen Tributzahlungen an die Franken berichtet wird. Es waren vielmehr Strafexpeditionen zur Sicherung der fränkischen Grenzen. Bei Karl nahm der Sachsenkrieg andere Qualität und andere Dimensionen an. Schon in seinem ersten Sachsenzug des Jahres 772 setzte er ein deutliches Zeichen. Er drang in Sachsen ein und eroberte die Festung Eresburg (Obermarsberg an der Diemel). Von dort aus zog er nordwärts und zerstörte das sächsische Heiligtum »die Irminsul.« Der Fuldaer Mönch Rudolf beschreibt die Irminsul als »ein in die Höhe gerichteter Holzstamm von nicht geringer Höhe, den sie (die Sachsen) Irminsul nannten, das heißt die Säule des Alls, als ob sie das Weltall trüge«.

Der Name der Irminsul ist aufs verschiedenste gedeutet worden. Eine ganze Literatur hat sich darum entwickelt. Doch ist das Zeugnis des Fuldaer Mönches Rudolf, rund hundert Jahre nach dem Ereignis geschrieben, die älteste Darstellung und wohl auch oder darum die glaubwürdigste.

Die Zerstörung der Irminsul war ein Fanal dafür, daß Karl nicht nur die sächsischen Raubzüge an der fränkischen Grenze bestrafen, sondern auch den Kampf gegen den Heidenglauben aufnehmen wollte.

Die Sachsenkriege wurden zu Kreuzzügen, Religionskriegen.

Diese Religionskriege sind ein sicheres Indiz dafür, daß Karl die Sachsen eben nicht nur zu strafen, nicht nur zu erobern oder tributpflichtig zu machen, sondern daß er sie ins fränkische Reich einzugliedern beabsichtigte.

Ein König, der sein Königtum aus der Gnade seines Gottes herleitete, muß aber von allen Untertanen die Anerkennung dieses Gottes als Fundament für sein Königtum fordern. Die militante Christianisierung Sachsens hatte außer ihrem machtpolitischen Effekt somit ihren Hintergrund in Karls Reichsidee. Der Vielvölkerstaat der Karolinger, bestehend aus Franken, Langobarden, Burgundern, Thüringern, Bai-

ern und den galloromanischen Völkerschaften jenseits der Loire, hatte nur ein gemeinsam Verbindendes: »Das Christentum.« Das fränkische Königtum basierte ja nicht mehr auf der germanisch-merowingischen Geblütsheiligkeit, sondern auf Weihe und Salbung durch die christliche Kirche.
Es lag in der Logik dieser Staatsstruktur, daß der »König von Gottes Gnaden«, in dem viele den Stellvertreter Gottes auf Erden sahen, von seinen Völkern die Annahme des Christentums als Grundgesetz und gemeinsame Rechts- und Lebensgrundlage erzwingen mußte.
Dem widersetzten sich die Sachsen.
Die Sachsen erscheinen in der Geschichte zum erstenmal bei Ptolemäus (um 150 n. Chr.). Sie saßen nach seiner Angabe rechts der Elbe auf dem »Nacken des kimbrischen Chersonnes«, also im heutigen Holstein. Bis zur Mitte des 4. Jahrhunderts müssen sie bis zum Niederrhein vorgedrungen sein. Im sechsten Jahrhundert finden wir sie in der Gegend von Saale und Unstrut, und am Anfang des 8. Jahrhunderts erreichten sie die Räume, die sie zur Zeit Karls des Großen innehatten.
Anfang des 5. Jahrhunderts begann die Besiedlung Englands durch die Angelsachsen, die dann im 7. und 8. Jahrhundert, selbst christianisiert im Gegensatz zu ihren in Sachsen verbliebenen Vorfahren, das Christentum wieder zurück nach Germanien trugen.
Ihre Symbolfigur war Bonifatius, der »Apostel der Deutschen«, der als angelsächsischer Benediktinermönch 754 bei Dokkum in Friesland den von ihm selbst gesuchten Märtyrertod fand.
Die Altsachsen aber wehrten sich gegen den Christenglauben. Sie saßen nun seit Jahrhunderten in ihren Stammesgebieten und lebten eine Naturreligion.
Sie fanden Gott in heiligen Hainen, in heiligen Quellen und ihren Nymphen. Im Donner hörten sie die Stimmen der Götter, ihre Blitze sahen sie als deren Zeichen. Heilige Haine

kann man nicht erbauen wie Kirchen, das Geheimnis ihrer Heiligkeit wächst den Menschen in Generationen zu, um dann um so wirksamer in ihnen zu leben.

Aus dieser Bindung an Landschaft, Natur und Religion erklärt sich der hartnäckige Widerstand der Sachsen gegen Karl. Indem sie ihr Land, seine Haine und Quellen verteidigten, verteidigten sie ihre Götter, und so wie sie für ihre Götter kämpften, kämpften sie für ihr Land.

Es war ein erbitterter Krieg, wie uns Einhard berichtet: »Kein anderer Krieg ist von den Franken mit ähnlicher Ausdauer, Erbitterung und Mühe geführt worden wie dieser. Denn die Sachsen waren – wie fast alle germanischen Stämme – ein wildes Volk, das Götzen anbetete und dem Christentum feindlich gesinnt war; auch empfanden sie es nicht als ehrlos, alle göttlichen und menschlichen Gesetze zu verletzen und zu übertreten.«

Einhard nennt nun das wirkliche Problem der sächsisch-fränkischen Beziehungen: »Dazu kamen noch weitere Umstände, die beitrugen, den Frieden täglich zu gefährden; die Grenzen zwischen unserem und ihrem Gebiet verliefen fast ausschließlich durch flaches Land. Nur an einigen Stellen bildeten große Wälder oder dazwischenliegende Berge deutliche Grenzlinien.

Mord, Raub und Brandstiftungen nahmen daher auf beiden Seiten kein Ende. Schließlich waren die Franken derart verbittert, daß sie es für richtig hielten, nicht länger Gleiches mit Gleichem zu vergelten, sondern mit den Sachsen in offenen Kampf einzutreten. Der Krieg begann also und wurde ununterbrochen dreiunddreißig Jahre lang mit großer Erbitterung auf beiden Seiten geführt: aber die Sachsen erlitten im Laufe der Zeit viel größere Verluste als die Franken. Er hätte zweifellos früher beigelegt werden können, wenn dies bei der Treulosigkeit der Sachsen möglich gewesen wäre. Es läßt sich kaum beschreiben, wie oft sie besiegt wurden und sich flehentlich dem König unterwarfen, wie oft sie Gehorsam versprachen, sofort die geforderten Geiseln stellten und vom König abgesandte Boten willig aufnahmen. Einige Male waren sie schon so unterwürfig und schwach gemacht worden, daß sie gelobten, den Götzendienst aufzugeben und das Christentum anzunehmen.«

Zu Einhards Bericht ist zu bemerken, daß es die fränkischen Sieger waren, die die Geschichte schrieben und nicht die unterworfenen Sachsen.

Und die Sachsengeschichte des Widukind von Corvey, die er im Jahre 968 der Tochter Kaiser Ottos I., der Äbtissin Mathilde von Quedlinburg, vorlegte, war zu einem Zeitpunkt geschrieben, als sich die Sachsen längst mit ihrem Schicksal versöhnt hatten und selber das deutsche Kaiserhaus stellten. Auch darf man sich die dreiunddreißig Jahre Krieg nicht als eine ununterbrochene Folge von Schlachten und Kämpfen vorstellen. In den Wintermonaten ruhten zumeist die Waffen. Auch gab es nach Widukinds Taufe im Jahre 785 eine Friedensepoche von 7 Jahren.

Einhard schreibt über die »Treulosigkeit« der Sachsen. Nun, der Wert erzwungener Eide ist immer problematisch. Darüber hinaus stand Karl vor einem anderen Problem, dem der Struktur des sächsischen Großstammes.

Die Sachsen gliederten sich in vier Stämme. Die Ostfalen, die Westfalen, die Engern und die Nordalbinger.

Die Sachsen kannten keine Könige. Sie wählten für bestimmte Aufgaben Führer, bei militärischen Unternehmungen waren das Herzöge. Die einigende Zentralkraft eines Königtums fehlte. Nur einmal im Jahr fand in Marklo an der Weser ein Landtag aller Stämme statt, auf dem zentrale Aufgaben entschieden wurden.

In Wirklichkeit stand also Karl vier Gegnern gegenüber. Besiegte er die Engern, so standen wenig später die Westfalen, die Ostfalen oder die Nordalbingier gegen ihn auf. Die Unterwerfungen waren immer nur Teilkapitulationen.

Die sächsischen Stämme kannten 3 Stände; die Ethelinge, die Freien und die Liten (Minderfreie). Der Hauptwiderstand gegen die Franken kam aus den Reihen der Freien. Die sächsischen Ethelinge, die sich der Enge ihrer Welt bewußt waren, neigten eher der Einverleibung Sachsens ins fränkische Großreich zu. War doch ihr eigener, hochprivilegierter Stand vom unbändigen Freiheitswillen ihrer eigenen Sachsen oftmals bedroht.

Die Zerstörung der Eresburg und der Irminsul war der Auftakt zum blutigen Drama der Sachsentragödie gewesen.

In den Jahren 773 und 774 sahen wir, wie Karl, dem Ruf des Papstes und seinem eigenen Schicksal folgend, Langobardien zerschlug und ein fränkisches Langobardenreich errichtete.

Die Abwesenheit des Königs benutzten die Sachsen, eroberten die fränkische Eresburg zurück, zerstörten sie und fielen in fränkische Gebiete ein.

Karl verbrachte den Winter 774/775 in seiner Pfalz in Quierzy. Hier hielt er Kriegsrat und gab seiner Italienarmee, die den glänzenden Sieg von Pavia erfochten hatte, die nötige Ruhepause.

Es wurde beschlossen, »das treulose und eidbrüchige Volk der Sachsen mit Krieg zu überziehen und nicht eher abzulassen, bis die Sachsen sich entweder als Besiegte der christlichen Religion unterworfen hätten oder gänzlich ausgerottet sein würden«. So erzählen die sogenannten Einhardsannalen.[10]

Im Juli 775 versammelte sich der fränkische Heerbann bei Düren. Die ganze Macht des fränkischen Reichs war aufgeboten, Sachsen niederzuwerfen.

Der Vormarsch ging von Düren aus in nordwestlicher Richtung, wobei die Sigiburg, heute Hohensyburg, und die Bruniburg, bei Höxter an der Weser, genommen wurden.

Unter dem Eindruck der fränkischen Siege beugten sich die Ostfalen unter ihrem Führer Hessi, sie schworen dem König

Treue und stellten Geiseln. Die Engern, unter ihrem Führer Brun, streckten ohne Kampf die Waffen und unterwarfen sich.

Lediglich ein fränkisches Korps, das Karl zum Schutz des Flußübergangs an der Weser postiert hatte, erlitt Verluste durch eigene Fahrlässigkeit.

Die Einhardschen Annalen berichten über dieses Desaster ausführlich:»Inzwischen war der Teil des Heeres, welchen Karl an der Weser zurückließ und der sich an dem Hlidbeki (Lübbecke) genannten Ort lagerte, infolge unvorsichtigen Verhaltens durch eine List der Sachsen (es handelte sich um Westfalen), hintergangen und getäuscht. Als nun die Furagierer der Franken um die neunte Tagesstunde (3 Uhr nachmittags) ins Lager zurückkehrten, mischten sich die Sachsen unter sie, als wären sie ihre Gefährten und gelangten so in das fränkische Lager, wo sie nun über die im Schlaf oder Halbschlaf Daliegenden herfielen und, wie man sagt, kein geringes Blutbad unter der sorglosen Menge anrichteten. Indessen durch die Tapferkeit der Wachenden, welche mannhaften Widerstand leisteten, zurückgetrieben, verließen sie das Lager wieder und zogen ab nach einem Abkommen, wie es in solcher Not der Umstände unter ihnen getroffen werden konnte.«[11]

Als Karl von dem Unglück, das durch die Fahrlässigkeit seiner Truppen entstanden war, Kenntnis erhielt, brach er zur Verfolgung der Westfalen auf. Er stellte sie, brachte ihnen blutige Verluste bei und machte reiche Beute. Unter dem Eindruck dieses Sieges unterwarfen sich die Westfalen und stellten Geiseln.

Der ganze Feldzug, der große Teile von Sachsen verwüstet hatte, mit dem Ergebnis, daß drei Stämme sich unterwarfen, dauerte etwas länger als zwei Monate. Schon am 25. Oktober war Karl wieder in Düren und richtete sich auf den Winter ein.

Sachsen unterworfen, fränkische Besatzung auf der Sigiburg

und auf der Eresburg, das Königreich Langobardien unter
fränkischer Krone: Karl schien auf dem Gipfel der Macht.
Im Jahr 776 zog Karl nach Friaul, um den Aufstand des Lango-
bardenherzogs Hrodgaud von Friaul niederzuwerfen.
Und ganz nach dem ersten Muster spulte sich die Tragödie
wieder ab. Karl war in Italien! Das hieß für die Sachsen,
wieder zu den Waffen zu greifen. Erzwungene Eide zerbra-
chen.

Die Sachsen eroberten die Eresburg zurück, nach einer anderen Darstellung leisteten die Franken keinen Widerstand
und zogen, ohne den Kampf versucht zu haben, ab.
Die fränkische Besatzung der Sigiburg (Hohensyburg) leistete jedoch tapferen Widerstand. Die Reichsannalen berichten, daß Gott selbst durch ein Wunder die Franken gerettet
habe. Als die Sachsen, unterstützt durch Steinschleudern,
zum Angriff gegen die Burg antraten, »zeigte sich deutlich
Gottes Herrlichkeit auf dem Dach der Kirche innerhalb dieses Lagers (gemeint ist die Sigiburg) . . . Man habe, sagt man,
etwas wie zwei Schilde in roter Farbe flammen und sich über
dieser Kirche bewegen sehen. Und als die Heiden draußen
dieses Zeichen sahen, gerieten sie sogleich in Verwirrung
und begannen in großem Entsetzen zu ihrem Lager zu fliehen, und die ganze Masse von ihnen, die in ihrer Angst einer
vom anderen in die Flucht mitfortgerissen worden waren,
töteten sich gegenseitig. Denn wer aus irgendwelcher Furcht
rückwärts blickte, der lief in die Speere derer hinein, die vor
ihnen solche auf der Schulter trugen, andere wurden von
gegenseitigen Stößen getroffen und so von Gottes Strafe
ereilt.«[12]
Es ist schwer zu glauben, daß so waffenkundige Männer wie
die Sachsen sich selber umbrachten. Aber in der Auffassung
der Zeit war ein Sieg durch göttliches Wunder wertvoller als
ein Sieg, der nur durch militärische Klugheit und menschliche Tapferkeit errungen war.
Die Einhardschen Annalen scheinen uns da zuverlässiger.

Sie berichten, daß die fränkische Besatzung einen Ausfall wagte, die Sachsen, die nicht auf der Hut waren, vom Rücken her angriff, viele tötete und sie in die Flucht trieb. Sie wurden von den Franken bis an die Lippe verfolgt. Ob Karl von diesen Vorgängen in Italien unterrichtet wurde oder ob er erst nach seiner Rückkehr Kenntnis erhielt, ist ungewiß. Erstaunlich ist die Schnelligkeit seines Handelns, vor allem, wenn man sich die Entfernungen bewußt macht, die bewältigt werden mußten.

Am 17. Juni 776 befand sich Karl noch in Ivrea in Oberitalien. Anfang August des gleichen Jahres hielt er in Worms eine Reichsversammlung ab und marschierte noch im gleichen Monat nach Sachsen.

Karl brach von Westen her nach Sachsen ein, um die in fränkischer Hand befindliche Sigiburg als Operationsbasis zu benutzen. Dann stieß er durch bis zum Quellgebiet der Lippe. Die Schnelligkeit und Macht dieser Operationen beeindruckten die Sachsen so, daß sie keinen Kampf mehr wagten und die Waffen niederlegten.

Das Volk, unter Anführung seiner Ethelinge, erschien an den Lippequellen und bat um Frieden. Er wurde ihnen unter erschwerten Bedingungen gewährt. Sie mußten nicht nur dem König erneut Treue schwören und geloben, sich taufen zu lassen, sondern sie mußten als Bürgschaft für die Einhaltung ihrer gegebenen Versprechungen ihr Landeigentum verpfänden. Man sieht, die Hand König Karls wurde schwerer. Bei nochmaligem Eidbruch drohte den Sachsen der Verlust ihres Landeigentums. Landbesitz aber war die Lebensgrundlage in damaliger Zeit. Dennoch sieht man: Dem späteren Blutgericht von Verden an der Aller sind humanere Versuche, die sächsischen Stämme zu befrieden, vorangegangen.

Der König versah die Eresburg mit neuen Befestigungen. Dann kehrte er an die Lippe zurück und errichtete hier einen festen Platz mit Namen Karlsburg.

Dorthin, so erzählen uns die Reichsannalen,»kamen die Sachsen mit Frau und Kind in endloser Zahl und ließen sich taufen und stellten Geiseln, soviel der genannte König von ihnen begehrte. Und nachdem die Burgen fertiggestellt und unter die Franken verteilt waren, die scharenweise dablieben und sie bewachten, kehrte König Karl nach Franken zurück. Und er feierte Weihnachten in Herstal und Ostern auf dem Hofgut Nymwegen.«[13]

Reichstag in Paderborn

Das Jahr 777 führte scheinbar zu einem Stimmungsumschwung in Sachsen, der es Karl erlaubte, mitten im Sachsenland einen Reichstag abzuhalten. Unter den Ethelingen war die Einsicht gewachsen, daß die Zukunft Sachsens in einem großfränkischen Reich gesehen werden mußte.
Karl erschien mit einem großen Heer, er hatte nun einmal bestimmte Erfahrungen mit den Sachsen. Auch große Teile des Reichsepiskopats waren auf dem Reichstag. Beurkundet ist die Anwesenheit von Fulrad, dem mächtigen Abt von St. Denis, Bischof Angilram von Metz und dem Erzbischof Wilcharius von Sens, der uns schon im Jahre 771 begegnet ist, als er Karl, nach dem Tode seines Bruders Karlmann half, die Reichshälfte seines Bruders und damit die Gesamtherrschaft im fränkischen Reiche zu übernehmen.
Auch eine arabische Gesandtschaft erschien in orientalischer Pracht vor Karl. Sie wurde zum Boten einer Fehlinformation, die katastrophale Folgen haben sollte. Sie wurde zur Ursache eines heftigen Krieges, des einzigen, den Karl nicht als Sieger bestand – des Spanienfeldzugs des Jahres 778.
In Paderborn erschienen die Sachsen in großer Zahl, Liten, Freie und Ethelinge.
Es folgte wieder ein feierlicher Unterwerfungsakt. Erneut beschworen sie,»ihre persönliche Freiheit und Eigentum

verwirkt zu haben, wenn sie nicht in allem dem Christentum
und dem König die Treue wahrten«.
Wiederum folgten Massentaufen. Die in Paderborn tagende
Synode befaßte sich mit Fragen der Christianisierung des
Landes.

Widukind – Das Herz des Widerstandes

Nur einer fehlte, und die Reichsannalen vermerken
schmerzlich sein Fehlen. Widukind.
Diese Erwähnung in den Reichsannalen ist das erste Mal,
daß der Name des großen Sachsenheros erscheint. Aber er
wird nicht genannt als Anführer kämpfender Sachsen, als
Führer in offener Feldschlacht, nein, die Annalen berichten:
»Nur Widukind blieb im Aufstand mit ein paar anderen, er
suchte Zuflucht bei den Nordmannen, den Dänen.«
Widukind war geflohen.
Über das Jahr 778 sagen uns die Annalen: »Und als die
Sachsen hörten, daß König Karl und die Franken so weit fort
in Spanien seien, empörten sie sich auf Betreiben Widukinds.« Die Sachsen zogen mordend und brennend bis zum
Rhein, erreichten Deutz und wichen zurück, als Karl ihnen
ein Heer entgegen schickte. Die Franken erreichten die flie-
henden Sachsen bei Leisa an der Eder. Und der Reichannalist
weiß: »Dort wurde eine Schlacht begonnen und sehr gut zu
Ende geführt: mit Gottes Hilfe blieben die Franken Sieger
und eine Menge Sachsen wurden dort erschlagen und flie-
hend kehrten sie schmachbedeckt nach Sachsen zurück.«
Im Jahre 779 erneut Feldzug nach Sachsen, erneuter fränkischer Sieg, erneute sächsische Niederlage, erneute Unter-
werfungsschwüre und Geiselstellung der Sachsen.
Das Jahr 780 sah Karl wieder in Sachsen. Er stieß bis zur Elbe
vor, demonstrierte seine Macht. Sonst scheint es friedlich

zugegangen zu sein. Er hielt eine Versammlung ab und traf Anordnungen, sowohl für die Sachsen wie auch für die Slaven. Das Jahr 781 fand Karl in Rom.

Sachsen blieb diesmal ruhig. Doch trieb es Karl nach seiner Rückkehr im Jahr 782 wieder in seine problematische Provinz. An den Lippequellen hielt er einen Reichstag ab, über den uns die Annalen sagen: »Dorthin kamen alle Sachsen, außer dem aufständischen Widukind.« Wieder wurden Eide und Schwüre geleistet, und der König kehrte, wohl zum erstenmal etwas beruhigt, nach Francien zurück.

Verrat am Süntel und das Blutgericht von Verden

Und da geschah der Beginn der Katastrophe.

Von neuem wird Widukind erwähnt in den Reichsannalen: »Als er (der König) wieder umgekehrt war, erhoben sich die Sachsen wieder in gewohnter Weise auf Betreiben des Widukind.«

Wir wollen jetzt die Reichsannalen verlassen und uns den Einhardschen Annalen zuwenden, die das, was sich jetzt ereignete, ausführlicher und objektiver berichten.

»Als er (der König) nach dem Schluß des Reichstages über den Rhein nach Gallien zurückgekehrt war, kam Widukind, der sich zu den Normannen geflüchtet hatte, wieder heim in sein Vaterland und reizte die Sachsen mit eitlen Hoffnungen zum Aufruhr. Unterdessen wurde dem König gemeldet, daß die slavischen Soraben, welche das Land zwischen Elbe und Saale bewohnen, ins Gebiet der ihnen benachbarten Thüringer und Sachsen eingebrochen seien und mehrere Orte mit Raub und Brand verwüstet hätten. Sogleich berief er drei seiner Beamten, den Kämmerer Adalgis, den Marschall Geilo und den Pfalzgrafen Worad und befahl ihnen mit dem Heerbann der Ostfranken und Sachsen die

Vermessenheit der störrischen Slaven möglichst schnell zu bestrafen.«
Karl fühlte sich seiner Sachsen so sicher. Er glaubte, es war ja durch viele Eide beschworen, daß die Sachsen Heeresfolge leisten würden.

»Als sie jedoch, um den ihnen erteilten Auftrag auszuführen, in das sächsische Gebiet kamen, hörten sie, daß die Sachsen nach dem Rate Widukinds sich zum Kriege gegen die Franken gerüstet hätten: sie gaben also den Zug gegen die Slaven auf und rückten mit den Ostfranken dahin, wo die Sachsen sich versammelt haben sollten. Schon auf sächsischem Boden begegnete ihnen der Graf Theoderich, ein Anverwandter des Königs, mit den Truppen, die er bei der Nachricht von dem Abfall der Sachsen in der Eile hatte aus Ribuarien zusammenbringen können. Er gab ihnen den Rat, zuerst, trotz ihrer Eile, durch Kundschafter möglichst rasch in Erfahrung zu bringen, wo die Sachsen seien und was bei ihnen vorgehe, und alsdann, falls die Beschaffenheit des Ortes es zulasse, zu gleicher Zeit sie anzugreifen. Dieser Rat fand Beifall bei ihnen und sie rückten nun mit jenem vereint zum Süntelgebirge, auf dessen Nordseite sich die Sachsen gelagert hatten. Nachdem hier Graf Theoderich sein Lager aufgeschlagen hatte, setzten sie der Verabredung gemäß, um so den Berg leichter umgehen zu können, über die Weser und lagerten sich am Ufer des Flusses. Wie sie sich nun aber untereinander besprachen, fürchteten sie, die Ehre des Sieges möchte dem Theoderich allein zufallen, wenn er in der Schlacht bei ihnen wäre, und beschlossen, ohne ihn mit den Sachsen anzubinden, nahmen also die Waffen zur Hand und rückten, als ob sie es nicht mit einem zur Schlacht geordneten Feinde zu tun, sondern Fliehende zu verfolgen und Beute zu machen hätten, so schnell als jeden sein Roß tragen mochte, dahin vor, wo die Sachsen vor ihrem Lager in Schlachtreihe standen. So übel der Anmarsch, so übel war auch der Kampf selbst; sobald das Treffen begann, wurden

sie von den Sachsen umringt und fast bis auf den letzten
Mann niedergehauen. Wer sich jedoch retten konnte, floh
nicht in das eigene Lager, von dem sie ausgezogen waren,
sondern in das Theoderichs, welches über dem Berg drüben
lag. Der Verlust der Franken war noch größer, als es der Zahl
nach schien, denn die zwei Sendboten Adalgis und Geilo,
vier Grafen, und von andern erlauchten und vornehmen
Männern an die zwanzig wurden getötet, und die andern,
die ihnen gefolgt waren und lieber mit ihnen sterben, als sie
überleben wollten.«[14]
Als Karl von dieser Katastrophe vernahm, raffte er Truppen
zusammen und zog in Eilmärschen an die Mündung der
Aller in die Weser.
Die Reichsannalen berichten lakonisch: »Dort sammelten
sich wieder alle Sachsen und unterwarfen sich der Gewalt
des obengenannten Königs und lieferten alle die Übeltäter
(malefactores) aus, die diesen Aufstand vor allem durchgeführt hatten, zur Bestrafung mit dem Tode: 4500, und dies ist
auch so geschehen, ausgenommen den Widukind, der ins
Gebiet der Nordmannen entfloh. Nachdem dies alles zu
Ende war, kehrt der genannte König nach Francien zurück.«[15]

Widukind – ein Mythos verweht

Eine schlimme, eine schreckliche Tat, das Blutgericht von
Verden. Aber bevor wir verdammen, muß die Frage gestellt
werden: Was sagen uns die Annalen über den Sachsenhel-
den Widukind? Nur, daß er die Sachsen zum Abfall, zum
Eidbruch anstachelte und dann, als der rächende König
erschien, das Weite suchte und zu den Dänen floh, von
denen er eine Prinzessin zur Frau gehabt haben soll!
Der Bericht übermittelt uns die Namen der fränkischen Heerführer. Warum vermittelt er uns nichts über Widukind, der

zum Kampf wohl aufrief, aber anscheinend nicht daran teilnahm? Keine der Quellen berichtet uns, daß Widukind die Schlachtreihen seiner Sachsen anführte, um mit ihnen unterzugehen oder zu siegen. Nichts davon. Es tut weh, ein solches Nationaldenkmal demontieren zu müssen, aber die Fakten sind nun mal so.

Im Jahre 783, im gleichen Jahr, in dem Karls liebenswerte Gattin, die Königin Hildegard, als erst Fünfundzwanzigjährige starb, stellten sich die Sachsen zweimal in offener Feldschlacht den Franken. Einmal in einer Ebene bei Detmold und zum zweitenmal bei dem Flüßchen Haase. Beide Male siegten die Franken und viele tote Sachsen bedeckten die Walstatt. Es ist uns überliefert, daß König Karl in beiden Schlachten seine Truppen persönlich ins Treffen führte. Die Frage stellt sich, wo war Widukind?

Er war doch die Seele des Widerstandes, der große Freiheitsheld der Sachsen. Jedenfalls ist nirgends erwähnt, daß er seine Sachsen in den Kampf mit dem König führte.

Er war weitab vom Schuß, am dänischen Königshof.

Gewiß, der Sieger schreibt die Geschichte.

Aber konnte die fränkische Geschichtsschreibung ein Interesse daran haben, die Teilnahme Widukinds an Schlachten und Gefechten seines um die Freiheit kämpfenden Volkes zu verschweigen?

Nein!

Die Größe des überwundenen Gegners definiert ja die Größe der eigenen Tat.

Widukind entzog sich der Gefahr durch Flucht, zu einem anderen Ergebnis kann man nicht kommen, und überließ seine Sachsen ihrem blutigen Schicksal.

Die deutsche Geschichtsschreibung hat unter diesem Widerspruch gelitten und ihn verdrängt.

Engelbert Mühlbacher in seiner 1896 bei Cotta erschienenen »Deutsche Geschichte unter den Karolingern«, noch immer ein Standardwerk für Zeit und Epoche, löste den Wider-

spruch so:»Widukind hatte zweifelsohne in den vorange-
gangenen Kämpfen eine hervorragende Rolle gespielt.
Er war *wohl* der Führer der Westfalen im Krieg von 775, *vielleicht*
hat er den glücklichen Handstreich gegen das Lager von
Lübbecke ersonnen und geleitet. Die Empörung während
der Abwesenheit des Königs in Italien, der Rachefeldzug
gegen die Zwingburgen *muß* hauptsächlich sein Werk, die
Freveltat gewesen sein, welche ihn den Zorn des Königs
fürchten ließ.« Was Mühlbacher da vorbringt, sind Vermutungen, besser noch Hoffnungen. – Er war *wohl* der Führer,
vielleicht hat er den glücklichen Handstreich..., die Empörung *muß* hauptsächlich sein Werk gewesen sein... Beweise, zumindest Hinweise für seine Vermutungen kann
Mühlbacher nicht nennen. Es gibt sie nicht.[16]
Die neben Arminius zweite Heldenfigur der germanischen
Geschichte sinkt herab zum Empörer, der die Brandfackel
des Frankenhasses in den Herzen seiner Sachsen entzün-
dete, sie aber dann allein ließ und sich den Folgen seiner
Empörung entzog.
Ein letztes Mal noch taucht er in den Annalen auf. Über das
Jahr 785 wird berichtet:»Da gelangte der genannte König auf
seinem Zuge nach Rehme an die Weser bei der Mündung der
Werne. Und wegen der großen Überschwemmungen kehrte
er von da auf die Eresburg zurück und ließ seine Frau, die
Königin Fastrada mit seinen Söhnen und Töchtern zu sich
kommen.
Dort blieb er den ganzen Winter und feierte der genannte
hervorragende König Ostern (3. April 785). Und während er
hier weilte, schickte er vielfach Scharen ab und machte auch
selbst einen Zug: er ließ die aufständischen Sachsen ausplün-
dern, eroberte ihre Burgen, drang in ihre Befestigungen ein
und säuberte die Straßen, bis der passende Zeitpunkt da
war. Die Reichsversammlung hielt er in Paderborn, und von
hier durchzog er ganz Sachsen, wohin er wollte, auf offenen
Wegen, ohne auf Widerstand zu stoßen. Dabei kam er in den

Bardengau und dort schickte er nach Widukind und Abbio, und ließ beide vor sich bringen und versicherte, sie würden sich nicht retten, wenn sie nicht zu ihm nach Francien kämen; dagegen baten jene um Bürgschaften dafür, daß sie unverletzt bleiben, was auch erfolgte. Dann kehrte König Karl nach Francien zurück und überschickte dem genannten Widukind und Abbio Geiseln durch seinen Boten Amalwin.«[17] Man sieht: Der Sieger stellte dem Besiegten Geiseln als Garantie dafür, daß er körperlich unversehrt bleiben würde, wenn er nach Francien käme. Die Tatsache gibt uns zwei Hinweise. Erstens muß Widukinds Einfluß auf die Sachsen so groß gewesen sein, daß Karl auf die Bedingung der Geiselstellung einging. Zweitens ist Widukind mit seinem Leben vorsorglicher umgegangen als mit dem seiner Sachsen, die er immer wieder in Kampf und Tod trieb.

Die Reichsannalen fahren fort mit dem Bericht über das Jahr 785. »Nach Empfang der Geiseln nahmen die Boten sie mit und sie kamen nach Attigny zu König Karl. Und dort wurden Widukind und Abbio mit ihren Genossen getauft, und nun war ganz Sachsen unterworfen.«

Die Annahme der Taufe durch Widukind war ein Symbol. Nun begann die Missionsarbeit in Sachsen in verstärktem Maße. Widukind aber, der Mann, der so vieles, Gutes wie Böses, bewirkte, versank in der Geschichte. Weder sein Todesjahr noch sein Grab sind bekannt. Zwar wird in der Pfarrkirche in Engern sein Kenotaph gezeigt, aber er ist nur symbolhaft, denn ein Kenotaph ist ein Scheingrab, ein Grab ohne Leiche, eine Memorie. Widukind war schon im Leben wenig greifbar. Im Tode wurde er vollends zur Legende. Er stachelte die Sachsen zum Widerstand auf. Aber im Kampf selber fand man ihn nie.

Je weniger man von ihm wußte, desto dichter wurde das Netz von Sagen und Legenden. Er war nie Herzog, aber er wurde als ein solcher gesehen, ja, zum König der Engern machte ihn die Sage. Gerade der Mangel an Fakten erleichterte es der Phantasie, Träume und Legenden um ihn zu spinnen.

Die Sachsen schafften sich in Widukind ihren Helden, der später vom ganzen deutschen Volk angenommen wurde. Was wir nach 785, also nach Annahme der Taufe, über ihn erfahren, ist Sage und Legende. Ein Chronist des 14. Jahrhunderts vertritt die Ansicht, Gott habe die Friesen wegen der Ermordung des heiligen Bonifatius dadurch gestraft, daß Fürst Widukind, Herr des jenseitigen Friesland, den Ostergau und den Westergau verheerte. Er habe alle Bewohner niedergemetzelt, um den Tod des heiligen Märtyrers zu sühnen. Die Angaben über die Zeit seines Todes schwanken zwischen mehreren Jahren, 804, 805, 806, 807 und 812 stehen zur Auswahl.

Sein Todestag soll der 7. Januar sein. Auch heute noch feiern ihn Menschen in Engern, allerdings am 6. Januar. Die Totenglocke läutet einen Tag vorher, zur »Königsstunde«, zwischen 12 und 13 Uhr.

Am anderen Tage folgt ein Gottesdienst zum Gedenken des verstorbenen »Königs«.

Vornehme Adelsgeschlechter Sachsens haben immer wieder versucht, ihren Ursprung von Widukind herzuleiten. Aber kein Anspruch konnte geschichtlich begründet werden.

Abel und Simson stellen in ihren »Jahrbüchern des fränkischen Reiches« fest: »Hinreichend ist es hingegen bezeugt, daß Widukind der Ahnherr ist von Mathilde, der Gattin Heinrichs I. und Mutter Ottos des Großen (936–973); dies versichert der sächsische Geschichtsschreiber Widukind von Corvey.

. . . allein mit Bestimmtheit läßt sich die Nachkommenschaft Widukinds über seinen Urenkel Wicbert und dessen Bruder hinaus nicht verfolgen; zwischen ihnen und Mathildens Vater Thiederich ist noch eine Lücke. Es kann sein, daß Widukind neben seinem Sohn Wicbert noch andere Kinder hatte; auch werden solche genannt, ein Sohn Widukind, eine Tochter Hasala; allein beide sind gänzlich unbeglaubigt und die darauf gegründeten genealogischen Ableitungen ohne Halt.«[18]

Wir sehen, man greift bei Widukind, über das Jahr 785 hinaus, ins Leere.

All diese Ungewißheit stört westfälische Bauern der Gegenwart in Engern nicht, ihre Vorfahren als Gefolgsleute Widukinds darzustellen: die »Sattelmeier«.

Der Kern dieser Familien sind die sieben engerischen »Sattelmeier«, die Barmeier, Ebmeier, Nordmeier, Ringstmeier, Meier zu Hücker, Meier zu Hiddenhausen, und Meier Johann, die zur westfälischen Bauernaristokratie zählen. Sie hatten die Pflicht und das Vorrecht, dem Landesherrn, jederzeit verfügbar, ein Sattelpferd zu halten. Ihre Traditionen sind für das 9. und 10. Jahrhundert beglaubigt. Ob sie aber auch für Widukind die Sattelmeierei ausübten, ist bei der nebulösen Quellenlage nicht nachweisbar. Um so sicherer ist ihr Glauben, in den Traditionen des Sachsenheros zu stehen.

Aber die Aufwertung Widukinds zum Heros ist durchaus verständlich. Für das kämpfende sächsische Volk war es eine moralische Notwendigkeit, gegen die übermächtige Figur des Frankenkönigs einen gleichwertigen sächsischen Widerpart zu stellen, einen Helden, der für die Freiheit und die alten Götter kämpfte.

Vielleicht auch sahen die freien Sachsen in ihm den heimlichen König, der die Übermacht der Ethelinge zurückdrängte zugunsten der Freien. Neben religiösen und politischen Elementen spielte also ein starkes soziales Moment mit.

Denn es waren ja die Ethelinge, die dem Frankenkönig die 4500 Sachsen, die den Zielen Widukinds folgten, auslieferten.

Die fränkischen Annalen nennen sie »malefactores«, Übeltäter, und das waren sie in fränkischer Sicht. Die Sachsen aber sahen in ihnen Widerstandskämpfer, die gemeinsam mit Widukind gegen Karl und die Mehrheit der eigenen, sie unterdrückenden Ethelinge kämpften.

Was Widukind abging, nämlich die Fähigkeit, Fakten, Mächte und Werte zu gewichten, besaßen die sächsischen Ethelinge durchaus. Der Karolinger bot ihnen die Möglichkeit, den Herrschaftsanspruch im eigenen Volk zu festigen. Sie wußten auch, daß der Sachsenstamm mit seinen 500000 Menschen auf Dauer niemals Sieger in der Auseinandersetzung mit dem fränkisch-langobardischen Großreich sein konnte. Ihr politischer Verstand sagte den Ethelingen, daß dieses große Frankenreich auch dem sächsischen Stamm bessere Lebensmöglichkeiten bot. Solche Perspektiven auch nur in Ansätzen zu sehen, dazu war Widukind nicht fähig. Die Enge seiner Haltung stellt ihn gemeinsam mit den Ethelingen und Karl in die Blutschuld von Verden.

Einem späteren deutschen Nationalismus hat es gefallen, aus Widukind eine strahlende Heldengestalt und aus dem Germanen Karl den welschen Franken und Sachsenschlächter zu machen.

Und nochmals Verden

Man sollte die Klischees einmal beiseite schieben und sich nüchtern die Frage stellen: Was sollte Karl nach dem Verrat am Süntel denn tun? Er hatte die Sachsen mehrfach besiegt. Die Sachsen hatten sich mehrfach unterworfen und den Treueid geleistet. Vom Jahre 772 an war Karl gezwungen gewesen, jedes Jahr, ausgenommen 773, zum Feldzug nach Sachsen anzutreten, weil jedesmal Abfall, Verrat und Bruch geschworener Eide ihn dazu zwangen.

Im Jahre 777 war Sachsen auf dem Reichstag zu Paderborn fränkischer Reichsteil geworden.

Und nun geschah im Jahre 782 das Drama am Süntel. Die Sachsen, die Karl zur Heerfolge gegen die Slawen aufgerufen hatte, vernichteten sein ostfränkisches Truppenkontingent und töteten seine persönlichen Sendboten. Wieder und wieder hatte Karl verziehen, erneute Eide und Huldigungen angenommen, Geiseln erhalten. Die Sachsen hatten Treue geschworen und sich oftmals verbürgt mit Leben und Blut. Bei Verden verloren die Eidbrüchigen nur, was sie selbst zur Bürgschaft gesetzt hatten: Leben und Blut. Die Staatsräson hat zu keiner Zeit anders gehandelt und anders handeln können. Und so einmalig, wie man es hinzustellen versucht, war das Blutgericht von Verden nicht.

Der als maßvoll geltende römische Kaiser Theodosius (379–395) ließ seinerzeit die 7000 Aufrührer von Thessalonike töten. Im 7. Jahrhundert ließ der Merowingerkönig Dagobert I. (Kg. 623–639) 9000 nach Baiern geflüchtete Bulgaren hinrichten. Der byzantinische Kaiser Basileios II. (960–1025) lieferte dem Khan der Bulgaren eine große Schlacht. Er nahm 14000 Bulgaren gefangen, blendete sie, ein Schicksal schlimmer als der Tod, und schickte sie in ihre Heimat zurück. Der bulgarische Widerstandswille brach daraufhin zusammen. Die Reihe dieser schrecklichen Taten läßt sich leicht über Otto I. bis zu dem romantischen Prinzen Richard Löwenherz, bis hin in die neueste Zeit fortsetzen.

Einzig Karl wurde immer wieder am Blutgericht von Verden gemessen und verurteilt.

Verden war für Karl das Ende eines langen Weges der Enttäuschungen. Immer wieder hat er verziehen und erneut Lehenseide angenommen.

Die mittelalterliche Gesellschaft basierte auf Lehensschwur und Lehnsverband. Wer dauernd diese Institutionen mißachtete, wie es die Sachsen taten, zerstörte die Gesellschaftsordnung. Dabei war für Karl offensichtlich, daß ein großer

Teil der Sachsen, namentlich der Adel, zur Zusammenarbeit bereit war.

Schon Hans von Delbrück (1848–1929) hat in seinem großen Werk »Geschichte der Kriegskunst im Rahmen der politischen Geschichte« die Vermutung ausgesprochen, »daß bei den führenden Sachsen eine starke Partei existierte, die das Eintreten in den fränkischen Reichsverband nicht ungern sah und vielleicht geradezu wünschte und daß daher Karl wirklich auf einen halbfreiwilligen Anschluß der Sachsen rechnete und rechnen durfte«.

Obwohl es sich beim Sachsenkrieg um den härtesten und bittersten seiner Kriege handelte, wurde Karl auch hier seinem Grundmuster kluger Kriegsdiplomatie nicht untreu. Der allzu Erfolgreiche hatte bisher immer gesiegt, wenn er sich an sein Grundschema hielt. Aber bei den Sachsen traf Karl auf etwas Unvermutetes, in dieser Dimension noch nicht Erlebtes: auf das sächsische Volk mit seinem Freiheitswillen.

Das Volk war für Karl, den Enkel und Urenkel von Fürsten, etwas, das gehorchte, den Boden bebaute, damit König und Adel leben und die Welt gestalten konnten. Man rief das Volk zum Kampf, und wenn man Frieden schloß, schickte man es wieder nach Hause auf seine Äcker.

Aber als die Sachsen am Süntelgebirge fränkische Abteilungen zerschlugen, zerbrach für Karl sein Erfolgsrezept, das zu seinem Weltbild gehörte.

Das Blutgericht von Verden war also auch die Tat eines Mannes, der dem Chaos – oder was er als solches empfand – entgegentrat, um die bis dahin gewohnte Ordnung zu retten. Es ging hier um die innere und äußere Verfassung des fränkischen Reiches.

Und noch ein Faktor muß in Betracht gezogen werden. Kein König, auch kein Alleinherrscher, kann auf Dauer ohne die stillschweigende Zustimmung seiner Hierarchie regieren. Die Männer, die Karls Thron stützten, waren Soldaten,

Krieger, Generale. Sie handelten mit der gleichen Logik, mit der auch heute noch Krieger und Generale handeln, die an die Abschreckung eines zehnfachen, besser noch eines hundertfachen Overkills glauben. Karls Paladine werden zunächst erstaunt geschwiegen haben, als der König den Sachsen immer wieder Gnade erwies.

Aber beim dritten oder vierten sächsischen Aufstand, unter Verletzung von Eid und geschworener Treue, werden sie an ihr Schwert geschlagen und den König daran erinnert haben, daß sie und ihre Soldaten es waren, die die königliche Milde mit ihrem Blut in immer neuen Aufständen bezahlen mußten. Als jetzt das Verbrechen am Süntel geschah, erwuchs dem König aus den Reihen seiner Getreuen eine Mauer aus innerem Widerstand gegen erneute Milde und Gnade. Das Maß an Loyalität, an Hingabe zum König, war ausgeschöpft. Karl wußte das. Ein Schritt über dieses Maß hinaus mußte Thron und Reich gefährden.

Und von den Rändern des Reiches her schauten andere unterworfene Völker nach Sachsen und nach dem, was dort geschah. Auch dort mußte erneute Gnade und Verzeihung als Schwäche der karolingischen Macht ausgelegt werden. Die Selbstgerechten, namentlich die des 19. Jahrhunderts, die Karl mit dem Namen des Sachsenschlächters belegten, muß man daran erinnern, wie sich die Kolonialmächte dieses Jahrhunderts aus nichtigeren Anlässen verhalten haben, als sie Zulus, Kaffern und Hereros zu Zehntausenden zusammenkartätschten. Daran gemessen erscheint Karl tatsächlich als ein vernünftiger, maßvoller, langmütiger König.

Wie steht es umgekehrt mit dem Bild, das uns von den Sachsen überliefert ist? Waren es blonde, blauäugige und edle Krieger, so treu und erhaben in ihren Tugenden, wie es uns eine nationale Geschichtsschreibung vorzeichnet? Verzichten wir auf alle Polemik und wenden uns dem Widukind von Corvey und seiner Sachsengeschichte zu. Gewiß ist seine »Entstehungsgeschichte der Sachsen« Sage und

Legende. Aber zeichnen nicht in Sagen und Legenden die Völker ihr innerlichstes Bild?

»Sicher wissen wir, daß die Sachsen mit Schiffen in diese Gegenden gekommen und zuerst an dem Ort gelandet sind, der bis heute Hadeln genannt wird. Aber die Einwohner, angeblich Thüringer, ließen sich ihre Ankunft nicht gefallen und erhoben ihre Waffen gegen sie. Die Sachsen hingegen leisteten kräftigen Widerstand und behaupteten den Hafen. Als sie nun lange gegeneinander gekämpft hatten und viele hier und dort gefallen waren, beschlossen beide Seiten, Friedensverhandlungen einzuleiten und einen Vertrag zu schließen. Der Vertrag wurde unter der Bedingung geschlossen, daß die Sachsen kaufen und verkaufen dürften, sich jedoch der Ländereien enthalten und von Mord und Räubereien absehen sollten. Dieser Vertrag bestand viele Tage hindurch unverletzt. Als aber den Sachsen das Geld ausging und sie nichts mehr zu kaufen und zu verkaufen hatten, meinten sie, der Friede sei nutzlos für sie.

Nun traf es sich damals, daß ein junger Mann, beladen mit viel Gold, einer goldenen Kette und goldenen Spangen, die Schiffe verließ. Ihm begegnete ein Thüringer und sagte: ›Wozu hast du eine solche Menge Gold um deinen abgezehrten Hals?‹ ›Ich suche einen Käufer‹, erwiderte jener, ›zu keinem anderen Zweck trage ich dieses Gold; denn wie soll ich mich, während ich vor Hunger sterbe, am Gold erfreuen?‹

Darauf fragte der andere, was und wie hoch der Preis sei. ›Der Preis‹, sagte der Sachse, ›kümmert mich nicht. Was du geben willst, nehme ich dankbar an.‹ – ›Wie ist es‹, sagte jener höhnisch zu dem jungen Mann, ›wenn ich mit diesem Staub dein Kleid fülle?‹ Gerade an dieser Stelle lag nämlich ein großer Erdhaufen ausgehoben. Sogleich öffnete der Sachse sein Gewand und erhielt die Erde und übergab auf der Stelle dem Thüringer das Gold. Beide eilten fröhlich zu ihren Leuten zurück. Die Thüringer erhoben den Thüringer mit Lobsprüchen in den Himmel, daß er den Sachsen mit einer so edlen Gaunerei betrogen habe und wie glücklich er vor allen Menschen sei, da er für einen Spottpreis in den Besitz einer solchen Menge Gold gekommen sei. Ihres Sieges im übrigen gewiß, triumphierten sie sozusagen schon über die Sachsen. Mittlerweile näherte sich der Sachse ohne sein Gold, jedoch schwer mit Erde beladen, den Schiffen. Als ihm seine Gefährten nun entgegenkamen und sich wunderten, was er denn mache, fing ein Teil seiner Freunde an, ihn auszulachen; andere machten ihm Vorwürfe, alle aber stimmten überein, daß er verrückt sei. Doch dieser forderte Ruhe und sagte: ›Folgt mir, meine guten Sachsen, und ihr werdet euch überzeugen, daß meine Verrücktheit auch von Nutzen ist.‹ Sie waren zwar ungläubig, doch folgten ihm nach. Er aber nahm die Erde, streute sie so dünn wie möglich über die benachbarten Felder aus und besetzte einen Lagerplatz.

Als aber die Thüringer das Lager der Sachsen sahen, fanden sie diese Tatsache unerträglich. Sie schickten Gesandte und beschwerten sich, daß von den Sachsen der Frieden gebrochen und der Vertrag verletzt sei. Die Sachsen antworteten, sie hätten bisher den Vertrag unverbrüchlich eingehalten. Das für ihr eigenes Gold erworbene Land wollten sie in Frieden behaupten oder aber auf jeden Fall mit den Waffen verteidigen. Hierauf verwünschten die Anwohner das sächsische Gold und erklärten denjenigen, den sie vorher noch glücklich gepriesen hatten, zum Urheber des Unheils für sich und ihr Land. Dann stürmten sie zornentbrannt und voll blinder Wut ohne Ordnung und Plan auf das Lager los.

Die Sachsen hingegen empfingen die Feinde gut vorbereitet, warfen sie nieder und nahmen nach glücklichem Kampfausgang nach Kriegsrecht von der nächsten Umgebung Besitz. Als nun beiderseits sehr lange gekämpft worden war und die Thüringer erkannten, daß die Sachsen ihnen überlegen waren, forderten sie durch Unterhändler, daß beide Teile unbewaffnet zusammenkommen und erneut über den Frieden verhandeln sollten; und sie bestimmten Ort und Tag. Die Sachsen antworteten, sie würden dem Wunsch nachkommen. Nun waren damals bei den Sachsen große Messer üblich, wie sie die Angeln nach altem Stammesbrauch bis heute tragen. Damit unter den Kleidern bewaffnet, zogen die Sachsen aus ihrem Lager und gingen den Thüringern zum festgesetzten Ort entgegen.

Da sie sahen, daß die Feinde unbewaffnet und alle Fürsten der Thüringer anwesend waren, hielten sie den Zeitpunkt für günstig, sich der ganzen Gegend zu bemächtigen, zogen ihre Messer hervor, stürzten sich auf die Wehrlosen und Überraschten und stießen alle nieder, so daß nicht einer von ihnen überlebte.

Damit fingen die Sachsen an bekannt zu werden und den benachbarten Stämmen einen gewaltigen Schrecken einzujagen. Einige aber behaupten auch, daß sie von dieser Tat ihren Namen bekommen hätten, denn Messer heißen in unserer Sprache Sachs. Sie seien darum Sachsen genannt worden, weil sie mit ihren Messern eine solche Menge Menschen niedergehauen hätten.«[19]

Allerdings ist hierzu festzustellen, daß bei den germanischen Stämmen der Frühzeit die Rechtsbindung und die Rechtswirksamkeit nur zwischen den Stammesgenossen bestand. Der Fremde stand außerhalb des Rechts.

Das ist bei dem Legendenbild zu bedenken, das uns Widukind von Corvey überliefert hat.

Dennoch, kein schönes Bild.

Es ist ein Bild von Niedertracht, Hinterlist, Wortbruch und Mord. Es ist so gar nicht das Bild des edlen, freien und getreuen Sachsen, das uns eingeprägt wurde.

Es ist genau das Verhalten, das die Sachsen im Kampf mit Karl immer wieder gezeigt haben.

Diese Treulosigkeit, der immer wiederkehrende Bruch heilig

geschworener Eide, das sofortige Umschlagen der Unterwerfung in Aufstand und Rebellion, in tödlichen Hinterhalt und Verrat, das war es, was Karl zum Blutgericht von Verden trieb.

Nach den Gesetzen der Zeit und der Welt war Karl nicht schuldig geworden. Aber als Christ hatte er gegen die Gesetze der Milde und Güte verstoßen. Sein Freund Alkuin hat ihm das höflich und still, wie man mit Königen spricht, aber unmißverständlich, gesagt. Karls Hoffnung, der Bluttag von Verden bringe nun endlich die Befriedung Sachsens, wurde gründlich enttäuscht. Bereits im Jahre 783 kam es zu neuen Kämpfen. In zwei offenen Feldschlachten, einmal bei Detmold und einmal am Flüßchen Haase, wurden die Sachsen wieder vernichtend geschlagen. Die Quellen berichten,»daß Karl mannhaft mit seinen Franken gemeinsam focht«. Ein ähnliches Verhalten wird von Widukind nicht berichtet. Er blieb weiterhin unsichtbar, unfaßbar. Das Jahr 784 brachte erneuten Kampf. König Karl zog gegen die Ostfalen, sein Sohn, Prinz Karl, ein Zwölfjähriger, marschierte gegen die Westfalen. Die Franken begnügten sich nicht mit den Siegen des Sommers. Es folgte ein gnadenloser Winterfeldzug mit all seinen Härten. Bis zum Frühjahr des Jahres 785 führte der König seine sächsischen Strafzüge durch. Dann schien das Land erschöpft, die Widerstandskraft der Sachsen gebrochen. Von 785–792 berichten die Annalen als von Friedensjahren, oder besser, von 7 kriegsfreien Jahren in Sachsen. Nach diesen 7 ruhigen Jahren erschütterte von 792–804 erneut eine Erhebungswelle die fränkische Herrschaft in Sachsen. Der Stoß gegen die Franken kam diesmal aus dem Nordosten Sachsens, der in den Kämpfen der Vergangenheit am wenigsten gelitten hatte. Jetzt waren, 10 Jahre nach Süntel und Verden, die Söhne derer herangewachsen, die damals dem fränkischen Schwert verfielen. Auch hatte die junge sächsische Mannschaft, den Franken Heeresfolge leistend, deren Kampfesweise erlernt.

Die sächsische Erhebung von 792–804, an der Widukind nicht mehr beteiligt war, barg die größte Gefahr für das fränkische Reich. Denn der Aufstand loderte auf, als Karl mit Baiern beschäftigt war und außerdem einen neuen Awarenzug vorbereitete. Zugleich erreichte den König die Meldung, daß die Sarazenen in Septimanien, den Raum um Nîmes und Narbonne, eingefallen waren. Durch den erzwungenen Dienst in fränkischen Heeren, der sie in ferne Länder führte, hatte sich die Weltsicht der Sachsen erweitert, so daß denkbar ist, daß sie selbst die zeitliche Abstimmung dieser 3 Operationen, die die Kräfte des fränkischen Großreiches aufs äußerste beanspruchten, in die Wege leiteten.

Ein Text aus den Lorscher Annalen läßt solche Vermutung zu:»Die Sachsen, in der Meinung, daß das Volk der Awaren an den Christen Rache nehmen müsse, zeigten aller Welt offen das, was längst schon früher heimlich in ihrem Herzen verborgen war: wie der Hund, welcher zu seinem Gespei zurückkehrt (2 Petri 2,22), so kehrten sie zurück zum Heidentum, das sie früher abgeschworen hatten, sie verließen wiederum das Christentum und verbündeten sich mit den heidnischen Völkerschaften im Umkreis.

Aber auch zu den Awaren sandten sie Boten und sie erkühnten sich zu rebellieren, vorerst gegen Gott, dann gegen den König und die Christen; alle Kirchen in ihrem Land verwüsteten sie durch Niederreißen und Brand, verjagten die über sie gesetzten Bischöfe und Priester und ergriffen einige von ihnen und töteten andere und wandten sich vollständig dem Götzendienst zu.«

Im Herbst des Jahres 794 trat Karl erneut zum Sachsenzug an. Diesmal mit zwei Heeren. Er selbst marschierte von Süden, sein Sohn Prinz Karl vom Westen her, über Köln, nach Sachsen ein. Im Sendfeld, südlich von Paderborn, trafen die Gegner aufeinander. Als sich die Sachsen von zwei fränkischen Armeen in die Zange genommen sahen, legten sie ohne Kampf die Waffen nieder und unterwarfen sich erneut.

Im Jahre 795 wiederum Feldzug nach Sachsen! So ging das Jahr für Jahr nach immer gleichem Muster: Der sächsische Aufstand bricht los, Karl erscheint mit Heeresmacht, die Sachsen unterwerfen sich kampflos oder der König siegt im Kampfe und viele Tote bedecken die Walstatt.

Im Jahre 797 drangen fränkische Truppen bis zum Lande Hadeln vor, dorthin, wo einstmals die Sachsen gelandet waren und wo zugleich die Kernpunkte des Aufstandes lagen. Friesen und Sachsen unterwarfen sich, der König und seine Franken überwintern in Sachsen an der Weser. Die Stelle, wo der König mit seinem Heer lagerte, wurde »Heristelli« genannt und ist uns heute noch als Herstelle bekannt. In dieser Zeit fand Karl endlich das Mittel, an dem der sächsische Widerstand verlosch.

Die Deportation

Ein Mittel, dessen sich schon die römischen Kaiser bedient hatten: die Deportation, die Zwangsumsiedlung, die Vertreibung.

Aus dem Jahre 795 wird uns von einer Deportationsgruppe von 7070 Menschen berichtet. Jahr für Jahr wurden nun Sachsen nach Süden und Westen vertrieben, in eine fremde Welt.

Es muß eine unerhörte Strafe gewesen sein für Menschen, die gewohnt waren, in ihren Sippen und Stammesverbänden zu leben. Losgerissen von ihrer Heimat, zerstreut unter eine fremde, sie scharf beobachtende Bevölkerung und damit beschäftigt, einem fremden Boden unter ungewohnten klimatischen Verhältnissen das tägliche Brot abzuringen, verloren sie Mut und Freiheitswillen.

Über ganz Deutschland wurden die Sachsen verstreut, nach Thüringen, Hessen, Franken, im Rheinland, in Schwaben und Baiern sind Ortsnamen wie Sachsen, Saasen, Sachsbach, Sachsenhausen bei Frankfurt, Sachsenberg, Sachsendorf, Sachsenheim, Sachsenried, Sachsenstein ein Denkmal für das Schicksal des sächsischen Volkes.

Die Deportation traf Gerechte und Ungerechte, traf sächsische Heiden und Aufrührer, aber auch christliche Sachsen, die wegen ihres Christentums und ihrer Bereitschaft, den Frankenkönig anzuerkennen, von ihren Volksgenossen Verfolgung und Unbill ertragen mußten.

Ein Dokument über diese Vorgänge ist uns erhalten, das Bittschreiben einer christlichen sächsischen Familie, die der Deportation verfiel und neben diesem Unglück dem Haß ihrer Landsleute ausgesetzt war. Die Bittsteller wandten sich an Kaiser Ludwig den Frommen und erhofften von ihm Gerechtigkeit:

»Unser Vater hieß Richart, unser Ohm Richolf, beide waren Sachsen und ihr Erbe lag im Sachsenland. Während sie aber im Dienst Eures Vaters, Herrn Kaiser Karls seligen Angedenkens, standen, plünderten ihre Verwandten und Gaugenossen, des Christentums wegen über sie erbost, räuberisch alles, was sie in ihren Häusern an erworbenem Gut hatten, weil sie sahen, daß dieselben am christlichen Glauben festhalten und ihn durchaus nicht verleugnen wollten. Dann geschah es, daß der Herr Kaiser meinen Ohm Richolf als Königsboten über die Elbe schickte mit den Nachbenannten, Graf Rorich, Graf Gotescale, Graf Had und Garich, die sämtlich zugleich dort wegen der Festigung des Christentum getötet wurden [798. Der Vorfall ist auch in den Reichsannalen erwähnt.]. Auf die Kunde davon eilte mein Vater Richart, dies dem Herrn Kaiser Karl zu berichten. Und während er unterwegs war, wurde meine Mutter von den Männern,

welche die vorgenannten Königsboten früher getötet hatten, ergriffen und gegen Bürgschaft in Verwahrung gegeben; was an Wertsachen und irgend anderen Dingen vorgefunden wurde, nahmen sie als Beute mit sich. Als dies mein Vater erfahren hatte, schlich er heimlich zurück wie ein Dieb und befreite sie; und er floh mit ihr in den Gau, der Marstheim [zwischen Leine und Süntelgebirge] heißt, auf das mütterliche Erbe. Und so blieb er hier, bis auf Befehl des Herrn Kaisers die Sachsen, als die Auswanderung aus dem Lande erfolgte [804], partienweise weggeführt wurden. Und damals wurde mit ihnen auch mein Vater und meine Mutter weggeführt. Als sie nach ihrer Wegführung solange, weggerissen von ihrem eigenen Boden, in der Verbannung lebten, starb mein Vater. Und es blieb nur noch meine Mutter übrig und ich und meine Schwester. Und noch leben wir drei durch Gottes Erbarmung, aber zu unserem väterlichen Erbe sind wir nicht gekommen. Deshalb, frömmster Kaiser, der Ihr allen Armen und Hilfsbedürftigen um Gottes willen eine ständige Zuflucht gnädig zu bieten nicht zögert, laßt auch uns, den des väterlichen Erbes Beraubten, um Eures Seelenheiles willen auf diese Bitte hin Hilfe angedeihen und geruhet, durch Eure Getreuen wenigstens das, ob es mit Recht uns gehören soll oder nicht, feststellen zu lassen, wenn es Eurer heiligsten Hoheit nur genehm ist. Denn noch können viele Zeugen aus den Gauen über diese Sache vernommen werden, welche davon wohl wissen und imstande sein werden, die Wahrheit ans Licht zu bringen, o mildester und erlauchtester Kaiser.«[20]
Ein Dokument menschlichen Jammers, ein Spiegelbild der Zeit, das aufweist, wie wenig selektiv die fränkische Herrschaft vorging.

Jede Revolution, jeder Aufstand hat neben seinen ideellen Vordergründen wirtschaftliche Hintergründe. Bei den Sachsen war es unter anderem der Kirchenzehnte.

Dazu kam die unerbittliche Härte der 782 erlassenen »Capitulatio de partibus Saxoniae«:

»Des Todes sei, wer gewaltsam in eine
Kirche eindringt.«

»Des Todes sei, wer das vierzigtägige
Fasten nicht einhält und Fleisch ißt.«

»Des Todes sei, wer nach heidnischem Kult
einen Toten verbrennt.«

»Des Todes sei, wer der Kirche den
Zehnten verweigert.«

Natürlich muß die Härte dieser Strafen gemessen werden an den Härten der eigenen sächsischen Gesetzgebung, die schon den Diebstahl eines Bienenkorbes mit dem Tode bestrafte.

Die Zahlung des Kirchenzehnten aber war den Sachsen, die solche Steuerzahlung früher nicht kannten, ein verhaßtes Übel, welches den Widerstandswillen immer wieder anstachelte.

Der weise Alkuin wies seinem König den Weg. Er schrieb ihm höflich, wie man Königen schreibt, aber völlig unmißverständlich: »Eure hochheilige Frömmigkeit möge bedenken, ob es rätlich ist, diesen noch ungebildeten Völkern am Anfang ihres Glaubens das Joch des Zehnten aufzuerlegen und ihn in vollem Umfange von allen Höfen einzutreiben.« Ein andermal schrieb er an einen Berater des Königs: »Wenn das leichte Joch Christi und die süße Last mit der gleichen Inbrunst dem äußerst hartnäckigen Sachsenvolk gepredigt würde, wie die Leistung des Zehnten und beim kleinsten Verschulden die Ausführung der gesetzlichen Vorschrift gefordert wird, so würden sie kaum die Taufe verabscheuen.«

Alkuins Argumente und seine christliche Vernunft brachten auf Dauer Wirkung. Im Jahre 797 wurde die »Capitulatio« durch das mildere »Capitulare Saxonium« abgelöst.

Ein weiteres Mittel zur Befriedung der Sachsen bestand darin, daß Karl Jahr für Jahr von den besiegten Sachsen Geiseln gestellt bekam. Diese Geiseln sind nicht zu verwechseln mit den Deportierten, den zwangsweise umgesiedelten Sachsen, auch nicht mit Gefangenen. Die Geiseln gab man vorzugsweise an Klöster, Kirchen und Bischofsschulen. Man ließ sie dort zu Christen erziehen und die Besten unter ihnen zu Priestern und Missionaren heranbilden, die dann in späteren Jahren ihren sächsischen Mitbrüdern die Lehre Christi bringen konnten.

Die Bischöfe von Basel, Mainz, Konstanz und Augsburg erhielten Geiseln zur Ausbildung, ebenso die Klöster Reichenau, St. Wandrille in der Seinemündung und das Kloster Corbie, Patenkloster des Klosters Corvey in Sachsen.

Namentlich bekannt ist uns Hathumar, der erste Bischof von Paderborn, der ebenso wie sein Nachfolger als sächsische Geisel in Würzburg zum Christen erzogen worden war.

Im Jahre 799 hielt Karl einen Reichstag in Paderborn ab. Dort empfing er den Papst, der als Hilfesuchender erschien. Er war in Rom das Opfer einer Adelsverschwörung geworden, deren Gründe bis heute nicht klar sind. An Leib und Leben bedroht, mißhandelt und gefangengesetzt, gelang ihm die Flucht zum Frankenkönig. Vor den staunenden Augen der Sachsen demonstrierte Karl die Macht des fränkischen Reiches, umgeben von seinen Söhnen, Prinz Karl, der einen Teil der Armee noch tief nach Sachsen hineingeführt hatte, und König Pippin von Italien. Aber die weltliche Macht wurde überstrahlt von dem Glanz, der sich dadurch ergab, daß der Papst, der oberste Priester der Christenheit, der Nachfolger des heiligen Petrus, beim großen Frankenkönig Schutz und Hilfe suchte.

Hier, im Herzen Sachsens, traf Karl seine welthistorische

Entscheidung, den Papst zu restituieren, das heißt, ihn in Rom wieder in seine Rechte einzusetzen. Diese Entscheidung, in Sachsen gefällt, war der direkte Weg zum Kaisertum.

Das Jahr 804 zwang Karl nochmals zum Sachsenzug, hoch in den sächsischen Norden. Er stärkte damit die Stellung der Abodritenfürsten, die treue Verbündete der Franken gegen die Nordalbinger waren. Seine Truppen hielten eine förmliche Razzia ab. Die Reichsannalen berichten über diese letzte große Tragödie im Sachsenkrieg: »Er verpflanzte alle Sachsen, welche jenseits der Elbe und in Wigmodia wohnten, mit Weib und Kind nach Francien und gab die überelbischen Gaue den Abodriten.« Einhard gibt die Zahl der Deportierten mit zehntausend an. Viele widersetzten sich kämpfend und sterbend der Verschleppung. Damit war der Stamm der nordalbingischen Sachsen ausgerottet.

Das schreckliche Finale der Sachsenkriege war erreicht. Zunächst war es nur ein Frieden mit Angst und Schrecken, aber doch ein Frieden, der das sächsische Volk auf Dauer mit den Franken zusammenwachsen ließ.

Während all dies geschah, ließ Karl die Sachsenrechte aufzeichnen, das heißt die Rechte des sächsischen Stammes festlegen. Das bedeutete gegenüber »Capitulatio« und »Capitulare« als »Lex Saxonum« einen Fortschritt für die Sachsen.

Die 60 Paragraphen der alten Lex Saxonum wurden um 6 Paragraphen erweitert.

So, wie sich das Sachsenrecht jetzt darstellte, war es ein Adelsstatut, das die Rechte des Adels ausweitete zu Lasten der Freien und der Liten.

War das der Dank Karls an den sächsischen Adel, der sich schon frühzeitig an die Seite der Franken gestellt hatte?

Als Widukind 785 in Attigny die Taufe nahm, ging der Sachsenkrieg ins dreizehnte Jahr. Der Bluttag von Verden, an dem der sächsische Adel 4500 Freie und Liten der fränkischen Vergeltung auslieferte, war im 10. Jahre des Kampfes. Noch zweiundzwanzig Jahre schwelte und loderte danach der Sachsenkrieg, bevor er erlosch.

Vielleicht kann man jetzt noch einmal eine Antwort auf die Frage finden, die hier gestellt wurde. Welche Motive standen hinter den scheinbar stupiden Zwangsabläufen, die sich da vollzogen? Die Sachsen unterwerfen sich, leisten Schwüre, die sie wieder brechen, sobald Karl den Rücken gekehrt hat. Und das ereignete sich, mit zwei, drei Ausnahmen, Jahr für Jahr. Immer wieder nahm Karl die Unterwerfung an. Wie war das ohne Autoritätsverlust des Frankenkönigs möglich? Erscheint die Bereitschaft Karls, immer wieder neue Eide, neue Unterwerfungen anzunehmen, nicht fast tölpelhaft?

Welche Kräfte haben auf den Frankenkönig eingewirkt, nicht endgültig tabula rasa zu machen mit diesen widersetzlichen, borniert immer wieder angreifenden, alle Erfahrungen ignorierenden Sachsen?

War es der christlich milde Alkuin, war es die Kirche in ihrer Gesamtheit, oder war es die Einwirkung des sächsischen Adels, der es verstand, den Frankenkönig immer wieder zu beschwichtigen?

Wir sind der Ansicht, daß es Karls Rücksicht auf den sächsischen Adel war, die, unter anderem, sein Verhalten erklärt. Vielleicht verstand der fränkische Aristokrat Karl die Probleme der sächsischen Aristokratie. Kein Adel, so hybrid er auch sein mochte, konnte es hinnehmen, daß die Volkssubstanz, von der und durch die er seine Privilegien bezog, ausgerottet wurde. Trotz vieler Widersprüche zwischen Adel und Freien stand der Adel überall in einer, wenn auch aus Eigennutz begründeten Sorgepflicht um sein Volk. Wenn Karl den sächsischen Adel erhalten wollte, mußte er auch das sächsische Volk erhalten.

Diese Vermutung ist von den Quellen her nicht zu belegen. Aber es ist der Versuch, die »Milde« des fränkischen Königs zu erklären, der von Eidbruch zu Eidbruch sich immer wieder versöhnen ließ.

Groß und schwer, auch blutig, lag fortan die Macht des Frankenkönigs über Sachsen. Aber der Integrationsprozeß der beiden Völker war nicht mehr zu verhindern. Auch der Kampf, der vergebliche wie der siegreiche, schmolz beide, Franken und Sachsen, so zusammen, daß der Sachse Widukind von Corvey in seiner Sachsengeschichte, die zwischen 967 und 968 entstanden ist, schreiben konnte:

»Karl der Kaiser machte, indem er die sächsischen Heiden mit Wort- und Waffenpredigten christianisierte, aus Sachsen und Franken Brüder und gleichsam ein Volk durch den christlichen Glauben: ›fratres et quasi una gens ex Christiana fide‹.«

Hier taucht zum ersten Male die Idee, die Formel eines Reichsvolkes von Sachsen und Franken auf.

Die Krönung des Integrationsprozesses zwischen Franken und Sachsen wurde sichtbar, als ein Jahrhundert später ein sächsisches Herrschergeschlecht den Thron Karls des Großen bestieg und deutsches König- und Kaisertum seinem Gipfel zuführte.

Die spanische Tragödie

Auf dem Reichstag zu Paderborn im Jahre 777, als Karl glaubte, die Sachsen bezwungen zu haben, erschien eine Delegation moslemischer Großer, angeführt von dem Wali (Statthalter) von Barcelona (oder Saragossa?) mit dem klangvollen Namen Suleiman Ibn Jakthan al Arabi el Kelbi, um Karls Hilfe gegen den Herrn des Kalifats von Cordoba, den Emir Abdarrahman (756–788), den letzten Omajjaden, anzurufen.

Der Hintergrund des Geschehens stellte sich so dar: Die Einheit des moslemischen Reiches war zerbrochen. Die Omajjaden, die in einer neunzigjährigen Regierungszeit das islamische Weltreich errichtet hatten, wurden gestürzt und fast gänzlich ausgerottet. Anstelle der Omajjaden regierten in Bagdad nun die Abbassiden das Kalifat. Nur einem Omajjaden war es gelungen, dem Massaker zu entkommen und nach Spanien zu fliehen, Abdarrahman.

Ihm glückte es, das sarazenische Spanien im Kalifat von Cordoba zusammenzufassen, wobei er sich selber weise mit dem Titel eines Emirs begnügte. Seine Gegner waren die Abbassiden und all diejenigen, die die Aufteilung des arabischen Kalifats in zwei Kalifate nicht hinnehmen wollten.

Schon zu König Pippins Zeiten hatten sich die Kalifen von Bagdad an den fränkischen König gewandt, um mit seiner Hilfe gemeinsam das Kalifat von Cordoba zu zerschlagen. Bereits im Jahre 768 war eine Gesandtschaft des Kalifen von Bagdad an König Pippins Hof erschienen, um diesen Vorschlag zu unterbreiten. Pippins Tod aber ließ es nicht zu gemeinsamen Aktionen gegen das Kalifat von Cordoba kommen.

Grundsätzlich lag es im Interesse der Franken, ihre problematische Südwestgrenze in ihrem nicht gänzlich gesicherten aquitanischen Teilreich gegen das Kalifat von Cordoba vorzuschieben und zu verstärken.

Dieses Beispiel zeigt, in welch großräumigen, strategischen Bezügen die Herrscher des 8. Jahrhunderts zu denken fähig waren. So war es nicht erstaunlich, daß 9 Jahre später wiederum eine sarazenische Delegation bei Karl in Paderborn erschien, um dort, allerdings unter veränderten Gegebenheiten, anzuknüpfen, wo die Verhandlungen durch König Pippins Tod geendet hatten.

Der Statthalter von Barcelona, Suleiman, übergab in Paderborn im Jahre 777 dem König der Franken seine Stadt zu treuen Händen. Mit orientalischer Beredsamkeit wurde

131

König Karl versichert, die Städte Spaniens warteten nur darauf, das Joch des Omajjaden, des Emirs von Cordoba, abzuschütteln.

Eine Situation, die genau in das strategische Denkschema des Königs paßte: Er könnte einen Eroberungsfeldzug mit Hilfe einer 5. Kolonne führen, die die Positionen des Gegners von innen aufbrach. Der Winter des Jahres 777 diente den Vorbereitungen des Feldzuges.

Ostern 778 feierte Karl mit seiner Frau Hildegard, die einer Niederkunft entgegensah, in seiner Pfalz Chasseneuil bei Poitiers, nahe dem künftigen Geschehen. Von hier schrieb Karl an den Papst, daß die Sarazenen einen Einfall in sein Gebiet planten, womit der Kriegsgrund gegeben war. Dieser Krieg war sicherlich kein Kreuzzug, er diente zweifelsohne der Erweiterung der fränkischen Macht. Daneben mögen Karl auch religiöse Motive bewegt haben. Zurückdrängung des Islams, Wiederbefestigung des christlichen Glaubens in Spanien, das waren für Karl gewiß Beweggründe, wenn auch nicht beherrschende. Denn die Lage der Christen in Spanien war erträglich. Im Kalifat von Cordoba wurde Religionsfreiheit gelebt. Überhaupt muß gesagt werden, daß die Araber den Christen mehr Toleranz erwiesen als die Christen den Arabern.

Im Frühjahr 778 war Karl marschbereit.

In zwei Heeresgruppen, genau wie im Jahre 773 in Langobardien, brach Karl in Spanien ein.

Eine Heeresgruppe, gebildet aus den Aufgeboten Austrasiens und Burgunds, der Provence und Septimaniens, Italiens (Langobardien) und Baierns, fiel von Südosten in Spanien ein.

Karl selbst marschierte mit dem Aufgebot Neustriens von Nordwesten her, wahrscheinlich die alte Heerstraße von St. Jean-Pied de Port über Burguet und durch den Paß von Roncevalles.

Aber was Karl erhofft hatte, was man ihm in bunten Farben geschildert hatte, traf nicht ein.

Spanien versagte sich den Franken. Die Städte, deren Tore sich öffnen sollten, verschlossen sich. Das christliche Pamplona z. B. mußte in blutigen Kämpfen erobert werden. Zwar erreichte Karl die Ebrolinie. Saragossa aber, vor dem Karl seine Heere vereinigte, blieb unbezwungen.

Widersprüchliches geschah.

Ein »Abdurrahman Ibn Habib, genannt der Slawe«, war an der Küste von Murcia, wohl im Auftrag des abbassidischen Kalifen in Bagdad, gelandet und rief das Volk zum Kampf gegen den Omajjaden, den Emir von Cordoba, auf.

Der Statthalter von Barcelona und »Verbündete Karls«, Suleiman al Arabi, der diesen Vorstoß gegen den Emir von Cordoba hätte unterstützen müssen, griff aber den »Slawen« an und vernichtete ihn.

Die Wirrnisse der spanisch-arabischen Innenpolitik wurden für Karl undurchschaubar.

Da faßte, hier vor Saragossa, Karl einen großen Entschluß, der ihn weit über den Rang eines großen Kriegers hinaushebt und ihn als Staatsmann ausweist.

Er befahl den Rückzug.

Man kann die Überlegungen, die zu diesem Entschluß geführt haben, gut nachvollziehen.

Karl hat eine ungeschlagene, unbesiegte Armee in der Hand. Diese Armee ist zugleich ein kostbares Pfand, das ihm die Macht im fränkischen Reich erhält. Der Verlust einer solchen Armee, die ja aus den Aufgeboten aller Reichtsteile gebildet ist, hätte die Macht des karolingischen Hauses beeinträchtigen können.

Dieses Risiko geht Karl nicht ein.

Er gesteht sich ein, Opfer von Fehlinformationen geworden zu sein. Er erkennt, daß die spanisch-arabischen Verhältnisse anders sind, als ihm die wortgewandten arabischen Gesandten in Paderborn vorgetragen hatten. Er bedenkt die

Empfindlichkeit seiner Nachschubwege, die ihn über 1000 Kilometer von den Zentren seiner Macht trennen. Die kommende Tragödie von Roncevalles wird die Richtigkeit dieser Überlegungen bestätigen.

Durch seinen Rückzugsbefehl macht Karl Saragossa nicht zu seinem Moskau, nicht zu seinem Verdun, nicht zu seinem Stalingrad.

Er befreit sich vom Zwang des Siegenmüssens und gibt den Rückzugsbefehl. So rettet er seine Armee.

Es wird ernüchternd für seine Zeitgenossen gewesen sein, zum erstenmal einen Karolinger nicht siegen zu sehen. Die Betroffenheit drückt sich im Schweigen der Quellen aus.

Die Reichsannalen berichten in lapidarer Verkürzung des umfangreichen Geschehens:»Damals zog Karl auf zwei Wegen: der eine über Pamplona, auf dem der genannte große König bis Saragossa zog. Dorthin zogen sie aus Burgund und Austrien, aus Baiern, der Provence und Septimanien und ein Teil der Langobarden, und es gelangten die Heere von beiden Seiten zu der genannten Stadt. Nachdem er hier Geiseln erhalten hatte von Ebn el Arabi und von Abu Taher und von vielen Sarazenen, nachdem er weiter Pamplona zerstört und die spanischen Basken unterworfen hatte, auch die Navarrer, kehrte er nach Francien zurück.«[21]

Die Tragödie von Roncevalles wird gänzlich verschwiegen.

Genaueres berichtet uns Einhard in seiner»Vita Caroli Magni«. Zwar sind seine Auskünfte über die Hintergründe und Geschehnisse des spanischen Krieges ebenso dürftig wie die Reichsannalen. Dem Todeskampf im Tal von Roncevalles aber gibt er ausführlichen Raum.

»Auf dem Rückmarsch über die Pyrenäen mußte er [Karl selbst war nicht dabei] allerdings doch noch die Treulosigkeit der Basken erleben. Diese Gegend ist wegen ihrer dichten Wälder für Überfälle aus dem Hinterhalt sehr geeignet. Als die Armee – die engen Bergpfade ließen es nicht anders zu – in einer lang ausgestreckten Reihe daherzog, griffen die

Basken, die sich auf einer sehr hohen Bergspitze versteckt hatten, hinten die Gepäckkolonne und die sie schützende Nachhut an und drängten sie, von oben heranstürzend, ins Tal hinunter. In dem darauffolgenden Gemetzel wurden die Franken bis auf den letzten Mann niedergemacht. Die Basken plünderten das Gepäck und zerstreuten sich dann unter dem Schutz der hereinbrechenden Nacht schnell in alle Richtungen. Durch ihre leichte Bewaffung und wegen der günstigen Beschaffenheit des Kampfplatzes waren sie in diesem Gefecht sehr im Vorteil; die Franken dagegen waren wegen ihrer schweren Bewaffung und des für sie ungünstigen Terrains in jeder Hinsicht benachteiligt. Bei dem Überfall fielen der königliche Truchseß Ekkehard, Pfalzgraf Anselm, Markgraf Roland von der Bretagne und noch viele andere. Bis heute konnte das unselige Geschehen nicht gerächt werden, da sich der Feind nach vollbrachter Tat so weit verstreute, daß man keine Ahnung hatte, wo er zu suchen sei.«

Der Tag des Massakers war der 15. August 778, wie die uns erhaltene Grabschrift des Ekkehard mitteilt. Einhards Erwähnung des Markgrafen Roland ist die einzige geschichtliche Aussage über ihn. Darüber hinaus gibt es nur noch ein Zeichen, das auf ihn hinweist:

In der Urkunde des Abtes Fulrad von St. Denis aus dem Jahre 777 steht neben vielen anderen Unterschriften das »Signum Rotlani comitis«.

So wenig Spuren der historische Roland auch hinterlassen hat – er wurde doch die Schicksals- und Heldengestalt eines eigenen Sagenkreises.

Um 1100 wurde in Nordfrankreich das Rolandlied (Chanson de Roland) niedergeschrieben und fand viele Nachdichtungen. Im Jahre 1135 oder 1170 wurde es vom Regensburger Pfaffen Konrad aus dem Altfranzösischen in deutsche Reimpaare übertragen. Das Rolandlied und seine Helden beflügelten die französische, die deutsche, die englische, die spanische, die italienische Literatur. Es wurde bei Ludovico Ariost (1474–1533) zur geistvollen Satire transponiert.

Der Kampf Karls des Großen in Spanien, dessen bestimmendes Element die fränkische Machterweiterung war, wurde im Rolandlied umgemünzt in einen Kreuzzug gegen die Heiden. So sind die Täter im Tal von Roncevalles nicht die christlichen Basken, die damals wie heute ihre Unabhängigkeit verteidigten, sondern die heidnischen Sarazenen. Roland wird Opfer eines Verrats und einer Verschwörung seines Schwiegervaters Ganelon und der Heiden. Er fällt als letzter im Kampf, Wundertaten vollbringend mit seinem Schwert Durendal, das Karl dem Großen von einem Engel überreicht worden war, damit er es seinem besten und treuesten Paladin verleihe zum Kampfe gegen die heidnischen Sarazenen.

Im tragischen Konflikt weigert sich Roland dreimal, mit seinem Horn Olifant die Hilfe des Königs herbeizurufen. Als er sich sterbend doch entschließt, bläst er so gewaltig ins Horn, daß Karl den Hilferuf empfängt und dann rächend den Tod und Verrat an seinen Paladinen ahndet.

So legte sich um Karls einzige militärische Niederlage im Reich der Sagen die Gloriole des Ruhms.

Aufschlußreich aber ist, zu sehen, wie Karl die militärische Niederlage in politischen Erfolg umwandelte.

Im Jahre 781 erhob er seinen dreijährigen Sohn Ludwig, der im Unglücksjahr 778 am Fuße der Pyrenäen in Chasseneuil geboren war, zum König von Aquitanien. Damit band Karl die an den Islam angrenzende Provinz persönlich an sein Haus und gab ihr eine besondere Qualität.

Franken wurden nach bekanntem Vorbild dort angesiedelt, spanische Flüchtlinge, meist Goten, erhielten Land und Lebensraum, Burgen wurden gebaut, aber auch die fränkische Grafschaftsverfassung verfestigt. In kleineren Gefechten wurden die Grenzen immer weiter in den Pyrenäenraum vorgeschoben.

Ein tiefgestaffelter Grenzsaum entstand, der sich durch den fränkisch-aquitanischen Bevölkerungsdruck, verstärkt durch spanische Flüchtlinge, immer mehr konsolidierte. Die spanische Mark wurde geschaffen. Mit der Eroberung Barcelonas im Jahr 801 erhielt sie ihre Hauptstadt; die südwestliche Grenze des Frankenreiches war jetzt der Ebro. Dies war die erste Reconquista (Rückeroberung) spanischer Erde aus der Herrschaft des Islams, die von außerspanischen Kräften getragen wurde. Zugleich war eine Landbrücke zum christlichen Königreich Asturien mit seiner Hauptstadt Burgos geschaffen. Das Königreich war einer der Hauptträger des jahrhundertelangen Kampfes, in dem Spanien der islamischen Macht wieder entrissen wurde.

Die Eingliederung Baierns und das Schicksal des Tassilo

Die Beziehungen Baierns zum fränkischen Reich, besser: der Karolinger zu den bairischen Agilolfingern, waren delikater Natur. Einerseits hatte Karl Martell die agilolfingische Herzogstochter Swanahild in zweiter Ehe an sich gebunden, aus der ein Sohn Namens Grifo entsprang. Dieser Grifo wurde von Karls Söhnen aus erster Ehe, Pippin und Karlmann, bekämpft und gefangengesetzt. 747 aus der Haft entlassen, wühlte er mit Sachsen und Thüringern gegen die karolingische Macht. Er rief die Baiern zum Aufstand auf. Als dieser zusammenbrach, floh er nach Aquitanien, wo er in einem Gefecht im Jahre 753 den Tod fand. Andererseits war es dem listigen Baiernherzog Odilo gelungen, die Tochter Karl Martells, Hiltrud, die Schwester der karolingischen Brüder Pippin und Karlmann, zu heiraten. Diese Hiltrud muß eine bemerkenswerte Frau gewesen sein, daß sie es wagte, gegen den Willen der karolingischen Brüder den Baiern Odilo zu heiraten.

Der bairische Herzog hoffte wohl, durch die Ehe mit der Karolingerin den fränkischen Druck auf Baiern zu mildern. So gelang es ihm, die Entsendung eines päpstlichen Sonderlegaten nach Baiern zu erwirken. Ungerührt unternahmen die fränkischen Hausmeier trotzdem eine Heerfahrt nach Baiern. Odilo wurde am Lech entscheidend geschlagen. Er mußte sich unterwerfen, konnte jedoch sein Herzogtum retten. Nach seinem Tode im Jahre 748 ging das bairische Herzogtum an seinen und Hiltruds Sohn Tassilo über. Vielleicht hatten sich die gegen Widerstände geknüpften Familienbande zu den Karolingern doch ausgezahlt. Immerhin mußte der junge Herzog Tassilo III. mit einer Schar bairischer Adeliger König Pippin und dessen Söhnen Karl und Karlmann den Vasalleneid leisten und war dadurch dem fränkischen König zur Heerfolge verpflichtet.

Die Reichsannalen berichten über den Vorgang des Jahres 757:»Und König Pippin hielt seinen Reichstag in Compiègne mit den Franken, dorthin kam der Baiernherzog Tassilo, und indem er ihm als Vasall huldigte, schwur er viele Eide ohne Zahl, die Reliquien der Heiligen mit den Händen berührend, und gelobte Treue dem König Pippin und den vorgenannten Söhnen Karl und Karlmann, als Vasall aufrecht und ergeben nach dem Recht, wie ein Vasall gegen seinen Herrn sein soll. Das bekräftigte der genannte Tassilo an den Gebeinen der hl. Dionysius, Rusticus und Eleutherius, sowie denen des hl. Germanus und des hl. Martinus, zeit seines Lebens es so zu halten, wie er es eidlich versprach; so bekräftigten es auch seine vornehmen Begleiter, wie gesagt, an den vorgenannten wie auch an vielen anderen Orten.«
Die Oberhoheit des Königs Pippin wurde voll herausgestellt. Der Herzog wurde durch den König eingesetzt. Er konnte, wenn er des Königs Rechte nicht achtete, abgesetzt werden. Der Herzog mußte allerdings aus dem Geschlecht der Agilolfinger sein,»der höchsten Fürsten des Landes, weil unsere

königlichen Vorfahren es gewährt haben, daß derjenige,
welcher aus diesem Geschlecht dem König treu ist und klug,
als Herzog eingesetzt werde zur Regierung des Volkes«.
Was dann 6 Jahre später geschah, muß für die Franken wie
ein Donnerschlag gewirkt haben. Über das Jahr 763 berichten
die Annalen:
»König Pippin hielt einen Reichstag in Nevers ab und machte
den vierten Zug nach Aquitanien. Da schob Herzog Tassilo
von Baiern die Eide und Versprechungen, die er gemacht
hatte, alle beiseite und entfernte sich böswillig; alles, was
sein Oheim König Pippin ihm Gutes getan hatte, setzte er
beiseite. Indem er sich arglistig entfernte, zog er nach Baiern
und wollte nie mehr den genannten König von Angesicht
sehen. König Pippin gelangte auf seinem weiteren Zug
durch Aquitanien bis Cahors, indem er Aquitanien verheerte, und kehrte über Limoges nach Francien zurück.«[22]
Der »harisliz« des Jahres 763 war mehr als der Eidbruch eines
Vasallen, es war die Lossagung Baierns vom fränkischen
Reich.
Die Reaktion der Karolinger ist bemerkenswert. König Pippin, in seine aquitanischen Kämpfe verstrickt, die seine
ganze militärische Kraft beanspruchten, nahm zunächst den
»harisliz« hin.
Er und sein Sohn Karl konnten Jahrzehnte warten, eben so
lange, bis ihre Kräfte ausreichten, Baiern unwiderruflich ins
fränkische Reich einzubinden.
Aber Tassilo bewies durch sein Verhalten, daß Baiern noch
immer eine eigenständige politische Potenz war.
Hier ist ein Vergleich mit Sachsen aufschlußreich. Sachsen,
in vier Stämme zersplittert, ohne eine allumfassende Integrationsfigur, kam nie zu einer Einigkeit des Handelns. Tassilo
gelang dies für Baiern über weite Strecken.
Überdies war Baiern schon christlich, so daß es den Franken
nicht möglich war, einen Krieg gegen Baiern mit Kreuzzugs-
ideen zu rechtfertigen.

Unter Tassilos Regierungszeit wurden in Baiern 29 Klöster gegründet.

Vom Herzog selbst gestiftet und materiell ausgesteuert, wurden nach kirchlicher Überlieferung die Klöster: Innichen und Kremsmünster in Oberösterreich, das für uns den Tassilokelch, die schönste Goldschmiedearbeit der Zeit, bewahrt. Ferner Scharnitz, Weltenburg, Schliersee, Gars, Schäftlarn und das Doppelkloster auf der Fraueninsel.

Die christliche Mission wurde auch in die Alpentäler getragen, und im Jahre 772 war die bairische Eroberung Kärntens abgeschlossen. Wir sehen, der junge Tassilo hatte Wichtiges zu tun, als er unter Eidbruch seine Truppe von der aquitanischen Front abzog.

Seine Zeit feierte ihn als einen neuen Konstantin. Er nannte sich, außer dem Herzogstitel, Fürst, oder »höchster Fürst«, ja »erlauchtest, glorreichst«, wie es sonst nur dem König zukam.

Das fränkische Reich, zunächst unter König Pippin, dann unter König Karl, ertrug vorläufig stillschweigend und passiv, was es nicht ändern konnte.

Tassilo berief sogar, wie ein Souverän, Landtage der weltlichen und geistlichen Großen ein, entsprechend den Reichsversammlungen im Frankenreich.

Die dort gefaßten Beschlüsse erfüllten denselben Rechtsraum wie die fränkischen Kapitularien und galten als »Gesetze« Tassilos.

Wie ein souveräner Herrscher erhob ferner Tassilo im Jahre 776 seinen Sohn Theodo zum Mitregenten.

Während Tassilo versuchte, sich seinen Traum vom bairischen Reich zu erfüllen, das eines Tages in ein bairisches Königtum münden sollte, kämpfte Karl in Langobardien, kämpfte und siegte und erweiterte mit dem Gewinn der langobardischen Königskrone seine Macht ungeheuer.

Karl kämpfte auch in Sachsen, er kämpfte und siegte, nahm Treueschwüre entgegen, die zwar immer wieder gebrochen wurden: Aber trotz aller Schwierigkeiten des Sachsenkrieges erweiterte sich die fränkische Macht auch dort.

Jetzt blies dem Tassilo der Wind ins Gesicht, vor allem, nachdem das Langobardenreich der fränkischen Krone unterworfen war. Denn im Bunde mit dem Langobardenreich hatte Tassilo gehofft, europäische Politik machen und dem Druck fränkischer Macht entgehen zu können.

Die ehelichen Verbindungen des bairischen Herzogshauses mit dem langobardischen Königshaus hatten eine ehrwürdige Tradition.

Die bairische Prinzessin Theudelinde (gest. 627/28) war eine so bestimmende Persönlichkeit gewesen, daß nach dem Tode ihres ersten Mannes, des Langobardenkönigs Authari, ihrem zweiten Manne, dem Herzog Agilulf, das langobardische Königtum zufiel.

Der Langobardenkönig Liutprandt (712–744) konnte durch die Ehe mit der bairischen Prinzessin Guntrud und die Ausnutzung innerbairischer Gegensätzlichkeiten seine Alpengrenze bis in die Gegend von Meran vorverlegen.

So ist es nicht erstaunlich, daß Herzog Tassilo von Baiern die langobardische Prinzessin Liutberga, die Tochter des Langobardenkönigs Desiderius, heiratete. Dabei gelang es ihm wohl, die einst an Liutprandt abgetretenen Alpengebiete zurückzugewinnen.

Dies war ein nützlicher Nebeneffekt von Tassilos langobardischer Heirat. Wichtiger aber war für ihn, den Langobardenkönig zum Schwiegervater und den Herzog von Benevent, Arichis II., der mit der Desiderius-Tochter Adelperga verheiratet war, zum Schwager zu gewinnen.

Damit wurde Baiern ein ernst zu nehmender Partner der europäischen Staatenwelt.

Als auch noch die karolingischen Brüder, die Könige Karl und Karlmann, die langobardischen Königstöchter Desiderata und Liutberga heirateten, war Tassilo Mitglied im Club der Schwiegersöhne des Langobardenkönigs.

Wir haben gesehen, wie die fränkische Königinmutter Bertrarda diese Ehebünde als Instrument einer europäischen Friedensregelung einsetzen wollte, was leider mißlang.

Dennoch war Baiern so aufgewertet, daß König Karl seinen Abt Sturmi nach Baiern sandte, um mit dem »eidbrüchigen« Tassilo einen Status quo festzulegen.

Es ist daraus zu folgern, daß Karl bereits zu diesem Zeitpunkt sich seiner Zielsetzungen in Langobardien bewußt war.

Der Realpolitiker Karl mußte die Existenz des eidbrüchigen Tassilo zunächst hinnehmen, ja ihn tolerieren, um einen Zweifrontenkrieg in Baiern und in Langobardien zu vermeiden.

Wie wir gehört haben, war das schließliche Fanal zum Langobardenkrieg und Rückkehr zum päpstlich-karolingischen Bündnis die Rücksendung der ungeliebten Königstochter und Ehefrau Desiderata an ihren Vater gewesen.

Jetzt war der Augenblick gekommen, in dem ein bairischer Angriff auf das Frankenreich eine schmale Aussicht auf Erfolg gehabt hätte.

Aber Herzog Tassilo sah untätig und gebannt zu, wie der Franke das langobardische Reich zerschlug und sich zum König über Langobardien setzte.

Daß der Fall Langobardiens das Ende der bairischen Unabhängigkeitsbestrebungen bedeutete, bemerkte Tassilo anscheinend nicht. Er glaubte wohl, der fränkische Vetter könnte den Eidbruch von 763 vergessen. Er machte sich nicht klar, daß Karl ihn, um seiner eigenen Königsautorität willen, nicht vergessen durfte.

Auch die Gestellung bairischer Kontingente zum spanischen Feldzug konnte die Konsequenz der Politik des großen Karolingers nicht aufhalten.

Was Tassilo fälschlich als stillschweigende Hinnahme bairischer Selbständigkeit ansah, war die Rationalität eines Gegners, der sich seine Feinde nach selbstgesetzten Prioritäten vornahm.

Tassilo und Baiern waren eben noch nicht an der Reihe. Auch arbeitete die Zeit für Karl und gegen Tassilo. Der bairische Adel, vor allem der Hochadel, beobachtete die großen Erfolge des fränkischen Königs und seine Machtmehrung für das fränkische Reich mit Aufmerksamkeit.

Die bairischen Bischöfe, allen voran der spätere Erzbischof Arn von Salzburg, waren frankenfreundlich. Sie sahen im fränkischen Reich bei seiner Machtfülle die stärkere Schutzmacht.

Auch erkannten sie, daß, nachdem die »defensio ecclesiae Romanae«: der Schutz der römischen Kirche, Karl als Patricius der Römer zugefallen war, dem fränkischen König eine sakrale Stellung zukam, mit der sich der Baiernherzog nicht messen konnte.

Als Karl sich vornahm, die bairische Frage zu lösen, stand somit bereits ein großer Teil der Baiern auf seiner Seite. Die Muster karolingischer Kriegsdiplomatie begannen sich zu entfalten. Sobald Karl seine Stellung in Italien und ab 785 in Sachsen als gesichert ansah, entwickelte er schrittweise eine diplomatische und später militärische Offensive gegen Baiern.

Auf Karls zweitem Romzug im Jahre 781, auf dem er seinen Sohn Pippin vom Papst zum König von Langobardien salben ließ, kam eine vom Papst unterstützte Aufforderung an Tassilo zustande, sich auf einem Reichstag in Worms dem König zu stellen, um die durch seine gebrochenen Eide entstandene Wunde zu heilen.

Gegen Tassilo standen die Kräfte der Zeit: der Papst, der fränkische König, große Teile des eigenen Klerus und des bairischen Adels.

Tassilo unterwarf sich, erneuerte die Eide von 757 und stellte Geiseln.

Die Reichsannalen berichten über den Vorgang:
»Und am Ende der genannten Reise feierte er Ostern in Rom (15. April 781). Und dort wurde Pippin, der Sohn des

genannten großen Königs Karl, getauft von Papst Adrian,
der ihn auch selbst aus der Taufe hob, und zwei Söhne des
genannten Königs Karl wurden zu Königen gesalbt, von
dem genannten Papst, nämlich die Könige Pippin und
Ludwig, Pippin zum König von Italien und Ludwig zum
König in Aquitanien. Und als König Karl von dort zurückkehrte, kam er in die Stadt Mailand, und hier wurde seine
Tochter Gisela vom Erzbischof Thomas getauft, der sie
auch aus der Taufe hob. Und von hier kehrte er nach Francien zurück.

Und dann wurden zwei Boten von dem obengenannten
Papst, nämlich die Bischöfe Formosus und Damasus, an
den Herzog Tassilo abgeschickt zusammen mit den Boten
des Königs Karl (es waren der Diacon Riculf und der Ober-
mundschenk Eberhard), um ihn zu warnen und zu beschwören, er solle seiner alten Eide gedenken und nicht
anders handeln als wie er schon lange eidlich versprochen
hatte gegenüber dem König Pippin und dem großen König
Karl und den Franken. Und da willigte der Baiernherzog
Tassilo ein, vom König Geiseln anzunehmen und daraufhin vor sein Angesicht zu kommen. Das lehnte der vorgenannte König nicht ab.

Und es erschien der vorgenannte Herzog vor dem frommen König in der Stadt Worms. Dort erneuerte er seine
Eide und stellte zwölf auserlesene Geiseln dafür, daß er
alles halten wolle, was er dem genannten König Pippin
eidlich versprochen hatte, gegenüber dem König Karl und
seinen Getreuen. Und diese Geiseln wurden auf dem Hofgut Quierzy entgegengenommen aus der Hand des Bischofs Sinbert. Aber der genannte Herzog Tassilo hielt
nicht lange die Versprechungen, die er gemacht hatte.«
Wieder muß festgehalten werden, daß Karl nicht von vor-
neherein seine militärische Überlegenheit einsetzte, sondern zuerst von Tassilo die Rückkehr zu den Eiden von 757
forderte.

Dies war ein maßvolles Verhalten, das von der Welt und den Baiern sehr wohl wahrgenommen wurde.

Ein erneuter Verstoß gegen die Eide mußte den Herzog weiter ins Unrecht setzen und seinen Untergang beschleunigen.

Das Jahr 787 sah Karl wieder in Rom. Ohne Schwertstreich überwand er die letzte antifränkische Kraft in Italien, den Langobardenherzog Arichis von Benevent, der sich unterwarf und Geiseln stellte, darunter seinen Sohn. Da erschien in Rom eine Abordnung aus Baiern, unter Führung des frankenfreundlichen Bischofs Arn von Salzburg. Sie bat den Papst, Frieden zwischen König Karl und dem Herzog Tassilo zu stiften.

Es stellt sich die Frage, warum Frieden? War denn Krieg zwischen Franken und Baiern?

Die Quellen berichten nichts darüber.

Allerdings soll es im Jahre 785 bei Bozen zu einem Grenzzwischenfall zwischen Baiern und Franken gekommen sein. Das würde heißen, daß der Herzog wiederum seine Eide gebrochen hatte.

Der Papst beschied die Boten mit der strengen Mahnung, Tassilo möge seine Schwüre halten, und die Annalen fahren fort:»Und wenn der Herzog in seiner Verstocktheit den Worten des genannten Papstes nicht gehorchen wolle, dann seien König Karl und sein Heer von jeder Gefahr der Sünde frei, und was in seinem Land geschehe an Brand, Mord oder sonstiger Übeltat, das solle über Tassilo und seine Genossen kommen, und König Karl und die Franken blieben von jeder Schuld hieraus unberührt.«[23]

So ausgestattet mit der Zustimmung des Papstes und wohl auch eines Großteils der öffentlichen Meinung, rief der König den Herzog von neuem nach Worms, sich ihm zu stellen. Tassilo aber, unter dem Einfluß seiner langobardischen Frau Liutberga, die in dem Frankenkönig den Erzfeind ihres Hauses sehen mußte, da er die Herrschaft ihres Vaters

und ihrer Geschwister gestürzt hatte und sich jetzt daran-
machte, Baiern ihrem Manne zu entreißen, erschien diesmal
nicht.

Jetzt erst, nach vielen politischen Versuchen, griff Karl zum
Mittel des Krieges.

Eine gewaltige Militäroperation rollte ab.

Bedienen wir uns der Quellen:

»Da sah der König Karl mit den Franken auf sein Recht und
begann mit seinem Heer nach Baiern zu ziehen und kam
selbst auf das Lechfeld oberhalb der Stadt Augsburg. Und er
ließ ein zweites Heer aufstellen, Ostfranken, Thüringer und
Sachsen, und sich an der Donau bei Pföring sammeln. Und
ein drittes Heer ließ er in Italien aufstellen, daß König Pippin
mit seinem Heer bis nach Trient vorrücke, selbst dort bleibe,
und sein Heer vollzählig bis nach Bozen schicke.«[24]

Vor dieser Machtdemonstration brach Tassilo zusammen.
Am 3. Oktober 787 unterwarf er sich dem König auf dem
Lechfelde.

An der Spitze seines Adels leistete Tassilo erneut die Unter-
werfungseide, er überreichte dem König sein adlerge-
schmücktes Zepter.

Der König nahm die Unterwerfung und die erneuten Eide
an, verlieh Tassilo als königliches Lehen das Herzogtum
Baiern und gab ihm symbolisch sein Zepter zurück.

»So war er nicht nur Vasall«, schreibt Fleckenstein, »sondern
zugleich als Lehnsmann an König und Reich gebunden.«[25]

Es gibt eine Geschichtsauffassung, die in Karls Handeln die
tiefste Demütigung des Baiernherzogs erblickt.

Vergegenwärtigt man sich aber das Geschehen, so war Karls
Tun und Handeln gegenüber dem besiegten Vetter eine
Handlung äußerster Großmut, bedenkt man den dreimali-
gen Eidbruch Tassilos. Aber Tassilo schien zum eigenen
Untergang entschlossen. Anstatt dankbar zu sein, mit heiler
Haut davongekommen zu sein und sein Herzogtum für sich
und sein Haus bewahrt zu haben – schließlich war ihm ja

nichts Schlimmeres geschehen, als daß er in die Rechtssituation des Jahres 757 zurückgeführt worden war –, ließ er sich wieder zu aufrührerischen Redensarten gegen seinen Lehnsherrn hinreißen, schlimmer, er wollte sich mit den Awaren, die er bislang bekämpft hatte, gegen Karl verbünden.

Jetzt handelte Karl schnell.

Auf dem Ingelheimer Hoftag des Jahres 788 wurde Tassilo III. vorgeführt und verhaftet. Die Anklage warf ihm vor, die Treue gegen den König Karl verletzt zu haben und mit den Awaren, die als Reichsfeinde galten, ein Bündnis gegen das fränkische Reich geschmiedet zu haben.

Vor ein Gericht von langobardischen, sächsischen und fränkischen Edeln gestellt, wurde er mit seiner tragischen Gemahlin Liutberga von seinen eigenen bairischen Großen angeklagt:»des Abfalls vom König und der Verschwörung mit den awarischen Reichsfeinden«.

Daß der eigene bairische Adel als Ankläger auftrat, darf nicht wundern. Schreiben doch die Reichsannalen, daß die »Baiern dem König Karl treuer waren als dem Herzog«.

Der Urteilsspruch stützte sich, vom Rechtsempfinden der Nachwelt nicht immer verstanden, nicht auf die aktuellen Tatbestände von Verschwörung und vielfachem Eidbruch, sondern auf den ein Vierteljahrhundert zurückliegenden »haresliz« (Fahnenflucht, oder widerrechtliches Verlassen des Heeres) von 763 in Aquitanien.[26]

Und doch ist das Verfahren des fränkischen Gerichtshofes wohl begründet.

Mit dem »haresliz« in Aquitanien begann die »Sünde« des Tassilo. Hier nahm alles seinen Anfang. Hier begann der Weg in ein bitteres Ende.

Der Baiernherzog war sicherlich kein Bösewicht, kein Finsterling. Die Eidbrüche in der europäischen Geschichte sind Legion.

Seine Tragik liegt dort, wo fast alle Katastrophen ihren

Anfang haben: in der Verkennung der Kräfteverhältnisse, in einem Verlust an Realitätssinn.

So ist es nicht ohne Logik, daß er an einem zerbrach, der ein Realist mit hohen Zielen war, an Karl dem Großen.

Herzog Tassilo und seine Familie verschwanden in fränkischen Klöstern.

Der große König war so »milde«, das Todesurteil des Gerichts in lebenslange Klosterhaft umzusetzen.

Tassilo verbrachte die ersten Jahre seiner Klosterhaft in Jumièges, im großen Seinebogen.

Später soll er dann im Kloster Lorsch im Jahre 794 gestorben sein.

Kurz vor seinem Tode erschien er noch einmal auf der Frankfurter Synode des Jahres 794. Dort bat ein gebrochener Mann: »der Verzeihung gewürdigt zu werden«. Entscheidend jedoch war, daß er auf alle Ansprüche, ja sogar auf jegliches Eigentum verzichtete, für sich, für seine Kinder und Kindeskinder.

Damit erlosch das selbständige, erbautonome Stammesherzogtum der Agilolfinger in Baiern.

Im 16. Jahrhundert wurde im Kloster Lorsch ein Sarkophag gezeigt, auf dem die Worte standen:

»Tassilo, Herzog zuerst, Mönch am Ende,
starb eines ruhigen Todes am 11. des
Monats Dezember. Hier liegt er in der
Gruft. Mache ihn selig, Herr!«

In späteren Zeiten soll der Steinsarg den Schweinen noch als Futtertrog gedient haben.

Das ist der Ruhm der Welt!

Was aber geschah mit Baiern?

Karls Schwager Gerold, der Bruder von Karls Frau Hildegard, ein in vielen Kämpfen erprobter Mann, übernahm als königlicher Präfekt die Leitung der neuen, nunmehr befriedeten fränkischen Reichsprovinz.

Die fränkische Grafschaftsverfassung wurde eingeführt, der

bairische Adel in die Leitung Baierns integriert. Karls Hand blieb leicht. Nicht Konfrontation, sondern Integration war seine Politik.

Das bairische Stammesrecht, der Name, der Gebietsumfang blieben erhalten, ja das Gebiet wurde sogar durch die Vereinigung mit der Salzburger Kirchenprovinz erweitert. Auf Wunsch Karls wurde Arn der erste Erzbischof von Salzburg und damit der bairischen Kirchenprovinz.

Das Gold der Awaren

Einhard schreibt in seiner »Vita Caroli Magni« über den Awarenkrieg: »Der bedeutendste Krieg von allen, die er führte, vom sächsischen abgesehen, folgte auf diesen Feldzug, der gegen die Awaren oder Hunnen. Er führte ihn mit mehr Eifer und mit weitaus mehr Zurüstungen. In eigener Person führte er nur einen einzigen Feldzug nach Pannonien an – dieses Land bewohnte nämlich zu dieser Zeit jenes Volk. Die Ausführung der übrigen übertrug er seinem Sohne Pippin, den Landeshauptleuten, auch Grafen und Sendboten. Obgleich diese den Krieg mit der größten Tapferkeit führten, ging er erst im achten Jahr zu Ende.«

Der Sachsenkrieg hatte das Ziel, diesen großen germanischen Stamm ins Frankenreich hineinzuzwingen; im Baiernkrieg sollte ein eidbrüchig gewordenes, erbautonomes, königgleiches Herzogtum gebrochen und sein Hinausstehlen aus dem fränkischen Reichsverband rückgängig gemacht werden; der spanische Feldzug kann als so etwas wie ein Abenteuer bezeichnet werden; aber der Awarenkrieg war die blutige Ausrottung eines notorischen, ganz Europa beunruhigenden Räubervolkes. Zugleich war er die Erbfolgelast des bairischen Krieges.

Die bairischen Herzöge hatten immer wieder den Angriffen der Awaren widerstanden. Erst das mögliche Bündnis Tassilos mit den Awaren war das auslösende Moment, das Karl zu seiner Härte gegen ihn bewog. Noch im Jahre 788 waren awarische Raubscharen nach Baiern und Italien vorgestoßen. Wir wissen wenig über die Awaren. Die Quellen über ihre Herkunft sind spärlich. Sie waren ein Reitervolk nomadisierender Turkstämme vom Rande der Wüste Gobi, zugehörig der ural-altaischen Völkerfamilie. In der Mitte des 6. Jahrhunderts befreiten sich die Stämme der Var und Chuni, die sich dann später Awaren nannten, von türkischer Oberherrschaft. Sie strömten in den Donauraum ein, der nach dem Zusammenbruch des römischen Reiches zum Schmelztiegel vieler Völker wurde. Sie vernichteten gemeinsam mit den Langobarden die Gepiden. Nachdem die Langobarden in ihr Schicksalsland Italien gezogen waren, wurden die Awaren die Herren des entvölkerten Landes, und als neue Untertanen des awarischen Herrenvolkes rückten, Nachzügler der indogermanischen Völker, die Slawen ein.

Die awarische Herrschaft erstreckte sich Ende des 6. Jahrhunderts über ein riesiges Gebiet: von der unteren Donau bis hin zum Riesen- und Erzgebirge, von Siebenbürgen bis an die Enns und von dort bis zu den Alpen.

Im Grunde war diese von den Awaren beherrschte Ländermasse kein Staat mit innerem Zusammenhalt, mit gemeinsamen Ordnungsideen und Zielsetzungen, sondern das Stammesquartier einer riesigen Räuberbande. Byzantinische Geschichtsschreiber schildern sie als: »kühne Reiter, verwachsen mit ihren Pferden, sehnige, krummbeinige Krieger, schwerfällig zu Fuß, aber blitzschnell zu Pferde. Meister des Hinterhalts, der plötzlichen Attacke und der abrupten Flucht, die den Feind in den Hinterhalt lockt. Nicht die offene Feldschlacht ist ihre Strategie, sondern ein Wechsel von Angriff und Rückzug, den Gegner umkreisend, Schwärme von Pfeilschauern verschießend, nie faßbar für den irritierten Feind, der schließlich das Opfer der Panik und des blitzschnellen Zugriffs wird.« Dazu waren sie von ungewohntem, erschreckendem Anblick. Zottige Haare mit Bändern durchflochten, narbenentstellte Gesichter. Ein schreckliches Kriegsgeschrei aus verzerrten Mündern entnervte den Feind. So brandschatzten sie Europa. Drangen vor bis Konstantinopel, erpreßten von byzantinischen Kaisern während des siebten Jahrhunderts einen Jahrestribut von 70000, zeitweise von 100000 Goldsoldis. Kaiser Herakleios I. (Ks. 610–641) soll sogar die Summe von 200000 Goldsolis gezahlt haben. Beträge, deren reale Kaufkraft wir heute kaum abschätzen können. Dann wieder erschienen awarische Raubscharen in Italien, brachen bis nach Thüringen vor, kehrten beutebeladen zurück in ihre weiten Gebiete zwischen Donau und Theiß, wo sie sich und ihren Raub in riesigen Ringburgen bargen.

Der Mönch von St. Gallen berichtet uns, über einen schwäbischen Gewährsmann, der unter Graf Gerold im Awarenland kämpfte, von diesen Ringburgen. Der Durchmesser einer Ringburg soll so groß gewesen sein, wie die Entfernung zwischen Konstanz und Zürich, also 8 deutsche Meilen. (Dt. Meile = 7420,4 m.) Die Ringburgen waren von 20 Fuß (ca. 6 m.) hohen und breiten Wällen umschlossen. Nur wenige enge Tore gaben Einlaß. Es handelte sich also um eine Mischung von Festung, Gefängnis und spartanischer Wohnstätte. Die Ringburgen standen durch eine Kette von Posten in der Schallweite eines Hornes in Verbindung.

Die Awaren waren, wie angedeutet, Gefangene ihrer eigenen Ringburgen. Abgeschlossen von der übrigen Bevölkerung, weder Ackerbau noch Viehzucht treibend, dazu auf einer tieferen Kulturstufe, übten sie keine Herrschaft, sondern nur Unterdrückung der in ihrem Machtkreis lebenden Völker aus.

Als Karl im Jahre 791 zu seinem ersten Awarenzug antrat, war ihre Macht schon von innen und außen angefressen. Ein Kriegszug gegen Konstantinopel war gescheitert. An den Rändern ihres Herrschaftsbereichs bröckelte die Macht. Die böhmischen Slawen stellten ihre Unabhängigkeit wieder her. Den Karantanen im Südwesten gelang es ebenfalls, das awarische Joch abzuschütteln. Das bulgarische Reich südlich der Donau legte sich wie ein Sperriegel gegen awarische Raublust. Die Aggressionslust des Räubervolkes, die sich nach außen nicht mehr austoben konnte, richtete sich nun nach innen. Neben den Chakan (Chan der Chane) stellte sich gleichberechtigt der Jugur. Der hohe Adel, die Tarchane, stärkte seine Macht, ein immer wiederkehrendes Symptom beim Verfall einer Zentralmacht. Dem Tudun, vielleicht eine Art Vorsteher der Adelsgesellschaft, vergleichbar dem ehemaligen fränkischen Hausmeier, fiel eine Schlüsselstellung zu. Wenige Jahre später sehen wir den Tudun an Karls Hof, bereit, einen Separatfrieden zu schließen.

So schienen die Voraussetzungen für einen siegreichen karolingischen Feldzug gegeben.

Das Erfolgsmuster stimmte.

Ein Gegner, dessen Macht im Sinken war und dem aus den eigenen Reihen Widerstände entgegengebracht wurden, zumindest aber Gefolgschaft mangelte.

Auch das Element der Verhandlungspolitik war wie üblich vorher eingesetzt worden. Während eines Aufenthaltes Karls in Worms im Jahre 790 erschien eine awarische Gesandtschaft mit der Absicht, über strittige Grenzfragen zu verhandeln. Eine fränkische Gesandtschaft verhandelte ihrerseits am Hofe des Chagans über das gleiche Thema. Wenn auch keine Einigung erzielt wurde, so lernten doch die fränkischen Gesandten auf diese Weise die Gelände- und Wegeverhältnisse im Awarenreich kennen.

Es ist wichtig zu sehen, daß das Muster fränkischer Kriegsdiplomatie, die in diesem Fall freilich nicht auf Einbindung, sondern auf Vernichtung des Gegners zur Herstellung einer gesicherten Südostgrenze des Reiches hinauslief, wieder exakt durchgespielt wurde.

Der Feldzug begann.

Im Sommer 791 zog Karl nach Regensburg, begleitet von seiner Frau Fastrada. Auch der junge König Ludwig von Aquitanien befand sich an der Seite seines Vaters. Der Reichsbann war aufgerufen, die Macht des Reiches von der Nordsee bis zum Sonnenland Langobardien zusammengefaßt. Es war eine Operation napoleonischen Ausmaßes. Die Fähigkeit Karls und seiner Zeitgenossen, in weiträumigen, europäischen Dimensionen zu denken, wird deutlich sichtbar.

Von Süden her zog König Pippin, Karls Sohn, mit einem langobardischen Heer gegen die Awaren.

Karl indes rückte mit seinen bei Regensburg vereinigten Heeren von Westen auf der südlichen Donauseite vor. Die Sachsen und Friesen marschierten unter der Führung des Grafen Theoderich, den wir vom Süntel her kennen, und des Kämmerers Meginfried auf der nördlichen Donauseite gegen den Feind. In der Mitte des Stromes führten die donauerfahrenen Baiern auf Flößen und Schiffen den Troß des Heeres.

In Lorch, einem ehemaligen römischen Legionslager, erreichte Karl die erste Siegesnachricht. König Pippins Boten meldeten, daß das italienische Heer den Einbruch ins Awarenland erzwungen hatte und daß am 23. August der erste Sieg errungen worden sei. König Karl befahl, den Sieg mit Dankgottesdiensten und einem dreitägigen Fasten zu feiern. Er gab auch seiner Frau Fastrada nach Regensburg Nachricht von dem Sieg und übermittelte ihr die Fastenvorschriften in einem Brief. Darin zeigt sich Karl als König, als zärtlicher Gatte und als liebevoller Vater.

»Karl, von Gottes Gnaden König der Franken und Langobarden, Schutzherr der Römer; an unsre geliebte und gar holde Gemahlin Königin Fastrada.

Freundlichen Gruß lassen wir im Herrn durch diese Zeilen dir zugehen und durch dich unseren herzlieben Töchtern sowie unsern übrigen Getreuen, die bei dir weilen. Wir geben dir zu wissen, daß wir Gott sei Dank heil und gesund sind.

Ein Bote unseres lieben Sohnes Pippin hat uns dessen und des päpstlichen Herrn Gesundheit gemeldet, dazu die Befreiung unserer italischen Gebiete: das hat uns in große Freude versetzt. Und außerdem hat er uns berichtet, wie jene unsere Scharen, denen wir vordem aus Italien in das Gebiet der Awaren einzudringen und sich dort festzusetzen befohlen hatten, am 23. August in deren Grenzen eingedrungen sind und eine Schlacht mit ihnen aufgenommen haben. Und es gab ihnen Gott der Allmächtige in seiner Barmherzigkeit den Sieg, und sie haben eine Menge der Awaren getötet: sie sagen, es sei seit langen Tagen kein größeres Gemetzel unter den Awaren geschehen. Sie plünderten auch ihre Feste und lagerten dort die Nacht über sowie den Folgetag bis zur dritten Stunde. Dann kehrten sie mit der Beute in Frieden heim. Und 150 Awaren haben sie lebendig gefangen: die halten sie in Gewahrsam, bis unser Befehl ergeht, was sie mit ihnen tun sollen...

Wir aber haben unter Gottes Beistand an drei Tagen Prozessionen begangen, nämlich an den Nonen des September, einem Montag, beginnend, dann am Dienstag und Mittwoch: wobei wir Gottes Erbarmen anriefen, er wolle uns Frieden und Gesundheit, Sieg und glücklichen Marsch gewähren, er möge uns in seiner Barmherzigkeit und Milde ein Helfer, Ratgeber und Verteidiger in all unseren Bedrängnissen bleiben.

Und von Wein und Fleisch verordneten unsere Priester Enthaltung denen, die sich trotz Schwachheit, Alter und Jugend enthalten konnten; und wollte einer sich loskaufen, um an den drei Tagen Wein trinken zu dürfen, so sollten die Reicheren und Mächtigeren jeden Tag einen Schilling geben, die Minderen nach Vermögen, und wer nichts mehr geben konnte und Wein trinken wollte, sollte wenigstens einen Pfennig geben. Almosen aber solle ein jeder nach dem eigenen guten Willen und nach Vermögen spenden. Und jeder Priester sollte eine besondere Messe lesen, wenn nicht Krankheit ihn hinderte, und die Kleriker, die die Psalmen konnten, jeder fünzig singen, und derweil daß sie die Prozession machten, barfuß einherschreiten. So dünkte es unseren Priestern, und wir haben uns danach gerichtet und es mit Gottes Beistand erfüllt.

Darum wollen wir, daß du mit unseren Getreuen erwägen möchtest, wie diese Prozessionen bei euch zu begehen seien. Du selbst, wie es deine Krankheit erlaubt – wir überlassen das deinem Gutdünken.

Es hat uns verwundert, daß kein Bote oder Brief von euch seit dem Aufbruch aus Regensburg an uns gelangt ist. Darum wollen wir, du sollst uns öfters über deine Gesundheit und was sonst beliebt berichten. Und nochmals grüßen wir dich vielfach im Namen des Herrn.«[27]

Dieser Brief zeigt nicht nur den liebevollen, fürsorglichen Ehemann, der um Wohl und Gesundheit seiner Frau in Sorge ist, sondern auch, daß Karl als Realist zwar durchaus die notwendigen materiellen Mittel, die er zur Bekämpfung der Awaren brauchte, im Auge hatte, daß er aber auch die Mächte des Himmels in Rechnung stellte und für sich gewinnen wollte.

Das ist verständlich bei einem so außerordentlichen und gefährlichen Feind, wie es die Awaren waren, die dazu in einem Lande lebten, das Regino von Prüm in seiner bis 906 reichenden Weltchronik »eine Wüstenei« nannte.

Die fränkischen Waffen, zu Lande und zu Wasser, brachen sich siegreich ihren Weg. Die fränkischen Heeressäulen schoben sich an der Donau und an den westlichen Abhängen des Wienerwaldes bis hin zur Raab vor.

Die Awaren flohen und räumten ihre befestigten Stellungen vor der massierten Macht der Franken.

Der Reichsannalist sieht die Ereignisse so:

»Als nun die Awaren das Heer auf beiden Flußufern und die Schiffe mitten auf dem Fluß daherkommen sahen, da kam vom Herrn ein Schrecken über sie: sie verließen ihre obengenannten festen Plätze und Werke: indem Christus sein Volk führte, ließ er beide Heere ohne Verluste eindringen. Das obengenannte Heer gelangte so auf seinem Weitermarsch bis zu einem Flusse namens Raab und von da kehrten beide Heere auf beiden Ufern in ihr Land zurück.«

Der Reichsannalist verschweigt einiges.

Die Awaren stellten sich nicht der offenen Feldschlacht. Rückzug, Angriff, Hinterhalt, das war ihre Taktik, die auch später noch fränkischen und deutschen Heeren empfindliche Verluste beibrachte. Das versumpfte Land, unübersichtlich durch Büsche und urwaldähnliche Wälder, zehrte die Kraft der feindlichen Heere auf. Zwar zog Karl in 52 Tagen, mit Feuer und Schwert das Land verheerend, bis zur Raabmündung. Aber eine Seuche dezimierte den Pferdebestand bis auf 10 Prozent, so daß die stärkste Waffe der Franken, die gefürchteten Panzerreiter, fast gänzlich ausfiel.

Der Rückzug war unvermeidlich.

Es wird von großer Beute, von vielen Gefangenen berichtet. Doch der Kriegszug hatte die Awaren nicht ins Herz getroffen. Die Ringburgen, Symbol und Zentrum awarischer Macht, blieben ungebrochen.

Das Ziel des Feldzugs war nicht erreicht.

Zwar waren die Menschenverluste nicht hoch, aber der Tod war in Karls engsten Kreis eingebrochen.

Angilram, Erzkaplan des Reiches und Bischof von Metz, war während des Feldzuges gestorben und mit ihm die Bischöfe von Trier und Regensburg.

Um das Ziel, die Vernichtung der Awaren, doch noch zu

erreichen, nahm Karl Aufenthalt in Regensburg, um so nahe wie möglich am Feind zu sein.
Hier sammelte er im Sommer 792 erneut Truppen zum Awarenzug. Aber es kam anders.

Verräterisches Zwischenspiel

Die jetzt unvorhergesehen eintretenden Ereignisse zeigen die Belastbarkeit des großen Königs und sein Augenmaß, das ihm half, bei sich überstürzenden Katastrophen nie die Prioritäten zu übersehen.
Erneuter Aufstand in Sachsen!
Die Sachsen, darauf hoffend, daß der Awarenkrieg die karolingische Wehrkraft im Osten band, ja, vielleicht sogar mit den Awaren im Bunde, griffen erneut zu den Waffen und brachen wieder einmal die heiligsten Eide.
Weitaus größer noch war die Gefahr, die sich gegen Leben und Thron des Königs richtete. Sie kam nicht aus feindlicher Ferne, sondern aus der nächsten Nähe.
Pippin der Bucklige war Karls ältester Sohn von seiner Jugendliebe Himiltrud. Sie galt als Nebenfrau. Der Papst Stephan III. jedoch bezeichnete sie in einem Schreiben an die karolingischen Brüder, durch das er die Ehen mit den lombardischen Prinzessinnen verhindern wollte, als Karls ordentliche Ehefrau.
Dieser Pippin, ein Mann mit schönem Angesicht, aber verkrüppeltem Rücken, ließ sich von mißvergnügten fränkischen Adeligen an die Spitze eines Aufstandes gegen den König und Vater stellen.
Das Ziel war, Pippin zum König zu erheben, und seinen Vater und seine Brüder, sicher auch die Königin Fastrada, zu ermorden. Dieser Pippin schien wie geschaffen für die tragische Verschwörer- und Schurkenrolle.
Ohne Zweifel war er der älteste Sohn des Königs. Zwar

sagten die einen, er sei ein Bastard. Aber war der glorreiche Urgroßvater Karl Martell nicht auch der Sohn einer Nebenfrau gewesen und hatte er nicht aus größten Wirren die fränkischen Staatseinheit geschaffen?

Man verwies auf das Schreiben des Papstes, das die Ehe Karls mit der Himiltrud als legitim auswies.

Ein Mensch wie Pippin, den eigenen Königsanspruch im Herzen, von der Welt hin und her gestoßen zwischen Zweifel und Legitimität, konnte leicht Verführern, die an den Himmel seiner Träume die Königskrone malten, zum Opfer fallen.

Ein Langobarde namens Fardulf entdeckte dem König die Verschwörung. Zum Lohn erhielt er die reiche Abtei St. Denis. Der enttäuschte König aber, den die mörderische Verschwörung des eigenen Blutes gegen ihn tief getroffen hatte (wir werden noch sehen, daß er ein Mensch war, der mit und aus der Familie lebte), hielt in Regensburg Gericht. Die Verschwörer verfielen dem Tode. Vor der Hinrichtung des eigenen Sohnes schreckte der König indessen zurück. Er begnadigte ihn zu ewiger Klosterhaft im Kloster Prüm, wo er im Jahre 811 starb.

Im gleichen Jahre sollte auch Karls ältester legitimer Sohn Karl, der sich als Heerführer bewährt hatte und zur Nachfolge berufen schien, sterben. Ein Jahr vorher, 810, raffte der Tod Karls zweitältesten Sohn Pippin von Langobardien dahin, so daß der alte König erkennen mußte, daß die Krone demjenigen seiner Söhne zufallen würde, der für sie am wenigsten geboren war.

Die Verschwörung des buckligen Pippin hatte Karl tiefer getroffen als die Verschwörung der thüringischen Großen des Jahres 787. (Die Quellenaussage über diese thüringische Verschwörung unter dem Grafen Hardrad ist unbefriedigend. Vor allem wissen wir kaum etwas über ihre Motive.[28]). Alles in allem zeigte sich dem mächtigsten König Europas durch diese Ereignisse, wie zerbrechlich alle Macht auf Erden war. So sandte er seine Königsboten aus, um von allen Reichsangehörigen, geistlichen und weltlichen Großen, erneut den Treueid auf König und Krone zu empfangen.

Der Karlsbiograph Einhard findet für die Gründe der Verschwörungen nur matte Erklärungen:»Diese Verschwörungen hatten jedoch, wie man glaubt, ihren Grund und Ursprung in der Grausamkeit der Königin Fastrada, und darum verschwor man sich beide Male gegen den König, nur weil er, gegen die Grausamkeit seiner Gemahlin allzu nachgiebig, von seiner angeborenen Güte und seiner gewöhnlichen Milde in furchtbarer Weise abgewichen schien.«

Die Verteidigung, die Einhard seinem König angedeihen läßt, erinnert sehr an die des ersten Adam, der seinem Gotte entgegenstammelte:»O Herr, das Weib, das Du mir gabst...« Die Verschwörungen, die fränkische wie die thüringische, hatten vielmehr ihren Grund in den Freiheits- und Unabhängigkeitsvorstellungen des germanischen Adels, der sich nur schwer einer Zentralmacht beugte.

Der Einfluß der thüringischen Verschwörung von 785/86 war größer, die fränkische Verschwörung von 792 war gefährlicher, weil es den Verschwörern gelang, einen unglücklichen Königssohn am Narrenseil seiner Träume zu führen. Dennoch wurde Karl im Jahre 792 nicht aufgesogen von sächsischen Unruhen und innerem Verrat.

Er behielt sein Lager in Regensburg bei, um die Vorbereitungen zum erneuten Awarenzug voranzutreiben.

Eine zerlegbare Schiffsbrücke wurde gebaut, die den Donauübergang ermöglichen sollte, so daß man mit erneuter Kraft in die Donautiefebene hineinstoßen und die Awaren in ihren Ringburgen zerschlagen konnte.

Bei all dem fand der König noch Zeit, eine Synode nach Regensburg einzuberufen, die sich mit der adoptianischen Lehre befaßte und sie als Häresie verdammte (davon später).

Als im Frühjahr 793 alle Vorbereitungen zum Awarenzug beendet waren – die Aufgebote waren teilweise schon im Anmarsch – loderte ganz Sachsen im Aufstand. Die Heeresabteilung, die Graf Theoderich dem König zuführen wollte, wurde von Sachsen angegriffen und vernichtet. An Theoderich erfüllte sich jetzt das Schicksal, dem er am Süntel noch entgangen war.

Fast gleichzeitig mit dem sächsischen Aufstand griffen die Sarazenen im Südwesten des Reiches an und schlugen am Orbieufluß den tapferen Grafen Wilhelm von Toulouse und sein christliches Heer.

Ob Absprachen zwischen Sachsen, Sarazenen und Awaren getroffen worden waren, läßt sich nicht beweisen. Daß aber Sachsen und Sarazenen ihre Chance zu nutzen wußten, als sie den fränkischen König im Kampf mit den Awaren glaubten, ist sicher.

Das Jahr 793 barg weitere Ereignisse in seinem Schoß, die die Unerschütterlichkeit des fränkischen Königs erproben sollten.

Es kam in Italien, in Burgund, in der Provence und in Teilen Franciens, also in Kerngebieten des fränkischen Reiches, zu einer katastrophalen Hungersnot. Die Menschen versuchten ihren Hunger mit dem schlimmsten Unrat zu stillen, ja es kam zu Kannibalismus, der Bruder verzehrte den Bruder und die Mütter ihre Kinder, so berichten die Annales Mosellani:»Famis vero, quae anno priori caepit, in tantum excrevit, ut non solum alias immundicias, verum etiam, peccatis nostris exigentibus, ut homines, fratres fratres ac matres filios comodere coegit.«

Von der Nordsee bis zum Schwarzen Meer

Das Jahr 793 zerbrach dem König, wie schon kurz berichtet, einen anderen, großen Plan, der sich möglicherweise erst in unseren Tagen verwirklichen wird. Karl hatte die Idee aufgegriffen, durch den Bau eines Rhein-Main-Donaukanals eine Schiffahrtsader von der Nordsee bis zum Schwarzen Meer zu schaffen.

Die Einhard-Annalen berichten über diese Pioniertat: »Nun war er von etlichen, welche die Sache zu verstehen behaupteten, überzeugt worden, daß, wenn zwischen Rednitz und Altmühl ein schiffbarer Graben geführt würde, man ganz bequem von der Donau in den Rhein fahren könnte, da der eine von jenen Flüssen in die Donau, der andere in den Rhein mündet. Darum begab er sich sogleich mit seinem ganzen Gefolge in die Gegend, ließ eine große Menge Menschen dahin kommen und den ganzen Herbst hindurch daran arbeiten. Es wurde also zwischen diesen beiden Flüssen ein Graben gezogen, zweitausend Schritte lang und dreihundert Fuß breit; jedoch umsonst. Denn bei dem anhaltenden Regen und da das sumpfige Erdreich schon von Natur zuviel Nässe hatte, konnte die Arbeit keinen Halt und keinen Bestand gewinnen, sondern wieviel Erde bei Tage von den Grabenden heraufgeschafft wurde, soviel setzte sich wieder bei Nacht, indem die Erde wieder an ihre alte Stelle einsank.«

Eine Jahrtausendidee scheiterte an den unzulänglichen Mitteln der Zeit.

Trotzdem, Karl ertrug die Hemmnisse und Widrigkeiten des Schicksals und meisterte sie. Die Sachsen, deren Bekämpfung der König selber übernahm, die Grenze im Südwesten durch die Errichtung der spanischen Mark trotz wiederholter sarazenischer Einbrüche gesichert.

Der goldene Sieg

Die Bekämpfung der Awaren, besser ihre Vernichtung, übertrug Karl seinem Sohn König Pippin, dem Markgrafen Erich von Friaul und seinem Schwager Gerold, dem bairischen Statthalter. Doch der schlimmste Feind der Awaren waren die Awaren selbst.

Während Karl im Jahre 795 im Feldlager in Lüne an der Elbe Gesandte des awarischen Tudun empfing, die ihre Unterwerfung und Christianisierung anboten, wurden die awarischen Oberhäupter, der Chagan und der Jugur, von eigenen Leuten erschlagen.

Jetzt drang der Markgraf Erich von Friaul, unterstützt durch den Slawenfürsten Wonimir, über die Donau, und eroberte und plünderte den sagenhaften Awarenring.

Die Beute war unerhört.

Einhard schildert das Geschehen: »Keines gegen die Franken geführten Krieges kann das menschliche Gedächtnis sich entsinnen, durch welchen jene mehr bereichert und mit Schätzen überhäuft wurden; denn während sie bis dahin fast arm schienen, wurde soviel Gold und Silber in der Königsburg gefunden, so viel kostbare Beute in den Schlachten gewonnen, daß man wahrlich glauben kann, daß die Franken den Hunnen mit Recht entrissen, was die Hunnen früher mit Unrecht anderen Völkern geraubt haben.«

Der Markgraf Erich von Friaul sandte 15 Ochsenwagen mit Gold und Geschmeide nach Aachen. Der König verteilte freigebig an Arme, an Kirchen und Klöster, an seine Getreuen. Der Heilige Vater in Rom wurde reich bedacht, befreundete Fürsten wie der König Offa von Mercia, der ein awarisches Schwert mit Schwertgürtel und zwei seidene Mäntel erhielt, wurden beschenkt.

Die Freigebigkeit des Königs verbreitete gleichzeitig und augenscheinlich den Ruhm seines Sieges.

Es gibt aber auch Stimmen, die behaupten, der Zufluß an

Gold und Silber habe im Frankenreich inflationistische Tendenzen erzeugt, so daß die Lebensmittelpreise um 30 Prozent stiegen. Verbürgt ist diese Nachricht allerdings nicht. Im Jahre darauf, 796, marschierte König Pippin mit einem langobardisch-bairisch-alemannischem Aufgebot nochmals ins Awarenland. Es regte sich kein Widerstand mehr. Der neue Chagan und seine Großen erschienen und unterwarfen sich dem fränkischen Königssohn. Noch einmal zog König Pippin in den Awarenring und zerstörte ihn gänzlich. Was den Soldaten des Markgrafen Erich von Friaul noch entgangen war, fiel nunmehr in König Pippins Hand. Wiederum floß das Gold der Awaren nach Aachen.

In den Jahren 797 und 799 flackerte erneut awarischer Widerstand auf. Bei seiner Bekämpfung fiel ein Held des Awarenkrieges und einer der besten fränkischen Heerführer, des Königs Schwager und Statthalter in Baiern, der in vielen Schlachten erprobte Graf Gerold.

Am 1. September 799, er ordnete seine Truppen zur Schlachtformation gegen die Awaren, traf ihn der Tod. Dieser Tod erscheint darum so tragisch, weil in dem gesamten Gefecht, einschließlich des Gerold, nur 3 Tote zu beklagen waren. Sein Grab fand Gerold in der Marienkirche auf der Insel Reichenau, deren großer Förderer er, ebenso wie seine verstorbene königliche Schwester Hildegard, die Frau Karls des Großen, gewesen war.

Ihn umgibt die Gloriole des Märtyrers, da er ja im Kampfe gegen die Ungläubigen sein Leben verlor.

In der Sage stieg er zum frommen Bannerträger Karls des Großen auf. Es umgibt ihn der Ruhm, daß es seine, des tapferen Schwaben, Verdienste waren, die Karl veranlaßten, den Schwaben das Recht des »Vorstritts« in allen Reichskriegen zu verleihen.[29]

Ein zweiter, ebenso schwerer Verlust traf den König. Der Markgraf Erich von Friaul, der den großen Awarenring gebrochen und den goldenen Strom der Awarenbeute nach

Aachen geleitet hatte, fiel in einem Hinterhalt, den die kroatischen Bürger der Stadt Tharsatika (Tersatto) am adriatischen Meer, unweit Fiume, ihm gestellt hatten. Tharsatika lag auf byzantinischem Hoheitsgebiet. Es ist wahrscheinlich, daß Markgraf Erich einen Strafzug gegen die Stadt wegen kroatischer Raubzüge unternommen hatte.

Einhard preist Erichs Tugenden, der fromme Alkuin verehrte ihn als einen Mann von feinem Geist, der sich trotz seines Kriegerdaseins in die heiligen Schriften versenkte.

In dem Nachruf, den ihm Paulinus, der Patriarch von Aquileja und gleichzeitig sein Freund, schrieb, wird das Bildnis eines Menschen sichtbar, der den Panzer des Kriegers sprengte und dessen Tod für viele ein großer Verlust war. Paulinus schreibt in seiner Totenklage von dem gefallenen Freund: »Daß er die wilden Barbarenvölker gebändigt habe, welche die Drau und die Donau einschließen, welche die mäotischen Sümpfe in ihrem Schilfe bergen, welche die Woge des salzigen Meeres einengt, welchen die Grenze Dalmatiens entgegensteht.« Das Lied preist die persönlichen Tugenden des Markgrafen: er war »Wohltäter der Kirchen und Freund der Geistlichkeit, Beistand und Trost des Elenden und der Witwen. Mit dem Dichter zugleich sollen um Erich klagen die Flüsse jener Gegend, der Timavo, dessen neun Arme die Woge des Meeres verschlingt, der Ister (Donau), die Soave, sowie Theis, Kulpa, Mur, Natisone, Gurk und Isonzo und die Städte Sirmium, Pola, Aglai Cividale, Cormons, Osopo, Cenada usw.

Trauern soll über den Verlust ihres berühmten Bürgers seine Geburtsstadt Straßburg. Dagegen wird die Stätte verwünscht, wo der tapfere Held gefallen ist. Kein erfrischender Tau, kein befruchtender Regen soll sich auf sie herniedersenken, keine purpurne Blüte, keine Ähre dem Boden entsprießen, die Rebe sich nicht um die Ulme schlingen, der Feigenbaum verdorren, kein Granatapfel hier wachsen, keine Kastanie aus der stacheligen Schale springen.« Weiter heißt es: »Mütter und Gatten, Knaben und Mädchen, Herren und Knechte, jedes Geschlecht und Alter, die Geistlichkeit, alle hätten bei der schweren Trauerkunde, die schon als schauriges Gerücht durch die Gassen lief, ehe sie ausdrücklich bestätigt wurde, gejammert, sich die Brust geschlagen und das Haar gerauft.«[30]

Der Awarenkrieg war beendet, seine Helden gefallen. Das Awarenland wird nun die Awarenwüste genannt. Einhard berichtet: »Wieviel Schlachten während desselben [des Awarenkrieges] geschlagen, wieviel Blut vergossen wurde, wird dadurch bewiesen, daß Pannonien ganz unbevölkert ist und der Ort, wo des Chagans Königsburg war, jetzt so verödet liegt, daß auch keine Spur menschlicher Behausung auf ihm zu entdecken ist. Der ganze Adel der Hunnen [Awaren] kam in diesem Kriege um, ihr ganzer Ruhm ging unter.«

Der Eindruck dieses totalen Sieges fränkischer Waffen und des Unterganges der Awaren auf die osteuropäischen Völker war groß. Er spiegelt sich heute noch in einem russischen Sprichwort, das sich über die Zeiten erhalten hat:

»Verschwunden wie die Awaren.«

Die vielen kleinen Kriege und der Verlust
des »mare nostrum«

Neben den großen Kriegen gegen die Langobarden, Sachsen, Baiern und Awaren waren Karl und sein Reich dauernd in kleinere Kämpfe, Strafzüge, Befriedungsaktionen, oder wie man diese militärischen Aktivitäten nennen will, verwikkelt.

Im Jahre 786 sandte Karl seinen Seneschall Audulf gegen die immer rebellischen Bretonen.

Im Jahre 787 sahen wir Karl selbst schon auf dem Zug gegen den Herzog Arichis von Benevent, der mit seiner Frau, der langobardischen Königstochter Adelperga, die Eigenständigkeit seines Staates zu wahren suchte. Vor der Übermacht der fränkischen Waffen unterwarf er sich. Er stellte Geiseln, zahlte einen jährlichen Tribut von 7000 Goldschillingen und erklärte sich zur Rückgabe der vom Papst geforderten Städte bereit. Aber das Herzogtum Benevent blieb immer eine Problemzone zwischen Byzanz, dem Kirchenstaat und der fränkischen Macht.

Im Jahre 789 war Karl auf einem Feldzug gegen die Slawen. Er unterwarf sie mit einem fränkisch-sächsischen Aufgebot, verstärkt durch Friesen und Abodriten, einen Slawenstamm, der sich der fränkischen Oberherrschaft unterstellt hatte. Auch künftig sollten die Abodriten den Schutz der Franken genießen.

Das Jahr 790 zeichnete sich dadurch aus, daß Karl keinen Krieg führte. Voller Naivität entschuldigt der Reichsannalist: »In diesem Jahr wurde kein Zug von dem König unternommen ... Um nicht den Eindruck zu erwecken, als sei er im Nichtstun erschlafft und vertrödele seine Zeit, fuhr der König zu Schiff auf dem Main hinauf nach der Pfalz, die er in Germanien in Salz an der fränkischen Saale erbaut hatte und kehrte dann wieder auf demselben Fluß zu Tal nach Worms zurück.«

Das Jahr 799 zwang die Franken zu erneuten Kämpfen in der wieder aufständischen Bretagne. Graf Wido, der oberste Graf der bretonischen Mark, unterstützt von anderen Grafen mit ihrem Aufgebot, unterwarf die Bretonen wieder der fränkischen Zucht.

Der siegreiche Wido überreichte Karl in Aachen die Symbolwaffen der bretonischen Häuptlinge als Zeichen ihrer Unterwerfung.

Im Jahre 805 befand sich des Kaisers Sohn, Prinz Karl, auf einem Kriegszug gegen die Böhmen.

Für das Jahr 806 melden die Reichsannalen: »Der Kaiser schickte seinen Sohn Karl in das Land der Slawen, welche Soraben heißen und an der Elbe ihren Wohnsitz haben. Auf diesem Feldzug wurde Miliduoch, der Herzog der Slawen, getötet und von dem Heere zwei Burgen erbaut, die eine am Ufer der Saale, die andere an der Elbe.« Und weiter:»In demselben Jahr wurde nach Korsika gegen die Mauren, welche diese Insel verwüsteten, von Pippin eine Flotte aus Italien abgeschickt; die Mauren aber machten sich, ohne die Ankunft derselben abzuwarten, davon.« Das Jahr 806 stellte weitere Anforderungen an das fränkische Reich. Ein Aufgebot aus Baiern, Alemannien und Burgund zog nach Böhmen, um es unter fränkischer Kontrolle zu halten. Im Jahre 807 galt es wieder, Korsika vor den Mauren zu schützen. Der Kaiser entsandte seinen Marschall Burchard dorthin, der in einem Gefecht in einem Hafen der Insel die Mauren besiegte, wobei diese 13 Schiffe verloren.

Die mittelmeerischen Aktivitäten des fränkischen Reiches dürfen aber nicht über einen gravierenden Unterschied zum alten römischen Reich hinwegtäuschen.

Mit Recht nannte das alte Rom das Mittelmeer »Mare nostrum«: Unser Meer. Das Mittelmeer war Drehscheibe des römischen Weltreiches. Alle Mittelmeeranrainer, von Spanien, der Narbonensis, Italien, den adriatischen Anliegern, Illyrien, Mazedonien, Kleinasien, Syrien, Ägypten, von der Cyrenaika bis Mauretanien und – hier schließt sich der Kreis – zur Meerenge von Gibraltar, unterstanden der Herrschaft Roms. Gerade darum hat Rom die einzige Macht, die ihm die absolute Beherrschung des Mittelmeeres streitig machte, Karthago, erbarmungslos und bis zur endgültigen Vernichtung bekämpft.

Für das fränkische Reich war das Mittelmeer nicht mehr das »Mare nostrum«.

Es war nicht mehr Drehscheibe und Mittelpunkt der Reichsmacht.

Natürlich kämpfte man um Positionen, vor allem auf den küstennahen Inseln Balearen, Korsika und Sardinien. Aber der Schwerpunkt des Reiches hatte sich nach Norden verlagert und der Mittelpunkt des Reiches war nicht mehr Rom und das Mittelmeer, sondern das ferne, transalpine Aachen. Das »Mare nostrum« wurde beherrscht von den Arabern.

Ein Faktum mit weitreichenden Folgen.

Im Frühling des Jahres 808 erhielt Karl in seiner Pfalz Nymwegen die Nachricht, daß der Dänenkönig Godofrid mit einem Heer gegen die mit den Franken verbündeten Abodriten zog. Der Kaiser sandte seinen Sohn Karl mit einem sächsisch-fränkischen Aufgebot gegen die Dänen.

Wer der Aggressor war, läßt sich schwer feststellen. Der Dänenkönig behauptete, sein Kriegszug sei die Vergeltung für erlittene Unbill und Verrat der Abodriten. Es ist denkbar, daß sich die Abodriten, im Vertrauen auf den Schutz fränkischer Macht, Aktionen gegen die Dänen erlaubt hatten.

Was dafür spricht, ist, daß die Dänen auf ihrem späteren Rückzug vor den fränkischen Waffen einen Schutzwall, von der Ostsee bis zur Nordsee zogen, das sogenannte »Danewerk«. Der breite Schutzwall soll nur ein Tor gehabt haben, durch welches Frachtwagen und Reiter aus- und einziehen konnten. Schutzwälle aber baut man nur gegen aggressive Mächte. So scheint das Danewerk ein mögliches Indiz, daß die Behauptungen des Dänenkönigs, er müsse sich gegen Untreue und Verrat der Abodriten schützen, nicht unbegründet sind.[31]

Immer wieder wurde auch hier im Norden fränkische Kriegsmacht gefordert. Die Dänengrenze blieb noch für viele Jahre unruhig.

Im Jahre 810 erhielt der Kaiser zu Aachen die Nachricht, daß 200 dänische Schiffe in Friesland gelandet und daß die Friesen in drei Schlachten geschlagen worden seien.

Nach wechselnden Kämpfen brachte schließlich der dritte Dänenfrieden der Jahre 811–812 die Befriedung der Dänengrenze.

Infolge der Dänenkämpfe und der arabischen Vormacht im Mittelmeer sowie der unbefriedigenden Lage König Pippins im Kampf mit Byzanz und Benevent, in der er sich auf die unzuverlässige Seemacht Venedig stützte, befahl Karl den Bau einer Flotte.

Die Reichsannalen wissen zu sagen: »Er begab sich inzwischen nach Boulogne, um daselbst die versammelte Flotte zu besichtigen, deren Bau er im Vorjahr angeordnet hatte. Er stellte den schon von alten Zeiten her dort stehenden Leuchtturm, nach dem die Seefahrer sich richten konnten, wieder her und ließ auf seiner Spitze ein Nachtfeuer anzünden. Von da kam er an die Schelde und nahm in Gent die zu jener Flotte gebauten Schiffe in Augenschein; Mitte November traf er dann wieder in Aachen ein.«

Der alte Kaiser hatte die Notwendigkeit einer Flotte zum Schutze der langen Küsten seines Reiches erkannt.

Aber wenn er auch noch länger regiert hätte – Seefahrer wie die Dänen, Wikinger, und später die Portugiesen, Spanier, Holländer und Engländer, waren und wurden die Franken nicht. Die macht- und handelspolitischen Möglichkeiten der Meere hatten sie nicht erkannt.

In diesem Sinne waren sie trotz römischen Kaisertums nicht die Nachfahren Roms.

Die kontinentale Begrenzung des Karolingerreiches ging als Erbe auf das spätere Heilige Römische Reich Deutscher Nation und auf seine Nachfolgestaaten über.

Die Liste der kleinen Kriege ist nicht vollständig. Das war auch nicht die Absicht, sondern es sollte gezeigt werden, daß das fränkische Reich den Krieg zu seinem Handwerk, ja fast zur Staatsdoktrin gemacht hatte.

In den 46 Herrschaftsjahren von Karl, also von 768 bis 814, waren nur die Jahre 790 und 807 ohne Krieg und Kampf.

Bedenkt man diese Fakten, so drängt sich die Frage auf: Konnte denn dieser König und Kaiser, außer um die Kriege, sich überhaupt noch um anderes kümmern? Die nächsten Kapitel versuchen darauf die Antwort zu geben.

Das Wirken eines Lebens

Die Grafschaftsverfassung und das Recht

Mit Kampfesmut und einem unstillbaren Eroberungswillen, gepaart mit politischer Klugheit und der Kunst, das Mögliche zu wollen und sich nie im Unmöglichen zu verlieren, hatten die Franken unter Merowingern, Hausmeiern und Karolingern ihr Reich geschaffen.

Das großfränkische Reich unter Karl fügte sich aus vier Reichsteilen zusammen. Es waren dies die Francia, die Germania und die von Karls Söhnen Ludwig und Pippin regierten Unterkönigstümer Aquitania und Italia.

Vier Reichtsteile, deren eigene Qualität und Charakter bis in unsere Tage ersichtlich sind.

Die Fläche betrug über 1 Million Quadratkilometer und erstreckte sich über eine Nord-Südachse von 1500 Kilometern von Hamburg bis Barcelona und über eine Ost-Westachse von 1200 Kilometern von Magdeburg bis Nantes.

Im Grunde war die Herrschaftsstruktur des Reiches die eines riesigen Familienunternehmens. Die Reichsaristokratie, mit der die Karolinger versippt oder verschwägert waren, besetzte die Führungspositionen.

Schätzungsweise 27 austrasische Adelsfamilien bildeten die Führungselite. Zum Beispiel sind uns die Etichonen im Elsaß, die Rogoniden in Maine, die Widonen als Grafen und Herzöge in der Bretagne und Italien, das maasfränkische Adelsgeschlecht der Unruochinger, die in Friaul Herrschaft ausübten, bekannt.[1]

Karolingische Verwaltungsgrundlage war die Grafschaftsverfassung. Der Graf war innerhalb seiner Grafschaft Beauf-
tragter des Königs und zugleich Gerichtsherr.

Er wurde überwacht durch die Königsboten, die »missi
dominici«, die fast immer in zweifacher Besetzung ihres
Amtes walteten. Der eine war weltlich, meistens ein Graf,
der andere ein schriftkundiger Geistlicher. Nur über den
schriftkundigen Klerus hatte Karl, selber ein Schriftunkundi-
ger, die Möglichkeit, eine schriftliche, das heißt eine nach-
prüfbare und normensetzende Herrschaft auszuüben.
Die Tätigkeit der »missi dominici« hat Karl in einem Capitulare von 802 genau angeordnet.[2]

»Ihr sollt Kirchen, Witwen und Waisen und allen anderen
vollständig, vorschriftsmäßig und unparteiisch Gerechtigkeit widerfahren lassen. Dabei darf es keinen Betrug, keine
Bestechlichkeit und keine mißbräuchlichen Verzögerungen
geben. Ihr müßt dafür sorgen, daß sich auch alle Eure Untergebenen entsprechend verhalten ... Hütet Euch sehr für
Euch selbst und Eure Dienstleute, daß ihr nicht von jedem
schlechten Geist erfüllt werdet, der Euch sprechen läßt:
›Schweigt doch, bis diese Königsboten verschwunden sind,
wir werden uns dann schon untereinander Recht ver-
schaffen.‹

Gebt Euch vielmehr alle Mühe, die Entscheidungen in anste-
henden Fällen vor unserer Ankunft zu treffen. Denn wenn
Ihr irgendwelche krummen Wege einschlagt oder wenn Ihr
aus Nachlässigkeit oder böser Absicht den Lauf der Gerechtigkeit bis zu unserer Ankunft verzögert, dann müßt Ihr stets
gewärtig sein, daß wir über Euch sehr abfällig Bericht erstat-
ten werden. Lest diesen Brief immer wieder und behaltet
seinen Inhalt, denn er wird stets zwischen uns als Beweis-
mittel dienen.«

Der König wußte, wovon er sprach. Korruption ist keine
Erfindung der Neuzeit, sondern so alt wie die Menschheit.
Wie Teodulf von Orleans berichtet, wagten sich die Prozeß-

parteien auch an die »missi« mit Bestechungsangeboten heran. »Hier verspricht mir jemand eine Kristallschale und Perlen aus dem Orient, wenn ich ihm den Gutsbesitz eines anderen verschaffe. Dort bietet mir ein anderer einen ganzen Haufen arabischer Goldmünzen oder römische Silbermünzen, wenn ich ihm zu einer Pacht, Feldern und Häusern verhelfe. Ein dritter holt vorsichtig meinen Notar zu sich und trägt ihm mit ganz leiser Stimme eine Botschaft für mich auf: ›Ich besitze eine Vase, die mit heidnischen Figuren geschmückt ist, aus reinem Metall und ziemlich schwer von Gewicht... Wenn dein Herr mir eine Urkundenfälschung durchgehen läßt, werde ich ihm diese antike Vase schenken; deine guten Dienste als Notar werde ich unverzüglich belohnen, wenn ich erst der Herr über so viele Leute geworden bin.‹«

Das mutet alles sehr modern an, und man versteht die Sorge des Königs um die Redlichkeit seiner Königsboten.

Durch sein Evokationsrecht hatte der König die Macht, jeden Prozeß vor sein Hofgericht zu bringen, um selber als oberster Richter Recht zu sprechen oder wieder herzustellen.

Die »Vita Walae« des Paschasius Radbertus berichtet von einem Fall, in dem Wala, der Vetter Karls des Großen, die Verteidigung einer Witwe aus Italien übernahm, die die Mühen einer winterlichen Alpenüberquerung auf sich nahm, um in Aachen ihr Recht zu suchen. Sie führte Klage gegen die Machenschaften ihres Verwalters. Dieser ließ später die Witwe durch drei gedungene Mörder umbringen. Einen der drei Mörder veranlaßte er dann, die beiden anderen Mitschuldigen zu töten. Aber: »Durch Geschenke verführt, verhinderten die Großen Italiens mit allen Mitteln, daß der für schuldig befunden wurde, dessen Urheberschaft an der Mordtat allgemein bekannt war.«

Dennoch waren die fränkische Grafschaft mit ihrer Rechtsprechung, die Königsboten und das königliche Hofgericht eine große Bemühung, Gerechtigkeit in eine Welt zu bringen, in der der Mächtige stark und der Schwache ohnmächtig war. Aus Karls Reform des Rechtswesens entstand das Schöffengericht, das sich bis zum heutigen Tage erhalten hat. Die Schöffen (Scabini), untadelige Männer, hatten die Aufgabe, gemeinsam mit dem Richter ein gerechtes Urteil zu finden. Im Rügezeugen oder Rügegeschworenen schuf Karl die Institution des Staatsanwalts, dem die Aufgabe zufiel, jedes Verbrechen, das im Gerichtsbezirk begangen wurde und von dem er Kenntnis erhielt, vor Gericht zu bringen. Auch konnte der eines Verbrechens Beschuldigte ohne eine rechtsförmliche Klage vor Gericht gestellt werden. Dieses Verfahren wanderte von der Normandie nach England und von dort nach Amerika und besteht weiterhin in der abgewandelten Form der Anklagejury (grand jury).

Nach dem Untergang des »Regnum Francorum« blieb die Grafschaft, die trotz aller Mängel der Zeit ein an das Recht gebundenes Verwaltungsorgan war, über viele Jahrhunderte bestehen. Sie wurde oftmals zum Ausgangspunkt größerer Fürstentümer. Die karolingische Grafschaft fand von der Normandie aus auch den Weg nach England und von dort nach Amerika, wo wir sie als »counties« wiederfinden.

Zu Karls Rechtsbemühungen muß noch hinzugefügt werden, daß er, der im kirchlichen und staatlichen Leben auf Vereinheitlichung bestand, im Rechtswesen den germanischen Stämmen ihr jeweils eigenes, überliefertes Recht beließ, wenn es nicht die Ordnung des Staates und die christliche Sittenlehre störte.

Neben dem Frankenrecht ließ er somit das Langobardenrecht, das Baiernrecht, das Sachsenrecht und das Schwabenrecht bestehen und festschreiben.

Aber trotz Grafschaftsverfassung und Rechtsordnungen darf man sich das karolingische Reich nicht als modernen, gleichmäßig aufgegliederten und verwalteten Rechtsstaat vorstellen. Schon das Immunitätsrecht, das der König großzügig Kirchen und Klöstern verlieh, aber auch Privilegien für bestimmte Personengruppen, durchbrachen die Gleichförmigkeit. Das entscheidende Herrschaftsmittel war dabei immer die Autorität des Königs gegenüber Adel und Volk. Trat an diesem Herzpunkt der königlichen Macht ein Verfall ein, wie schon unter Karls Nachfolger Ludwig dem Frommen, zeigten sich sofort die Auflösungserscheinungen in den untergeordneten Gliederungen des Reiches.

Das Geldwesen

Der Untergang der römischen Welt hatte auch im Münz- und Geldwesen seinen Niederschlag gefunden. Die staatlichen Münzen wie Trier oder Lyon waren verfallen. Die römische Stadtkultur löste sich auf. Das Leben verlagerte sich von der Stadt aufs Land. Suchten früher die Produkte des Landes ihren Weg zu den Märkten der Städte, so suchten jetzt die Städter den Weg zurück zum Land und seinen Produkten. Die Domäne als agrarischer Selbstversorgungsverbund entstand. Die Domäne, die nur für ihre Bedürfnisse produzierte, brauchte nicht mehr den Handel mit seinen Verbrauchsanreizen. Folglich sank auch die Bedeutung des Geldes.

Die kaiserliche Münzhoheit verschwand und wurde aufgesogen von vielen kleinen Potentaten, von Kirchen, Klöstern und anderen Gemeinschaften.

Mit sinkendem Geldwert verschwand auch die Einheitlichkeit der Währung. Als erster germanischer Fürst usurpierte der Merowinger Theudebert I. (Kg. 533–548) das kaiserliche Recht, Münzen mit seinem Namen schlagen zu lassen.

Den westgotischen und langobardischen Königen gelang es, die Münzprägung in der Königsgewalt zu halten. Im Merowingerreich hingegen wuchs die Anzahl der Herren, die eigene Münzprägung für sich in Anspruch nahmen, rasch an. Im 7. Jahrhundert erschienen Münzen von Bischöfen: (EPISCOPVS ESTIN = Bischof Stephan in Chalons-sur-Saône), von Klöstern: (RACIO MVNAXTIRII in Orleans), von Kirchen: (RACIO BASILICI SCI MARTINI in Tours). Sogar ein freies Unternehmertum trat im Geldwesen auf und überwucherte den Markt. Es handelte sich um Inhaber von Münzprägestätten. Sie nannten sich Monetare und bekannten sich bald sehr offen zu ihrer Urheberschaft an den Münzen, was darauf hindeutet, daß sie wohl ehrlicheres Geld prägten als andere. Münzen erschienen mit der Legende (VIENNA DE OFFICINA LAVRENTII = In Vienne aus der Werkstatt des Laurentius). In Trier erschienen Münzen mit der Prägung: LAVNOVIVS MO CONSTIT = der Monetar hat festgesetzt. Die Zahl dieser privaten merowingischen Monetare wird auf 2000 geschätzt. Mit König Pippin erst änderte sich diese verworrene Situation. Er machte das Münzrecht wieder zum Königsrecht, und es war Karl der Große, der das Münzrecht grundlegend reformierte und zwar derart, daß sein neues Währungssystem für lange Zeit in Westeuropa bestimmend blieb.

Peter Berghaus fixiert dies so:»Die Münzreform Karls des Großen gilt als wichtigster Festpunkt in der europäischen Münzgeschichte.«[3]

Da die Araber das Mittelmeer beherrschten, war der Goldstrom aus Afrika versiegt. Karl stellte darum auf Silberwährung um. Auf des Königs Befehl wurde im gesamten Frankenreich ein gleichmäßig wertbeständiger und darum überall anerkannter Silberdenar geprägt.

Der erste karolingische Denar, der vor 793 erschien, hatte ein Gewicht von 1,27 g, und der neue Denar, der nach der Münzreform von 794 die Prägestätte verließ, ein Gewicht von 1,60 g. Von nun an wurde nur noch dieser Denar geprägt, er war der Vorläufer des Pfennigs. Höhere Werte erschienen nur als Rechnungseinheiten, so der Solidus (zu deutsch Schilling) zu 12 Denaren und das Pfund zu 20 Solidi (Schilling) oder 240 Denaren (Pfennigen).

Das karolingische Währungssystem hat sich bis in unsere Zeit in England, einem Land mit besonderem Konservatismus, erhalten.

J. Werner charakterisiert die karolingische Münzreform »als die erste staatlich garantierte Währung seit dem Zusammenbruch des römischen Reiches«. [4]
Der französische Historiker Pierre Riché ermittelte aus den historischen Quellen die Wertrelationen der verschiedensten Güter. Daß es sich nur um Annährungswerte handeln kann, ist verständlich, da zu viele Kriterien unklar sind. Zum Beispiel schwanken die Angaben über das gängigste karolingische Hohlmaß, den Scheffel, zwischen 20 und 70 Litern.
König Pippin und Karl der Große gaben sich Mühe, diese Vielfalt zu vereinheitlichen. In seiner »admonitio generalis« von 789 verfügte Karl: »Alle sollen gleiche und richtige Maße und gleiche und richtige Gewichte verwenden, sowohl in den Städten als auch in den Klöstern und auf dem Lande, beim Einkauf wie beim Verkauf.« Und um seinen Befehlen göttliche Legitimation zu geben, zitierte der König aus dem Buch der Sprüche (20,10): »Zweierlei Gewichte und zweierlei Maße, beide sind für den Herrn ein Abscheu.«
Da Karl wußte, wie schwer einheitliche Normen und Maße in einer analphabetischen Gesellschaft durchzusetzen waren, und sich darüber im klaren war, daß immer bestimmte Gruppen an der Undurchschaubarkeit von Maßen und Normen interessiert sind, beauftragte er im »Capitulare de villis« seine Beamten: »Jeder Amtmann muß in seinem Bezirk Maße für den Scheffel, den Sester (ein Sechzehntel Scheffel), die Situla zu 8 Sestern und für den Corbus vorrätig haben, in den gleichen Größen, wie wir sie in der Königspfalz benützen.«
Es ist aber nicht festzustellen, ob sich die neuen Maße im Reich auch durchgesetzt haben.
Trotz all dieser Unsicherheiten seien die Waren- und Preisvergleiche, die Pierre Riché aus den Quellen erarbeitete, betrachtet:

Getreidepreise des Jahres 794 pro Scheffel:
Hafer: 1 Denar   Roggen: 3 Denare
Gerste: 2 Denare   Weizen: 4 Denare

Brotpreise des Jahres 794: Für einen Denar erhielt man Brote
von je 2 Pfund Gewicht:

25 Haferbrote   15 Roggenbrote
20 Gerstenbrote   12 Weißbrote.

Viehpreise:
1 Widder: 4–12 Denare   1 Ochse: 24–108 Denare
1 Schwein: 12–15 Denare   1 Stier: 72   Denare
1 Kuh: 14   Denare   1 Pferd: 240–360 Denare

Waffenpreise:
1 Schwert: 60 Denare; mit Scheide: 84 Denare
1 Helm: 72 Denare
1 Brustpanzer: 144 Denare
1 Lanze und
1 Schild: 14 Denare [5]

Alle Imponderabilien eingeschlossen, kostete die Ausstattung eines Panzerreiters damals ca. 40 Solidi = Schillinge.
Außer dem karolingischen Denar gab es noch die zahlenmäßig kleine, aber kulturgeschichtlich wichtige Gruppe der Bildmünzen Karls.
Auf der Vorderseite der Münzen sehen wir das Profilbild des Königs in constantinischer Manier. Auf der Rückseite erscheint ein Kirchengebäude mit der Inschrift:

XPICTIANA RELIGIO (CHRISTIANA RELIGIO)
Christliche Religion.

Diese Münzinschrift ist zugleich Karls Regierungsprogramm.

Wirtschaftsformen und Sozialgefüge

Wie sahen die wirtschaftlichen und sozialen Bedingungen aus, die es den Karolingern ermöglichten, Jahr für Jahr, mit ganz wenigen Ausnahmen, ein Heer aufzustellen für Kampf, Sieg und Eroberung? Theodor Schieffer sagt uns dazu: »Die wirtschaftlichen Lebensbedingungen und die sozialen Lebensordnungen der frühen Jahrhunderte erschließen sich nur schwer unserem Wissen... Es handelt sich um eine in der Substanz gleichbleibende Grundstruktur, die im wesentlichen ihrer eigengesetzlichen Beharrung und Entwicklung folgt. Sie gibt nur sehr allmähliche Wandlungen und Differenzierungen zu erkennen, die nur in seltenen Glücksfällen durch spezifische Quellen beleuchtet werden.«[6] Einer dieser Glücksfälle ist das »Capitulare de villis« Karls des Großen vom Jahre 800, das genaue Anordnungen über die Bewirtschaftung und die Bebauung sowie die gesamte Produktionsleistung der Königsgüter enthält. Karl verlangte ausdrücklich die Inventarisierung der Krondomänen. Der karolingischen Gesetzgebung über die Agrarwirtschaft ist die gleiche Bedeutung zuzumessen wie der karolingischen Münzreform, und zwar deshalb, weil auf Grundbesitz und Lehnswesen das Vasallentum beruhte, aus dem die Karolinger ihre militärische Macht bezogen.

Edith Ennen stellt dazu fest: »In der Karolingerzeit entstand das Lehnswesen (Lehnswesen = Feudalismus, frz. féodalité, engl. feudalism, niederl. leenstelsel). Es ist ein verbreiteter, aber großer Laienirrtum, es mit der Grundherrschaft, die viel älter ist, zu verwechseln.«[7]

Im Untergang des römischen Reiches war auch die römische Stadtkultur versunken. Mühsam entgingen gallorömische Stadtgründungen wie Lyon, Vienne, Nîmes, Toulouse, Bordeaux, Dijon, Cahors dem völligen Verfall. An der Rheinlinie hielten sich, wenn auch mit sinkenden Bevölkerungszahlen,

179

Straßburg, Worms, Mainz, Koblenz, Bonn, Köln, Neuss und Xanten. Die durchgängige Besiedlung dieser Städte ist durch Gräberfelder zu belegen.

Im nördlichen Gallien überdauerten, jedoch stark reduziert in Flächenausdehnung und Bevölkerungszahl, Paris, Soisson, Verdun, Rouen, Tournai und das 70 Hektar große Metz. Am deutlichsten zeigte sich der Verfall an der Kaiserstadt Trier, die einmal 285 Hektar umfaßte, deren Leben sich aber im 6. Jahrhundert nur noch um die Domburg herum abspielte. Die »Roma secunda« versank in Bedeutungslosigkeit. Im allgemeinen waren es die Bischofsstädte, die den Rest der Stadtkultur retteten. Sowohl in merowingischer wie in karolingischer Zeit wurden Städte als Steinbrüche mißbraucht, und innerhalb ihrer Mauern entwickelten sich kleinere Landwirtschaften. Auch das Handwerk rettete sich, wenn auch stark reduziert, in den verfallenden Städten und hielt sich durch einen bescheidenen Nah- und Fernhandel am Leben. In den von den Römern verlassenen rheinischen Grenzlanden beweisen die Grabungsfunde, daß die Fertigung wichtiger Gebrauchsgüter in Gerbereien, Töpfereien, Glasereien, Spenglereien, Schreinereien und Schmiedehandwerk zu keiner Zeit erlosch.

Wenn auch die Karolingerzeit eine Hinwendung zur Landwirtschaft und eine Abwendung von der antiken Stadtkultur mit sich brachte, so war sie doch – ein scheinbarer Widerspruch – eine Zeit der Konsolidierung der Städte und des Ausbaus von Nah- und Fernhandel.

Städte wie Würzburg, Magdeburg, Hamburg, aber auch alte Römerstädte wie Regensburg und Straßburg, zeigen schon durch ihre Namen, daß die Städte jetzt eine neue Aufgabe als Sicherheits- und Verteidigungswerke erhielten. Auch um Königshöfe und Pfalzen wie Aachen und Goslar, oder um Klöster wie Quedlinburg und Corvey, entwickelte sich städtisches Leben.

Dennoch war die karolingische Welt eine agrarische Welt, und ihre Funktionsform war die Grundherrschaft, aus der sich die Lehnsherrschaft entwickelte.

Die Grundherrschaft

Das Wort Grundherrschaft ist ein moderner, historisch-juristischer Ordnungsbegriff, der einfach »Herrschaft über Land und Leute« bedeutet und eine damit verbundene Gerichtsbarkeit. Den Grundherren der Merowingerzeit, die oftmals zur Bewirtschaftung ihrer Güter Sklaven einsetzten, war aufgegangen, daß Sklaven teure Kostgänger waren. Sie wurden in den saisonalen Spitzenzeiten der Aussaat und der Ernte benötigt, mußten aber das ganze Jahr durchgefüttert werden. So lag es nahe, dem Menschen ein Stück Land zur Eigenbewirtschaftung zu geben und dafür von ihm Naturalabgaben, Geld und Frondienste zu fordern. Jeder Inhaber einer solchen Bauernstelle hatte bei Strafe des Besitzverlustes seiner Abgabe- und Fronpflicht nachzukommen. Diese Pächter hießen Hörige oder Grundholden. Wir kennen ein gutes Beispiel dafür, denn das Inventar des Staffelhofes, im Eigentum des Bischofs von Augsburg, liegt uns vor.
Von den insgesamt 23 Hofstellen dieses Hofes, man nannte sie mansi, hatten 5 pro Jahr je 2 Ochsen zu liefern, außerdem war angemessener Reiterdienst zu leisten. Von weiteren 6 Höfen waren zu liefern: je 14 Scheffel Getreide, 4 Ferkel, eine bestimmte Menge Flachs, 2 Hühner, 10 Eier, 1 Metze Leinsamen und 1 Metze Linsen.
Ferner mußten 5 Wochen Fronarbeit geleistet, 3 Tagewerk gepflügt und ein Fuder Heu auf der Herrschaftswiese geschnitten werden. Sechs andere Höfe waren belastet mit dem jährlichen Ackern, Einsäen und Abernten von zwei Tagewerk Herrschaftsland, dem Schneiden und Einbringen von 3 Fudern Heu sowie zwei Wochen Frondienst. Vier

andere Höfe mußten zusätzlich Wein transportieren, Herrschaftsland düngen und Brennholz liefern.
Die Belastung der einzelnen Höfe war sehr unterschiedlich. Waren die Naturalabgaben hoch, so waren die Fronarbeiten geringer. Von einer Grundherrschaft in Arnheim wissen wir, daß nur 2 Wochen Fronarbeit im Mai und zwei Wochen im Herbst abgeleistet werden mußten. Die hörigen Bauern in Noually-en-Berry hatten geringe Naturalabgaben, mußten aber im Herbst 8 Ruten Ackerland umpflügen und im Frühjahr 26 Ruten. Außerdem mußen sie zur Erntezeit mitarbeiten, hatten die Einfriedungen des Herrenhofes instand zu halten und zwei Wagenladungen mit Brennholz und eine mit Lebensmitteln nach Paris und Angers zu liefern.
Ein Kenner der Zeit wie Pierre Riché kommt zu der Auffassung, daß das Leben der hörigen Bauern erträglich war, daß sie über relativ viel Zeit verfügten, um ihre Felder zu bestellen, und gute Ernteerträge erwirtschafteten, die sie auf nahe gelegenen Märkten verkauften, ja daß sie ihre Getreideernten und ihren Wein sogar über größere Entfernungen vertreiben konnten.
Von den 800 hörigen Bauernfamilien des Klosters Santa Giulia von Brescia wissen wir, daß sie im Anfang des 10. Jahrhunderts zu rund 60000 Arbeitstagen verpflichtet waren. Das war pro Bauernfamilie ein Arbeitsaufwand von 75 Tagen.
Dies scheint tatsächlich erträglich und die Auffassungen von Pierre Riché zu bestätigen.
Neben dem Herrenhof und den Hofstellen der Hörigen gab es natürlich den freien Bauern. Aber diese Freiheit ist nicht mit unserem heutigen Begriff zu verwechseln. Zur Freiheit gehörte damals das Recht des Waffentragens, der Teilnahme an Rat und Gericht. Dem Aufruf zur Heerfolge mußte der freie Bauer nachkommen, das war Recht und Pflicht zugleich. Tatsächlich verringerte sich die Anzahl der freien Bauern in karolingischer Zeit. Das Übergewicht der großen

Grundherren war zu schwer und trieb auch freie Bauern in die Abhängigkeit. Doch hielt das Volksrecht daran fest, daß der Freie (ingenuus, liber) der Regeltyp des fränkischen Stammesgenossen zu sein habe. Karl der Große hat in einigen Kapitularien versucht, die Stellung des freien Bauerntums zu festigen. War es doch eine Quelle der Wehrhaftigkeit und das Ideal germanischer Lebensauffassung.

Auch die Unfreiheit der Hörigen ist nicht mit heutigen Augen zu sehen. Edith Ennen spricht von einer gestuften Unfreiheit, innerhalb derer dem Hörigen auch Rechte zustanden.

Die Karolingerzeit zeigt eine sehr unterschiedlich leistungsfähige Agrargesellschaft. Was die Lebensqualität der in ihr lebenden Menschen betrifft, so läßt sich darüber noch kein abschließendes Urteil bilden.

Die Domäne

Die Domänen waren agrarische Großunternehmen. Es gab die Kron-Domänen des Königs, seiner Magnaten, aber auch der geistlichen Herren, Bischöfe und Äbte.

Die Krondomänen dienten der Versorgung des Königs (Tafelgüter), waren aber auch bestimmt zum Aufenthalt des Königs und seines Hofes. Wir finden König Pippin auf den Gütern und Pfalzen des westlichen Frankenreiches, in Attigny und Compiègne zum Beispiel, wohingegen Karl der Große das Rhein-Maingebiet bevorzugte mit Herstal, Diedenhofen und Worms, und ab 794 Aachen zu seiner Dauerresidenz machte.

Die Monumenta Germaniae geben uns eine Schilderung der Krondomäne von Annappes:

»Ein königlicher Palast, der aus hervorragendem Stein gebaut ist, mit drei Zimmern und einer oberen Galerie mit 11 kleinen Räumen, die das ganze Haus umgibt.

(Die Strukturen der großen Landsitze waren seit der Römer-
zeit unverändert.) Unten befinden sich ein Vorratsgewölbe
und zwei Säulengänge; innerhalb des Hofes liegen siebzehn
andere, aus Holz gebaute Häuser mit ebenso vielen Zimmern sowie weitere Nebengebäude in gutem Zustand, ein
Stall, eine Küche, eine Backstube, zwei Scheunen und drei
Schuppen. Ein Hof ist mit starken Palisaden, einem Stein-
portal und einem darüber liegenden Säulengang ausgestattet. Ein kleiner Hof ist ebenfalls durch eine Hecke eingefrie-
det, die gut gepflegt ist und aus Bäumen verschiedener Art
besteht.«[8]

Hinzu kamen eine, meistens aber mehrere Mühlen und die
Kapelle, die sich dann zur Pfarrkirche erweiterte. Große
Domänen waren in Bezirke aufgeteilt, die sich um einen
Herrenhof unter der Leitung eines »villicus« scharten (Villi-
vikationssystem).

Die Größen der Domänen, ihre innere Organisation, der
Anteil von Herrenland, Hörigenhöfen und mitunter freien
Bauern, die aber auch Dienste zu erbringen hatten, sind so
unterschiedlich, daß ein durchgängiges Schema nicht erkennbar ist.

Karl der Große hatte die Inventarisierung der Domänen angeordnet. Man nannte diese Güterverzeichnisse Polyptycha.
Aber obwohl wir mehrere solcher Verzeichnisse besitzen –
das berühmteste ist wohl das Polyptychon des Abtes Irmion
von St. Germain-des-Prés bei Paris aus dem frühen 9. Jahrhundert, das die Organisation einer Großdomäne mit ihren
villae und mansi mit Akribie aufzeichnet, – ist ein genauer
Einblick in das Domänenwesen nicht möglich.

Wie soll man es z. B. verstehen, daß das Güterverzeichnis
der vorher geschilderten Domäne von Annappes zwar 5
Wassermühlen aufweist, aber an eisernen Bodenbearbei-
tungsgeräten nur zwei Spaten, zwei Sicheln und zwei Sen-
sen. Damit war ein solch großes Gut sicher nicht zu bewirt-
schaften. Es bleiben folgende Überlegungen: Entweder

waren die Güterverzeichnisse ungenau bis zur Leichtfertigkeit, oder aber die Arbeitsgeräte befanden sich auf den Hofstellen der Hörigen und Bauern. Dort wurden sie gepflegt, repariert, zur Bebauung der Eigenflächen gebraucht und zum jeweiligen Herrendienst mitgebracht und eingesetzt.

Die großen Krondomänen waren auf Vorratswirtschaft angelegt, um Mißernten auszugleichen. Wir wissen von Karl, daß er bei einer Hungersnot seine Beamten anwies, darauf zu achten, daß die Not des Volkes nicht durch Wucherpreise noch vergrößert wurde. Ja, er gab Anweisung, aus den Speichern der Krondomänen Getreide zum Normalpreis zu verkaufen: einesteils, um der Gerechtigkeit und königlichen Sorgepflicht zu genügen, zum anderen, um preisregulierend zu wirken.

Über die Größe der Klosterdomänen gibt uns eine Bemerkung des Erzbischofs von Toledo Auskunft, der Alkuin vorwarf, auf seinen vier Abteien von Ferrières, Saint-Martin in Tours, Saint-Loup in Troyes und Saint-Josse, 20000 unfreie Arbeiter, Hörige oder Menschen im Sklavenstatus gefangenzuhalten.

Eine Berechnung über die Abtei Saint-Bertin macht nachdenklich. Sie zeigt nämlich auf, daß der Unterhalt eines einzigen von insgesamt 60 Mönchen die Abgaben von dreißig hörigen Hofstellen verschlang.

Die Aussage ist doppeldeutig. Einmal können die Abgaben der Hörigen so gering gewesen sein, daß sich 30 Hofstellen am Unterhalt eines Mönches beteiligten, oder aber die Ernteerträge waren so gering, daß wirklich eine so große Zahl höriger Bauern für die Ernährung eines Mönches aufkommen mußte.

Abschließend kann man sagen: die Agrargesellschaft der Karolingerzeit ist uneinheitlich und zeigt darum auch sehr unterschiedliche Leistungsfähigkeiten.

Landwirtschaft und militärische Stärke

Max Weber hat in seiner Wirtschaftsgeschichte darauf hingewiesen, daß die Produktivität einer Agrargesellschaft, und dazu gehört ja auch das von agrarischen Bedürfnissen geprägte Handwerk, identisch ist mit der waffentechnischen Schlagkraft ihrer Armeen. Stimmt dieser so einleuchtende Satz, dann muß die Produktivität der karolingischen Landwirtschaft besser gewesen sein, als es unser jetziger historischer Wissensstand vermuten läßt.

Zu Karls Zeiten wurde das Brustgeschirr für Pferde im Karrenzug erfunden. Damit war nicht nur ein besseres landwirtschaftliches Transportmittel gegeben, sondern auch die militärische Beförderungsmöglichkeiten, sei es im Nachschub oder auf dem Feldzug selbst, waren verbessert. Auch die Einführung des Steigbügels, wahrscheinlich eine Erfindung sarmatischer Reitervölker, der in Zusammenarbeit von Schmied und Sattler hergestellt wurde, schuf eine neue militärische Erscheinung im Abendland: »den gepanzerten Lanzenreiter«. Nicht mehr auf schwankendem Pferderücken saß jetzt der Reiter, wie uns noch die Reiterstatue des Marc Aurel zeigt, sondern der Steigbügel gab ihm festen Halt auf dem Pferderücken. So war es nunmehr möglich, mit der in die Schulter eingelegten Lanze den Gegner mit einem gezielten, gewaltigen Stoß aus dem Sattel zu werfen oder ihn als Fußsoldat tödlich zu treffen, zumindest aber gefechtsunfähig zu machen.

Betrachtet man die Gitter, die die Empore im Aachener Münster umgeben, dazu die schweren Bronzeportale, so hat man anschauliche Beispiele karolingischer Metallverarbeitung. Nahe der Pfalz wurden Reste einer Gießerei ausgegraben. Ein Beweis, daß die Stücke an Ort und Stelle hergestellt wurden.

Karolingische Schmiedekunst stand in so hohem Ansehen, daß die Normannen jede mögliche Menge fränkischer

Schwerter raubten und sie sogar kauften. Karl der Kahle drohte an, jeden als Verräter und Feind der Christenheit mit dem Tod zu bestrafen, der den Feind mit Waffen belieferte. Über germanisches Schmiedewesen berichtet die Thidreksaga: »Wieland geht mit dem Hofschmied des Königs, Amilias, eine Wette ein, ein Schwert zu schmieden, das so scharf ist, daß es eine von Amilias geschmiedete Rüstung durchschlägt. In sieben Tagen schmiedete Wieland ein Schwert von besonderer Größe. Dann feilte er dieses Schwert in Eisenspäne auf, vermengte sie mit Mehl und gab dieses Gemisch Gänsen zum Fraß, die er vorher drei Tage hatte hungern lassen. Dann sammelte er den Gänsekot, warf ihn ins Feuer, schweißte die rückgewonnenen Stahlspäne, die den Verdauungstrakt der Gänse passiert hatten, wieder zu einem Schwert. Dieses neue Schwert war kleiner als das erste, dafür aber von großer Schärfe. Der König, dem Wieland das Schwert vorführte, war begeistert. Doch Wieland sprach: ›Ihr sollt ein noch schärferes Schwert bekommen.‹ Wiederum ging Wieland in seine Schmiede und unterwarf das Schwert dem gleichen Prozeß des Zerfeilens und des Verfütterns an die Gänse. Aus den rückgewonnenen Eisenspänen schuf er das neue, endgültige Schwert. Dann machte er mit dem König die Probe. Er hielt das Schwert in einen Fluß gegen den Stromlauf. Dann warf er eine Wollflocke in den treibenden Strom. Die Wollflocke traf auf die Schwertklinge, die das Wollgespinst glatt durchschnitt.«

Eine interessante Sage, so scheint es. Aber Hans Ritter ist in seinem Buch »Die Nibelungen zogen nordwärts« dieser Sage nachgegangen und präsentiert den Dr. Ing. Karl Daeves Düsseldorf, der 1940 in der »Rundschau deutscher Technik« (Nr. 26, 20. Jg. v. 27. 6. 1940) unter dem Thema: »Die Untersuchung altdeutscher Eisenteile« schreibt: »Warum verwendete Wieland aber gerade Geflügelmist? Wozu die mehrfache Zerteilung, Einsatzbehandlung und Neuschmiedung? – Kot enthält außer Kohlenstoff auch Stickstoff. Erst seit

Anfang dieses Jahrhunderts ist uns bekannt, daß die Stick-
stoffeinwanderung eine beträchtliche zusätzliche Härtung
bewirkt, so daß ›nitrierte‹ Stähle die höchste bei Eisen überhaupt feststellbare Härte aufweisen. Sie finden z. B. Anwen-
dung in den höchstbeanspruchten Flugmotorenteilen . . .«[9]
Wir berichten dies, weil uns hier mit aller Klarheit die Fähigkeiten germanischer Waffenschmiedekunst dargestellt und
bestätigt werden.
Die fränkischen Schwerter waren im Orient genauso be-
rühmt wie im Abendland. So wird Notkers Ausruf über das
eisenbewehrte Heer, das Karl gegen die Langobarden
führte, verständlich:»O Eisen! Ach Eisen . . . wegen des
Eisens erzitterte die Festigkeit der Mauern und die Tapferkeit
der Jungen und der Rat der Alten verging vor dem Eisen.«
Neben Landwirtschaft, Handwerk, Nah- und Fernhandel
gab es in der damaligen Zeit eine weitere »Erwerbsform« –
den Krieg.
Krieg, Eroberung und Beute trugen wesentlich zur Lebens-
bewältigung bei. Denken wir nur an die 16 Ochsenkarren mit
awarischem Gold. Auf allen Feldzügen war die Beute erheblich und stellte die Entlohnung der Truppen dar. Wesentli-
cher Beuteanteil waren die Gefangenen, die meistens ver-
sklavt wurden.
Zwar war die Sklaverei im Karolingerreich selbst aus den
vorher erwähnten Gründen rückläufig. Zu der wirtschaftlichen Schwierigkeit der Sklavenhaltung kam auch die Mahnung der Kirche, die die Sklavenhaltung zwar nicht verbot,
aber es als ein Gott wohlgefälliges Werk ansah, Sklaven in
Freiheit zu setzen und sie freizukaufen.
Dennoch blieb der Handel mit Sklaven ein einträgliches
Geschäft. Die militärischen Operationen der Karolinger in
slawischen Grenzgebieten lieferten immer neue »Sklaven-
ware«. Der Sklavenhandel wurde durch Juden, aber auch
durch Christen durchgeführt. Man kaufte die Sklaven an Ort
und Stelle, dort, wo sie erbeutet wurden, in Böhmen oder im

wendischen Grenzland, und brachte sie über Regensburg, Mainz und Verdun zu den Häfen des Mittelmeeres. Abnehmer waren der Orient, aber auch die arabischen Emirate in Spanien.

Der Mönch Bernhard will 870 im Hafen von Tarent sechs Schiffe, die mit 9000 Sklaven befrachtet waren, gesehen haben. Bestimmungsort der tragischen menschlichen Fracht war Ägypten und Nord-Afrika.

Die Karolinger versuchten immerhin, den Sklavenhandel in bestimmte Rechtsformen zu binden. König Pippin erließ ein Verkaufsverbot christlicher Sklaven an Heiden. Karl der Große erließ zur Einhaltung dieser Anordnung ein Kapitular, wonach der Verkauf von Sklaven innerhalb des fränkischen Reiches nur unter der Aufsicht eines Grafen oder eines Bischofs stattfinden konnte.

Bischof Agobard von Lyon (816–840) machte sich unter anderem dadurch bekannt, daß er sich bereit erklärte, Sklaven für einen Preis von 20–30 Schillingen freizukaufen, um ihre Seelen zu retten. Ein Versuch, der letztlich auf Dauer gelang. Der Grundholde, der Hörige im Herrenhaus oder auf seiner Hofstelle, war kein Sklave, denn ihm blieben in seiner »gestuften Unfreiheit« gewisse Rechtsbereiche.

Das Lehnswesen = der Feudalismus

Wurde die agrarische Welt bestimmt von der Grundherrschaft, den Hörigen im Herrenhaus und auf den Hofstellen, gegliedert um den Herrenhof, sowie die Summe der freien Bauern, so war die weitere entscheidende soziale Komponente der karolingischen Welt das Lehnswesen.

Max Weber sagt in holzschnittartiger, verkürzender Klarheit: »Der Zweck des Feudalsystems ist Schaffung von Reiterei durch Verleihung von Grundbesitz und Herrenrechten über Leute, die Vasallendienste zu übernehmen bereit sind.«

Schon die merowingischen Könige und ihre Magnaten verfügten über eine Reitertruppe zum sofortigen Einsatz. Diese
Garde setzte sich aus Freien und Unfreien zusammen. Der
Dienst in den »trustis« hob auch den Unfreien auf eine
höhere Stufe des Ansehens, vor allem, wenn er Waffenträger
wurde. Waffen gaben Macht, Macht gab Ansehen. Die Mitglieder der trustis nannte man auch »gasindus«, ein alter
Name für den germanischen Kampfgenossen. Der »Kampf-
genosse« lebte meist im Hause seines Herrn, der ihn unter-
hielt und ihm einen Beuteanteil zugestand. Diese Männer-
bünde entwickelten einen eigenen Ehrenkodex, bei dem die
Treue gegenüber dem Herrn an erster Stelle stand. Im Laufe
der Zeit entwickelte sich der Begriff »Vasall« (vassus, vasal-
lus) was im Vulgärlatein »junger Bursche« hieß. Die Vasallen
waren eben die »Burschen« ihres Herren. In den Lebensunsi-
cherheiten des Mittelalters war es wichtig, einen guten und
mächtigen Herrn zu finden, ihm zu dienen, ihm Treue zu
schwören und sich seine Huld zu erhalten.
Mancherlei Gründe führten den Mann, den Freien wie den
Unfreien, in die Gefolgschaft, das heißt, in die Munt (aus
dem lat. mundium – Schutz und Vormundschaft) eines
Herren.
Not, Hunger, Schutzbedürfnis, aber auch Ruhmsucht und
Beutegier waren treibende Elemente. Der Rechtsakt, mit
dem sich ein freier Mann in die Munt eines Herren begab, ist
uns in einem Formelbuch, einer Sammlung von Vorlagen für
die Abfassung von Urkunden, den »Formulae Turonenses«
aus der Mitte des 8. Jahrhunderts, überliefert. Sie sind, wie
der Name sagt, in Tours entstanden und reichen nach
Ansicht von François Louis Ganshof in noch ältere Zeiten
zurück. Wegen ihrer Bedeutung sei die Formel hier nach K.
Zeumer wiedergegeben:
»An den großmütigen Herrn . . ., ich . . . Da es allen bekannt
ist, daß es mir an Nahrung und an Kleidung fehlt, habe ich
mich bittend an Euer Erbarmen gewandt und habe frei

beschlossen, mich in Eure Munt zu begeben oder zu kommendieren. Und das habe ich getan; so soll es sein, daß Ihr mir mit Speise und Kleidung helft und mich unterhaltet, und zwar in dem Maße, wie ich Euch dienen und mir damit Eure Hilfe verdienen kann. Bis zu meinem Tode muß ich Euch dienen und gehorchen, so wie ich es als freier Mann vermag, und Zeit meines Lebens werde ich mich Eurer Gewalt oder Munt nicht entziehen können, sondern ich werde, solange ich lebe, unter Eurer Gewalt und Eurem Schutz bleiben. Und so kamen wir überein, daß der von uns beiden, der sich diesen Abmachungen entziehen wollte, seinem Vertragspartner soundsoviel Solidi zahlen muß und daß die Vereinbarung selber in Kraft bleibt.«

Der Vertrag ist klar. Der Mann begibt sich in die Munt des Herrn. Seine Leistung für den Herrn besteht in Treue, Gehorsam und den Diensten, die ihm der Herr zuweist. Diese Dienste müssen aber mit seiner Eigenschaft als freier Mann vereinbar sein.

Der Herr leistet seinerseits Schutz und Unterhalt.

Der Unterhalt konnte in verschiedener Form gegeben werden. Durch ein Leben am Hofe des Herrn oder dadurch, daß der Herr dem Mann ein Stück Land von unterschiedlicher Größe zur Leihe, zum Lehen gab.

Mit dem Erscheinen der Karolinger in der Geschichte veränderte sich auch das Kriegswesen. Die mörderischen merowingischen Bruderkriege, Ergebnisse des fränkischen Teilungsrechts, bei dem der König sein Land unter seine Söhne aufteilte, wie der Bauer seinen Hof, wurden durch die Macht der Hausmeier beendet. Durch Karl Martell wurden die fränkischen Königtümer in ein geschlossenes Frankenreich eingeschweißt.

Zum Glück der Karolinger gehörte es, daß vier aufeinanderfolgende Herrschergenerationen die Reichseinheit aufrechterhalten konnten. Aber das führte auch dazu, daß die Kriege der Karolinger, wie zu Chlodwigs Zeiten, zu riesigen Eroberungen ausgriffen. Weiträumige militärische Operationen mußten durchgeführt werden, was wiederum den Ausbau der Reiterwaffe erforderte, besser noch des gepanzerten Reiters, der später Ritter genannt wurde.

Ein Pferd, eine Panzerrüstung, oder auch nur ein mit Eisenschuppen besetztes Panzerhemd, ein Speer, ein Schwert, eine Lanze kosteten ein Vermögen.

Uns ist ein alemannischer Landmann bekannt, der sein väterliches Erbe, eine kleine Hofwirtschaft mit Äckern hingab – für ein Schwert und einen Helm.

Um den Unterhalt seiner teuren Panzerreiter zu sichern, gab der fränkische König seinen Vasallen – denn aus dieser Schicht rekrutierten sich die Panzerreiter – ein Beneficium (wörtlich Wohltat). Das Beneficium konnte gegeben werden in Form von Landgütern, die, von Bauern und Hörigen bewirtschaftet, die Grundlagen für den reiterlichen Kriegsdienst boten. Diese Beneficien konnten aber auch in der Würde und in dem Einkommen eines Laienabtes bestehen.

Beim Todesfall des Vasallen, dem Mannfall, ging das Lehen an den Herrn zurück und konnte von ihm neu vergeben oder an den Leibeserben des verstorbenen Vasallen weitergegeben werden. Beim Tode des Herrn, dem Herrenfall, mußte der Inhaber des Lehens vom neuen Herrn die erneute Belehnung erbitten.

Die spätere Erblichkeit der Lehen war Ergebnis eines langen Prozesses im Kampf des Adels mit dem Königtum.

Beneficium und Vasallentum verschmolzen unter den Karolingern zum Begriff der Vasallität – der Feudalität –, die für die kommenden Jahrhunderte die Welt Europas formte.

Der Vasall lebte wie gesagt auf einem Stück Land, einem Landgut, das der Herr, der Großvasall oder der König selbst, ihm zur Leihe, zum Lehen gab.

Reichte das Königsland dazu nicht aus, so griffen die Karolinger großzügig auf Kirchenland zurück. Karl Martell hat sich dieses Mittels am unbekümmertsten bedient. Unter

Karlmann I. und König Pippin fand diese Landnahme ihre Rechtsunterlage in der »precaria verbo regis« – Vergabe in Prekarie auf Befehl des Königs. Der Vasall, der auf Kirchenland saß, mußte der Kirche einen Zins leisten, meistens den Zehnten, hatte aber für seine Vasallenpflicht gegenüber dem König eine wirtschaftliche Grundlage.

Die Vasallität breitete sich aus. Vasallen, die Ländereien von großem Ausmaß als Beneficium erhielten, nahmen nun wiederum ihrerseits Vasallen in Dienst. Das geschah mit Willen und Billigung des Königs, denn auf diese Art vermehrten sich ja seine Gefolgsleute.

So entstand ein Netz von Abhängigkeiten, von Treue und Huld, von Dienst und Schutz von Vasall zum Großvasall bis hin zum König als dem obersten Lehensherrn.

Schildert das Formelbuch von Tours den Eintritt eines freien, aber armen Mannes in die Munt eines Herrn, so berichtet der Dichter Ermoldus Nigellus (um 826/828) über den Verlauf einer Kommendation zwischen zwei Fürsten. Der Eintritt in die Vasallität begann mit einem rituellen Rechtsakt.

Er wurde nach dem Bericht des Nigellus zwischen dem Dänenkönig Harald und Ludwig dem Frommen im Jahre 826 vollzogen: »Mit zusammengelegten Händen übergab er sich aus freien Stücken dem Kaiser... Und der Kaiser empfing diese Hände in seinen ehrwürdigen Händen.«

Diese Gebärde, die »immixtio manuum«, die Hingabe der Hände des Vasallen in die geöffneten Hände des Herren, war Willenserklärung und Treuegelöbnis des Vasallen an den Herren. Die Treueverpflichtung des Vasallen stand noch vor der Gehorsamspflicht. Gehorsam ist ein christlicher Begriff, Treue ein germanischer. Treue und Gehorsam können in Widerstreit geraten. Heinrich Mitteis stellt in seinem klassischen Werk: »Der Staat des hohen Mittelalters« folgende Möglichkeit dar:

»Wenn der Kronvasall seinem obersten Lehnsherrn die Treue bricht, handelt er dann nicht treulos gegen sich selbst, war nicht der Vasall (ein Untervasall) verpflichtet, als das bessere Ich seines Herrn ihn zu sich selbst zurückzuführen, um ihm damit den größeren Dienst zu leisten? Und wenn der oberste Lehnsherr selbst den Weg des Rechts verließ und zum Tyrannen wurde, brach er dann nicht die Herrentreue, mußten seine Vasallen ihm dann nicht Widerstand leisten? Denkt man den Treuebegriff zu Ende, so findet man in ihm selbst die Wurzel des feudalen Widerstandsrechts.«[10]

Zur Kommendation kam der Treueid, der meistens auf Reliquien geschworen wurde. Wir erinnern, wie bereits berichtet, an den Eintritt in die Vasallität des Baiernherzogs Tassilo III. gegenüber König Pippin und seinen Söhnen: »Und da kam Tassilo, Herzog von Baiern, und kommendierte sich durch die Hände in die Vasallität. Er schwor zahlreiche und unzählbare Eide, legte seine Hände auf die Reliquien der Heiligen und versprach dem König Pippin, und den Herren Karl und Karlmann, die Treue so zu halten, wie ein Vasall seinem Herrn in Aufrichtigkeit und unwandelbarer Ergebenheit halten soll.«

In den Capitularia Missorum von 802 ist uns der Treueid eines Kronvasallen an Kaiser Karl den Großen erhalten: »Durch diesen Eid verspreche ich, meinem Herren, dem sehr frommen Kaiser Karl, Sohn König Pippins und der Bertha, treu zu sein, wie von Rechts wegen ein Vasall seinem Herrn zur Erhaltung seines Reiches und zur Wahrung seines Rechtes sein soll. Und ich werde und will diesen von mir geschworenen Eid halten, so wie ich es weiß und verstehe, künftig von diesem Tage an, wenn mir Gott, der Schöpfer des Himmels und der Erde, und diese Reliquien helfen.«

Das Netz der Vasallität, das sich auf dem Lehnswesen gründete, lag fest gespannt über dem karolingischen Großreich. Es konnte aber nur so stark sein wie seine schwächste Stelle. Darum die Beschwörung der Treue, die einen sakralen Charakter erreichte, darum die körperliche Verbindung zwischen Herrn und Vasall in Form der »immixtio manuum«, darum der Schwur auf Gott und die Handauflegung auf Reliquien als heilige Gegenstände.

Denn in der Stunde der Not, beim Einbruch des Feindes, beim Ruf des Herrn zur Heeresfolge, gab es keine Möglichkeit, sofort den Heerbann zu erzwingen. Es gab nur die magische Kraft von Treue und Eid. Und selbst der große Karl mußte 25 Jahre warten, um den »harisliz« des Tassilo, der ja nicht nur Verweigerung der Heerfolge, sondern auch Bruch der Vasallität und beschworener Eide war, im Jahre 788 ahnden zu können.

Die Vasallität und das Lehnswesen, der Feudalismus (doch ist dieses Wort nicht deckungsgleich mit den Inhalten, die es bis zur französischen Revolution annahm), veränderten die germanische Gesellschaft.

Das Idealbild germanischer Franken von sich selbst, eine Genossenschaft freier Bauern und Krieger zu sein, verwischte sich. Der hörige Bauer wurde nicht zum Heerbann gerufen, er hatte aber natürlich Spanndienste zu leisten. Zwei, drei oder vier freie Bauern, je nach Größe ihrer Höfe, stellten einen Panzerreiter, der sich ganz dem Kriegshandwerk hingab.

Der germanische freie Bauer spezialisierte sich jetzt auf seine Landwirtschaft. So erwirtschaftete er bessere Erträge, wobei die Klöster mit ihren Landwirtschaften Lehr- und Pilotfunktionen übernahmen. Die Ausstattung mit eisernen Werkzeugen war spärlich. (Wir erinnern uns an den Königshof von Annappes.)

Die eiserne Pflugschar war seltene Ausnahme. Die Bauern arbeiteten mit dem hölzernen Hakenpflug, der von Ochsen gezogen wurde. Sicher gab es aber schon hölzerne Pflugschare, die mit einem eisernen Schuh ummantelt waren.

Ermoldus Nigellus machte den Vorschlag, die erbeuteten eisernen Götzenbilder einzuschmelzen und zu Pflugscharen zu machen, aber Schwerter werden wohl den Vorrang gehabt haben.

Ermoldus formuliert seine Forderung so:»Wenn einige der dänischen Götzenfiguren aus Eisen sein sollten, könnten sie gut zur Bestellung der Felder verwendet werden. Laßt doch daraus Pflugscharen herstellen, denn ein Räderpflug, der den Boden wendet, wird dir nützlicher sein als dieser Gott.« Die Zweifelderwirtschaft mit ihrem Wechsel zwischen Anbau und Brache befand sich zu dieser Zeit im Übergang zur Dreifelderwirtschaft. Ein Acker wurde im Herbst mit Roggen oder Gerste eingesät, der zweite im Frühling mit Hafer und der dritte blieb zur Regeneration brach liegen.

Karl der Große appellierte immer wieder an den Arbeitswillen und die Arbeitskraft seiner Bevölkerung. Pierre Riché spricht von einer karolingischen Renaissance der Arbeit. In seiner»Admonitio generalis« von 789 erließ Karl Arbeitsverbote für den Sonntag. Diese Arbeitsverbote geben ein anschauliches Bild der ländlichen Arbeitswelt in karolingischer Zeit:»Am Sonntag ist knechtliche Arbeit untersagt, die Männer dürfen keine Feldarbeit verrichten. Sie dürfen die Weinberge nicht pflegen [Das Bild vom Met trinkenden Germanen muß auch den Wein trinkenden gelten lassen], keine Äcker pflügen oder ernten, nicht heuen, keine Steine behauen, keine Häuser bauen, keine Zäune setzen und auch nicht im Garten arbeiten. Gerichtsverhandlungen und auch die Jagd sind verboten. Nur drei Arten von Fuhrdiensten sind am Sonntag erlaubt: für das Heer, zum Lebensmitteltransport und, wenn notwendig, zur Bestattung. Den Frauen sind Näh- und Webarbeiten verboten: Sie dürfen keine Kleider zuschneiden, zusammennähen oder besticken; es ist verboten, Wolle zu zupfen, Flachs zu brechen, Wäsche öffentlich zu waschen oder Schafe zu scheren [was demnach offensichtlich Frauenarbeit war].«

Um diese dörflich-bäuerliche Agrarwelt gruppierte sich das Handwerk, doch auch in Königspfalzen, Domänen, Klöstern und Bischofssitzen wurden Gebrauchsartikel für Frieden und Krieg hergestellt.

Die Welt der Karolinger war eine Welt im Umbruch, eine Welt der Wandlung der Formen menschlicher Lebensgestaltung, die sich dann für einige Jahrhunderte in ihren Strukturen nur wenig ändern sollten.

Das Gesellschaftsbild dieser Zeit skizzieren im 11. Jahrhundert die Bischöfe Adalbero von Laon und Gerhardt von Cambrai in folgenden Formeln:

1. »Dreifach also ist das Haus Gottes, das man eines wähnt: hier auf Erden beten (orant) die einen, die anderen kämpfen (pugnant), und noch andere arbeiten (laborant); diese drei gehören zusammen und ertragen nicht, entzweit zu sein; derart, daß auf der Funktion (offizium) des einen die Werke (opera) der beiden anderen beruhen, indem alle jeweils allen ihre Hilfe zuteil werden lassen.«

2. »Er zeigte auf, daß das Menschengeschlecht von Anbeginn der Welt in drei geteilt war, die Männer des Gebetes (oratoribus), die Bauern (agricultoribus) und die Krieger (pugnatoribus); er lieferte den offenkundigen Beweis, daß ein jeder wechselseitig Empfänger eines gegenseitigen Dienstes ist.«

Die Bischöfe des Mittelalters stellten also mit tiefem Ernst die wechselseitige Bindung der gesellschaftlichen Gruppen heraus.

Der Hof

Der karolingische Königshof ist hervorgegangen aus dem fränkisch-germanischen Herrenhaus.

Von dort her bezog er seine Funktion und entwickelte sie weiter für die Bedürfnisse des Königs und des Reiches.

Karls Vetter Adalhard (gest. 826), der berühmte Abt von Corbie, hat uns über Hinkmars von Reims (geb. 806, †882)

197

Schrift »libellus De ordine palatii« ein genaues Bild des karolingischen Königshofes überliefert.

Hof- und Reichsordnung flossen ineinander über, sie waren eins wie Hof und Reich, wie »palatium« und »regnum«. An der Spitze von Hof und Reich stand der König. Aber der König war nicht Selbstzweck. Über ihm stand »der Wille des allmächtigen Gottes«. Darum nannten sich die Könige seit Karl »König von Gottes Gnaden«.

Dies ist aber nicht als Hybris, sondern als Demutsformel und Herrschaftslegitimation zu sehen. Gott war die Grundvoraussetzung, die den König an die Spitze des Reiches stellte. Ihm zur Seite stand die Königin und standen die königlichen Kinder in der Reihenfolge ihres Alters und ihrer Legitimität.

Nachgeordnet waren dann die »ministri«, geistliche und weltliche, die nicht für den König regierten, sondern durch die er regierte. Sie waren die »Notare«, die Verkünder und Vollstrecker seines Willens.

Die geistlichen Hofämter wurden angeführt vom obersten Hofkapellan, für den ab 830 der Titel »archicapellanus« (Erzkaplan) belegt ist.

Erster Hofkapellan unter Karl war Fulrad, der Abt von St. Denis (gest. 784), der schon unter Karls Vater, König Pippin, diese Aufgabe erfüllt hatte. Ihm folgten im Amt der Erzbischof Angilram von Metz (gest. 791) und der Kölner Erzbischof Hildebald (gest. 819).

Alle drei erhielten vom Papst den Dispens für die bischöfliche Residenzpflicht, damit sie ihre Aufgabe als Leiter der königlichen Hofkapelle wahrnehmen konnten.

Wichtigste Aufgabe des obersten Kapellans war die geistliche und seelsorgerische Betreuung des Königs und die vornehme Pflicht, im morgendlichen Meßopfer den Bund zwischen Gott, der Kirche und dem König zu feiern.

Unter dem obersten Kapellan arbeitete der »cancellarius«. Seine Bedeutung wuchs mit der zunehmenden »Schriftlichkeit«, oder sollen wir sagen, der wachsenden Bürokratie, am Königshof?

Unter Karls Sohn Ludwig dem Frommen avancierte der »cancellarius« bereits zum »summus cancellarius«. Ihm nachgeordnet arbeitete eine Reihe von einfachen Kapellanen als Notare und Schreiber.

Die weltlichen Hofämter, von Laien besetzt, waren: der Kämmerer, der Seneschalk, der Mundschenk, der Marescalk oder Marschall (auch comes stabuli), der Quartiermeister (»mansionarius«), der Oberjäger und der Falkner.

Seneschalk heißt »Altknecht« oder »Oberknecht«, der in dieser Eigenschaft dem gesamten Gesinde vorstand. Der Marschall oder Marescalk war ursprünglich der Pferdeknecht, der dann am karolingischen Königshof zum »comes stabuli« aufstieg. Eine wichtige Funktion erfüllte am karolingischen Wanderhof der »mansionarius«, der Quartiermeister. Im Verein mit Marschall, Seneschall und Mundschenk organisierte er mit den »actores regis«, den Verwaltern der Königsgüter, die Versorgung des Königs auf seinen Pfalzen. Die Verweildauer in den Königspfalzen richtete sich auch nach der Ertragslage der königlichen Güter und ihrer Fähigkeit, den königlichen Hof mit seinen vielfachen Bedürfnissen, wie Essen und Trinken, Futter für Pferde, Geschirre und Ersatzteile aller Art, zu versorgen.

Der Mundschenk stieg am Königshofe auf zum »princeps pincernarium«. Der Titel weist darauf hin, daß unter ihm noch mehrere Mundschenke die Versorgung des Königshofes mit Getränken gewährleisteten. Auch das Amt des Seneschalls veränderte sich und wurde erhöht. Einhard nennt ihn: »regiae mensae praepositus«, Vorsteher der königlichen Tafel.

Seneschall wie Mundschenk stammten stets aus vornehmen fränkischen Familien. Sie wurden zu vielfältigen Aufgaben, diplomatischen wie militärischen, verwendet. Das gleiche trifft auch für die Marschälle Karls des Großen zu.

Wir sehen die Inhaber der Hofämter in vielen Funktionen. Der Seneschall Eggihard fiel im Jahre 778 im Tal von Roncevalles in den Pyrenäen.

Der Kämmerer Adalgis wurde 782 im Süntelgebirge Opfer eines sächsischen Hinterhalts. Der Mundschenk Eberhard tauchte 781 in diplomatischer Mission beim bairischen Herzogstuhl auf. Sämtliche Marschälle Karls des Großen sind als Heerführer belegt. Viele sind gefallen. Der Marschall Burchard befehligte im Jahre 807 bei Korsika eine Flotte gegen die Mauren.

Für das Amt des »comes palatii« sind keine Vorstufen erkennbar. Seine Hauptaufgabe war die Leitung des königlichen Hofgerichts. Alle Rechtsfälle, die von den allgemeinen Richtern im Reiche nicht entschieden werden konnten, waren hier zu prüfen und endgültig zu entscheiden. In die schwierigsten Fälle griff der König selber ein. Die Tätigkeit des »comes palatii«, des Pfalzgrafen, lag darin, den König in Rechtsfragen so zu entlasten, daß er für die höheren Aufgaben des Reiches frei war.

Der Kämmerer war neben vielen anderen Fragen auch für die Finanzverwaltung zuständig. In diesen Finanzfragen war er direkt der Königin unterstellt – ein Hinweis auf die Bedeutung der Königin, aber auch ein Indiz für die Stellung der Edelfrau im fränkischen Herrenhaus. Der Kämmerer führte überdies den Titel »sacrorum scriniorum praelatus«, was heißen soll, daß er neben der Finanzverwaltung für das »ornamentum regale«, für alle Fragen der königlichen Repräsentation als eine Art Zeremonienmeister der königlichen Selbstdarstellung, zuständig war.

Von besonderer Bedeutung am Hofe waren die »consiliarii«, die Ratgeber des Königs. Karl hat die notwendigen Fähigkeiten und Merkmale seiner Ratgeber sogar in einem Capitulare beschrieben. Es war darauf zu achten, daß ebensoviele Kleriker wie Laien dem Kreis der Ratgeber angehörten. Für ihre Wahl sollte entscheidend sein: »daß sie vor allem Gott fürchteten, dem König unverbrüchlich Treue hielten und außer dem ewigen Leben nichts höher achteten als König und Reich. Außerdem sollten sie verschwiegen sein.« Auf Adalhard gestützt, kennzeichnet Hinkmar von Reims 3 Grundpfeiler von Karls Hof und Herrschaft:

1. Die Konzentration von Hof und Herrschaft auf die Person des Königs.
2. Die innige Verbindung und Partnerschaft von geistlichen und weltlichen königlichen Helfern.
3. Die gegenseitige Durchdringung von Hof, Reich und Kirche, aus der die Intensität karolingischer Herrschaft erwuchs.

Die karolingischen Hofämter, die sich später zu Staatsämtern entwickelten, finden sich in allen europäischen und von Europa beeinflußten Staaten wieder.

Alle die Kanzler, Minister, Marschälle, Quartiermeister und Kapellane, die die politische Bühne der Zeiten bis in unsere Tage bevölkern, sie alle tragen das Prägesiegel des großen Carolus.[11]

Die Hofkapelle, die Hofschule und die karolingische Renaissance

Die Hofkapelle ist entstanden aus dem Kult um den fränkischen Nationalheiligen Martin.

Junge Geistliche bewachten die Mantelreliquie des Heiligen, die Cappa (kleiner Mantel), die ihren Platz in einem besonderen Raum im königlichen Palast zu Paris hatte. Diese jungen Geistlichen, man nannte sie bald nach der Cappa, die sie bewachten, Kapellane, waren sämtlich schriftkundig. So wuchsen sie in die Rolle von Hofschreibern hinein. Man nannte sie wegen ihrer Schriftkundigkeit auch Kleriker, die Schreibenden. Wir finden das Wort clerc im Französischen, clerk im Englischen und klerk im Flämischen wie auch im mittelalterlichen Deutsch. Durch ihre Schriftkundigkeit wurden die Priester im Laufe des 8. Jahrhunderts nicht nur Träger des geistlichen Kults, sondern auch der geistigen Kultur. Dadurch fiel ihnen eine Sonderstellung zu, wie sie kaum ein Priestertum vorher besessen hatte. Der Klerus (die Schreibenden) wurde für den Aufbau und Ausbau des Staates und für das Königtum immer unentbehrlicher. Die Hofkapelle, die Summe aller schreibenden Kapellane unter Anführung des obersten Hofkapellans und des cancellarius, wurden zum unverzichtbaren Führungsinstrument der fränkischen Könige.

Karl aber erweiterte seine Hofkapelle zu einer Hofschule, zu einem Kulturinstitut, das ins ganze Reich hinausstrahlte und gleichzeitig aus allen Ländern des Reiches geistig bedeutende Menschen anzog, ihnen Arbeitsmöglichkeit und Heimat gab. Es ist ein unvergleichlicher Vorgang, wie derselbe Karl, der eine Welt mit dem Schwerte bezwang und zu einem Reich zusammenfügte, dieses Reich, dieses Gefäß seiner Macht, mit geistigen Inhalten füllte.

Es war gleichsam ein Schöpfungsakt, in dem der Schöpfer seinem Geschöpf den Lebensatem einhauchte.

Zwar war Karl selbst nur ein mäßig gebildeter Mann. Sein Vater, König Pippin, hatte es nicht für nötig befunden, einen fränkischen Königssohn das Schreiben lehren zu lassen. Karl hat sich sein ganzes Leben vergeblich damit abgemüht. Er sprach geläufig Latein und etwas Griechisch. Was aber als dauernde Wahrheit in ihm wirkte, war die Erkenntnis, daß Königtum mehr war als die Beherrschung von Völkern und Ländern durch militärische Macht; die Erkenntnis, daß die Völker und Länder seines Reiches eine gemeinsame geistliche und geistige Grundlage brauchten.

Die geistliche Grundlage konnte nur das Christentum sein, das mit seinem Priestertum den Zusammenbruch der römischen Welt noch am besten überstanden hatte.

Um die geistigen Grundlagen aber war es traurig bestellt.

Die Kulturlandschaft des Abendlandes war im Zusammenbruch des römischen Reiches verwildert. In Italien, im westgotischen Spanien, ja auch im Frankenreich selbst war das
schulische Leben fast erstorben. Die Zeit zwischen 600 und
770 brachte kaum einen einheimischen Literaten von Rang
hervor. Die Lieder des Venantius Fortunatus (535–600), des
bedeutendsten Dichters der Merowingerzeit, sind verweht.
Die Männer der Kirche waren es, die immerhin die Schriftfä-
higkeit und damit die Fundamente neuen geistigen Aufbaus
bewahrten. Aber auch die Kirche, immer Kind der Zeit, in
der sie wirken muß, konnte sich dem Strudel der Barbarisie-
rung nicht entziehen. Unter »finsterem Mittelalter« versteht
man irrtümlicherweise die Zeit von Karl dem Großen bis zum
12. oder 13. Jahrhundert. In Wahrheit jedoch ist das finstere
Mittelalter die Zeit von 529 n. Chr. (Schließung der Akade-
mie zu Athen durch Justinian I.) bis zur Eröffnung der Hofschule Karls in Aachen im Jahre 786.
Die Schaffung der Hofschule ist nach unserer heutigen Sicht
Karls persönlichste Tat. Sie überstrahlt seinen Waffenruhm,
seine glänzendsten Siege, ja selbst seine Staatsgründung.
Denn das fränkische Großreich, das er schuf, hat ihn nicht
lange überlebt. Zu sehr spürte jedes seiner Völker, die er in
seinem Staat zusammengefügt hatte, den Auftrag zu eigenem Schicksal und zur eigenen Geschichte.
Die geistlichen und geistigen Grundlagen aber, die er schuf,
blieben unversehrt und haben die Zeiten überdauert. Sie
sind das, was Europa trotz tausendjähriger Zerstrittenheit in
der Welt dennoch als eine Einheit erscheinen läßt.
Auf seinen Kriegszügen fand Karl noch Zeit, die vornehmsten Männer des Geistes an sich zu ziehen. Da in den
fränkischen Kernlanden selbst von einem Geistesleben nicht
zu reden war, war sein Reservoir die gesamte sonstige europäische Bildungswelt.
Vor allem Italien prägte ihn tief.
Wolfgang Braunfels stellt treffsicher fest: »Fünfmal ist Karl

in Italien gewesen, und jedesmal als ein Verwandelter zurückgekehrt: 774, als er König Desiderius schlug, Pavia eroberte und das Langobardenreich nahm, 776, als er die letzten Aufstände dort brach, 780/81, als er durch Hadrian I. seine Söhne Pippin und Ludwig zu Königen von Italien und Aquitanien salben ließ, 786/87, als in Ravenna und Benevent byzantinische Lebensformen sein Weltbild zu verändern begannen, endlich 800/01, als er in Rom die Kaiserkrone annahm.«[12]

Neben Königskronen und Macht wußte dieser außerordentliche Mann stets auch den geistigen Adel Europas für sich zu gewinnen.

Im Jahre 776 erschien der Lehrer und Dichter Paulinus, ein Langobarde, in Karls Umgebung. Karl sollte seine Dienste später mit dem Erzbischofsstuhl von Aquileja belohnen.

Im Jahre 770 fand sich der Grammatiker Petrus von Pisa bei Karl in Pavia ein, und 781 kam es in Parma zu der ersten Begegnung Karls mit dem großen Alkuin, der später als Leiter der Hofschule das große karolingische Bildungswerk einleitete.

In diesen Kreis trat von 781/82 bis 785/86 der Langobarde Paulus Diaconus, ein Mann, der um 774, wahrscheinlich unter dem Eindruck des Untergangs des Langobardenreiches, als Mönch in Monte Cassino geistliche Heimat gefunden hatte. Er lebte vorher am Königshof in Pavia und am langobardischen Herzogshof in Benevent. Dort hatte er um 770 eine an Eutorp (4. Jahrh.) anschließende »Historia Romana« geschrieben. Paulus' Verhältnis zu Karl war belastet. Einmal war er für ihn der Zerstörer seiner Heimat, des Langobardenreiches. Zum anderen hielt Karl Pauls' Bruder Arichis gefangen, der im Jahre 776 am Langobardenaufstand gegen die Franken teilgenommen hatte. Der Familienbesitz des Arichis war beschlagnahmt, und die Familie lebte in großer Not.

Dies war der Anlaß, aus dem sich der Langobarde Paulus als

Bittsteller für den gefangenen Bruder an den siegreichen Franken wandte. In beiden Männern standen sich zwei Prinzipien gegenüber. Karl, Zerstörer, Sieger und Neubegründer – und Paulus, der Mann, dessen Lebenswerk darin bestand, als Geschichtsschreiber, Dichter und Theologe die getrennt fließenden Kulturströme des germanischen, des christlichen und des römischen Lebens zusammenzufassen und ihre Vielfalt zur Einheit zu bringen.

Im Jahre 782 richtete er an den König eine Elegie, in der er um die Freiheit des Bruders und um die Rückerstattung des brüderlichen Besitzes bat.

Es ist ein schönes Bild zu sehen, wie der Sieger den Besiegten, wie der Mächtige den Ohnmächtigen, wie der König den Dichter und Philosophen erhörte.

Von der Größe des Siegers überwunden, trat Paulus der jungen Hofschule bei.

Es war Paulus' Dank an Karl, daß er auf Betreiben des Metzer Bischofs Angilram, Karls Erzkapellan, die Geschichte des Metzer Bischofsstuhls schrieb unter besonderer Berücksichtigung des Bischofs Arnulf, des heiligen Urahns Karls des Großen. Es liegt im Stil der Zeit und der üblichen Form der Herrscherviten, wenn darin aus der Namensgleichheit des Karolinger Anschisus und des Trojaner Anchises die Herrschaftslegitimation Karls über Rom abgeleitet wird. Die erlauchte Ahnenreihe, die Heiligkeit und der Segen des heiligen Ahnherrn Arnulf werden aufgeboten, um die merowingische Geblütsheiligkeit mit einer höheren, geistlichen Geblütsweihe des karolingischen Hauses zu überbieten. Trotz unendlicher Machtfülle und strahlender Siege war die mangelnde Geblütsheiligkeit immer noch ein Dorn im Selbstbewußtsein der Karolinger.

Im Auftrage Karls schrieb Paulus ein zweibändiges Homilarium, eine Predigtvorlage, die, auf einen Bibeltext gestützt, die Kirchenväter Satz für Satz erklärte und ausdeutete: eine unendlich wichtige Aufgabe für die von Karl und der Kirche erstrebte Einheit von Glauben und Lehre. Dieses Grundlagenwerk führte darüber hinaus zu einer Verbesserung der Predigttätigkeit im fränkischen Reich.

Die Wichtigkeit, die Karl dieser Arbeit beimaß, wird deutlich in einem Sendschreiben an seine Bischöfe, in dem er die Benutzung des Homilariums seinen Klerikern zur Pflicht machte. Wie fest der Langobarde Paulus dem karolingischen Herrscherhaus zugewachsen war, zeigt sich auch daran, daß er die als Braut des byzantinischen Kaisers Konstantin VI. ausersehene Karlstochter Rotrud in die Anfangsgründe der griechischen Sprache einführte.

Er schrieb überdies die Epitaphien für einige karolingische Prinzessinnen, vor allem für die geliebte Karlsgattin, die Königin Hildegard (gest. 783).

Aber schon im Jahre 787 zog es Paulus Diaconus zurück in seine Zelle am Monte Cassino. Von dort aus sandte er Karl auf Veranlassung und als Geschenk seines Abtes Theodemar eine Abschrift des Urtextes der Benediktinerregel, die der König zur Grundlage der Ordensregel fränkischer Klöster machte.

Daneben fand Paulus, der Historiker, Philosoph und Theologe, der angezogen war von der Macht der christlichen, karolingischen Herrschaftsidee und doch immer Langobarde blieb, die Zeit, eine sechsbändige Geschichte der Langobarden zu schreiben. Eine Geschichte, verwoben in den universalen Zusammenhang der Zeit, in dem Römer, Byzantiner und Franken ebenso ihren Platz fanden wie die Wirkungen der Kirche. Das Werk endet mit dem Tode König Liutprands (Kg. v. 712–744).

Den Untergang der Langobarden, den Paulus selbst leidend miterlebte, hat er nicht geschildert. Stand hier dem Historiker Paulus die neue innige Verbindung mit der fränkischen Universalmacht und seiner strahlenden Herrscherfigur, dem Sieger über die Langobarden, oder die Trauer um das untergegangene selbständige lombardische Königtum im Wege?

Über Paulus und seinen großen Leistungen liegen die Schatten der Wehmut.

Mit dem aus Spanien verbannten Westgoten Theodulf, einem Manne poetisch-künstlerischer Prägung, trat eine neue, helle Gestalt in den Kreis der Hofgelehrten. An Ovid geschult und ihm nahekommend, schrieb er eine heitere, kritische, aber auch fromme Poetik, in der die Zeit sich kraftvoll widerspiegelt. Erst die neuere Forschung gibt ihm auch als Theologen den Raum, der ihm zusteht.

So glaubt man heute in dem Teil der Libri Carolini, die eine Antwort auf das Konzil von Nicäa 787 darstellen und dem Konzil ökumenischen Rang absprechen, darüber hinaus mit Kritik am byzantinischen Kaisertum als Institution und an der Kaiserin Irene persönlich nicht sparen, die Handschrift des Theodulf zu erkennen und nicht die des Alkuin, wie die Forschung vorher annahm.

Das Wirken des Theodulf wurde im Jahre 798 mit dem Bischofsstuhl von Orleans belohnt, den er aber im Jahr 817 auf Befehl des Karlssohnes Kaiser Ludwig des Frommen, wieder verlor. Er mußte nach Angers in Klosterhaft und Verbannung. Zu nahe gerückt war der gefeierte Hofpoet und gelehrte Bischof der Verschwörung des Kaiserneffen, König Bernhards von Italien.

Auf einer Reichsversammlung in Aachen im Jahre 818 wurde Bernhard zum Tode verurteilt. Kaiser Ludwig gewährte Gnade und verwandelte das Todesurteil in das nach unseren Begriffen noch grausamere Schicksal der Blendung. Der junge König starb drei Tage später an den Folgen der schlimmen Verstümmelung.

(Erinnern wir uns, daß Karl seinen Sohn, Pippin den Buckligen, wegen des gleichen Deliktes bestrafte, die Todesstrafe aber in eine Klosterhaft mit völliger körperlicher Unversehrtheit umwandelte, so wird der Unterschied zwischen Karl dem Großen und seinem Sohn Ludwig, den die Geschichte »den Frommen« zu nennen beliebt, deutlich.)

Seit 782 erschien Alkuin in der Umgebung des Kaisers. Sein Aufenthalt war nicht durchgehend. Es gab Unterbrechungen, wenn er in seine Heimat England zurückkehrte. Immer aber blieb er dem König und seinen Zielen verbunden.

Mit Alkuin betrat ein Mensch das fränkisch-karolingische Bildungsscenarium, in dem die gelehrte Welt den »geistigen Herrscher Europas« sah. Er war ein Gelehrter aus der Bildungswelt Northumbriens, die in dem angelsächsischen Geschichtsschreiber Beda Venerabilis (672/73–735) ihren Höhepunkt gefunden hatte. Alkuin war Sproß einer northumbrischen Adelsfamilie, verwandt mit Willibrord, dem angelsächsischen Missionsbischof der Friesen, und an der Domschule zu York zu einem vorbestimmten Schicksal erzogen.

Wie selbstverständlich wuchs ihm die Leitung der Hofschule zu, deren geistiger Mittelpunkt er von 793–798 war. Es war der Analytiker und Programmatiker der Bildungsreform, die jetzt unter ihm ihre entscheidende Phase erreichte.

Weitere Aufgaben erwuchsen ihm auf dem Felde der wissenschaftlichen und praktischen Theologie. In fester Bindung an die Kirchenväter, besonders Augustinus (gest. 430) und Hieronymus († 419?), schuf er systematische und exegetische Werke und war im übrigen der große Bekämpfer der Häresien seiner Zeit, wie wir in der Sache des Adoptianismus des Felix von Urgel noch erfahren werden.

Die geistige Grundlage des fränkisch-karolingischen Großstaates war das Christentum. Die Grundlage des Christentums war die Bibel.

Anstelle vieler dubioser Bibelhandschriften schuf Alkuin einen zuverlässigen Bibeltext, der letztlich noch der heutigen Bibel zu Grunde liegt.

Wie wichtig eine gemeinsame, verbindliche Bibel als Grundlage für Glauben, Reich und Königtum war, ersehen wir aus den Libri Carolini, die sicher Karls Wille und Auffassung wiedergeben.

In ihnen wird die Heilige Schrift nicht nur als Quelle der

Offenbarung, sondern auch als das eigentliche, normen-schaffende Staats- und Lebensbuch empfunden.

»Hier findet man die Norm, die bestimmt, wie sich die Höheren gegen Untergebene zu führen haben, wie man die Ehe hochhalten soll, wie in Weltdingen durch kluge Erwägung Rat zu schaffen sei; wie man das Vaterland verteidige, nach Außen wie nach Innen den Staat verwalte...« (Libri Carolini II., 30. Conc. II., Suppl. S. 12 ff.).

Nun hatte also das fränkisch-karolingische Großreich durch Alkuins Bibelwerk die für alle verbindliche religiöse und staatliche Grundlage.

Es war von tiefer Symbolik, als Alkuin seine Bibel Karl zur Kaiserkrönung in Rom überreichen ließ.

Welche Stellung Alkuin der Bibel gab, weist folgendes Alkuinzitat aus, das er über den Klosterschreibstuben der Kopisten anbringen ließ: »Hier sollen alle sitzen, die den Wortlaut der Heiligen Schrift abschreiben. Sie sollen sich vor jedem leichtfertigen Wort hüten, damit nicht wegen solcher Leichtfertigkeiten ihre Hand irrt. Sie sollen sich um die Herstellung fehlerfreier Bücher bemühen und ihre eilende Feder auf dem rechten Weg führen.«

Über Organisation und Systematik der Hofschule wissen wir wenig, mehr über ihren Geist, den Alkuin in seiner »Disputatio de vera philosophia« seinen Schülern in Form der wichtigsten Lebensziele aufzeigte.

»Die Weisheit (philosophia) ist die Lehrmeisterin aller Tugenden, der einzige Reichtum, der seinen Besitzer niemals unglücklich macht... Ohne die Weisheit sind auch die irdischen Güter nichts wert, sie sind wie der Leib ohne Seele, die Weisheit erhöhet auch den Niedrigen.«

Wissenschaft und Weisheit wirkten in der Umgebung Karls als Elemente, die die Standesunterschiede zwar nicht abbauten, aber doch unwichtiger werden ließen.

Der Gelehrtenkreis des Hofes schuf einen zwanglosen menschlichen Umgang.

Zwar ist es schwer glaubhaft, daß Karl, so berichtet uns Alkuin, sich unter seinen Akademikern als Gleicher unter Gleichen empfand. Aber wenn er sich in diesem Kreise auch nur als Primus inter pares gefühlt haben sollte, so war dies ein großer Schritt von der Majestät zur Menschlichkeit.

Dies wird auch durch die Namensgebung sichtbar, mit der sich der Gelehrtenkreis schmückte und vielleicht egalisierte. Alkuin wurde nach Horaz Flaccus, Angilbert Homer, Einhard Beseleel, nach dem Erbauer der Stiftshütte, genannt. Der Erzkaplan Hildebald von Köln trat als der Hohe Priester Aaron auf, Beornrad, der Erzbischof von Sens, als Samuel und der Mundschenk Eberhard als Nemias, Mundschenk des Perserkönigs Artaxerxes.

Karl trug den Namen des Sängers des hohen Liedes, König David, und war so doch über alle erhoben.

Die höchste Blüte der Aachener Hofschule wird in die Jahre von 794–798 datiert. Und dies, so muß ausdrücklich festgestellt werden, waren keine Jahre des Friedens. Noch rangen die Franken um den endgültigen Sieg in Sachsen. Die schweren Awarenkämpfe mußten durchgefochten werden. Immer bedroht von normannischen Raubscharen waren die langen und ungesicherten Küsten des Reiches.

Und dennoch erhob sich in dieser schwerterklirrenden Zeit die Stimme des Geistes und fand Beachtung und königliche Förderung.

Wenige Jahrzehnte erst war es her, da man Schriftkenntnis und Bildung einem fränkischen Prinzen für unangemessen hielt. Man fürchtete, Tapferkeit und Angriffslust könnten durch »des Gedankens Blässe« Schaden nehmen. Und jetzt mühte sich ein König, wenngleich ergebnislos, um die Fähigkeit des Schreibens. Aber was er selbst nicht erreichte, wollte er anderen erschließen. An alle Bischofssitze erging der Befehl, Schulen einzurichten und alle Lernwilligen aufzunehmen.

Während der goldene Strom des Awarenschatzes in 16 Ochsenkarren nach Aachen rollte, retteten Alkuin und seine gelehrten Freunde einen weit größeren Schatz: das Schrifterbe der Antike.

Was wir zum Beispiel von dem Philosophen Boëthius (480–524), Konsul und »magister palatii« des Ostgotenkönigs Theoderich, wissen, danken wir der Aachener Gelehrtenschule Karls.

Auch Alkuins »Disputatio de vera philosophia« ist durchtränkt von Boëthius' tiefstem Werk, dem »Trost der Philosophie«.

Die Rettung der antiken Literatur lateinischer Klassiker geht auf Manuskripte, die entweder karolinigisch sind, oder auf Abschriften karolingischer Manuskripte zurück.

Zu all dem kam eine Sprachreinigung des verwilderten Lateins, orientiert an patristischer Latinität. Ferner eine neue Transparenz und Überschaubarkeit der Schrift durch die Einführung der karolingischen Minuskel (Groß- und Kleinschreibung), die die Hofschrift des fränkischen Reiches und Vorbild für alle neueren abendländischen Schriften wurde und auch von der Buchdruckerkunst Jahrhunderte später übernommen wurde.

Der König aber war nicht ferner, zahlender Mäzen dieser Hofschule, dieser unendlichen Bildungsanstrengung in einer noch sehr barbarischen Welt.

Er war Teil dieser Bildungsbemühung, Empfangender und Gebender, Lernender und Lehrender, der sich in seiner »Admonitio generalis«, einer Verordnung, die sein ganzes Reformprogramm religiös, sittlich und geistig darstellt, dreifach bemühte, das Fehlerhafte zu verbessern (errata corrigere), das Unnütze zu beseitigen (superflua abscindere) und das Richtige zu bekräftigen (recta cohartare).

In der Genauigkeit, in der Bescheidung und in der Beharrlichkeit beim Streben nach diesen drei Zielen, liegt die Größe der karolingischen Politik.

In der Ausfüllung dieses Reformprogramms stellte sich aber

auch Karl selber dar. Er war nicht nur Neugründer, er ging auch den Weg, den die Karolinger vor ihm gewiesen hatten, nur, er ging ihn zu Ende als ein Ordner der Welt.

Der Hof, die Hofkapelle, die Hofschule, sie dürfen nicht als etwas Statisches gesehen werden. So wie Karls Hof selbst noch ein Wanderhof war, so waren auch die Mitglieder dieses Hofkreises ständig in Bewegung. Alle die großen Gelehrten, Dichter und Künstler haben den Hof nach einigen Jahren wieder verlassen.

Paulus Diaconus sahen wir schon zurück in sein Refugium, in die Mönchszelle des Monte Cassino, wandern. Selbst Alkuin, geistiges Kraftfeld der Hofschule, mit mehreren Klöstern belehnt, zog sich 801 in das ihm verliehene Kloster St. Martin in Tours zurück. Der Westgote Theodulf wurde 798 Bischof von Orleans, und den Dichter und Grammatiker Paulinus finden wir auf dem Bischofsstuhl von Aquileja.

Aber alle gründeten an ihren Sitzen Schulen, trugen den Geist der Erneuerung ins Reich. Sie blieben immer der königlichen Hofschule verbunden, wie die vielen Briefe des Alkuin bezeugen, aber auch die Tatsache, daß Paulinus 796/97 eine Synode in Cividale abhielt, die in ihren Inhalten in engem Zusammenhang mit der folgenden Aachener Synode des Jahrs 809 stand.

Die Früchte der karolingischen Bildungsreform

Sie wurden sichtbar, als auch Franken, Schüler der Hofschule, ins geistige Leben und in den Königsdienst hineinwuchsen.

Karls Staatsminister und Hofdichter Angilbert (gest. 814) wurde mit höchst diplomatischen Aufträgen bedacht. Bei einer römischen Mission im Jahre 796 empfahl ihn Karl dem Papst Leo III. in einem Brief als »manuelem nostrae familiaritatis auricularum« (geheimen und vertrauten Ratgeber).

Angilbert hatte wohl schon im Jahr 789 von Karl als Laienabt die reiche Abtei Centula (St. Riquier bei Abbeville an
der Sommemündung) erhalten.

Dort ließ Angilbert an 30 Altären, ausgestattet mit den
Reliquien von 56 Märtyrern, 34 Bekennern und 14 heiligen
Jungfrauen, 300 Mönche im wechselnden Einsatz für das
Seelenheil Karls beten.

Große literarische Werke von Angilbert, den wir noch als
»Schwiegersohn« Karls sehen werden, sind nicht bekannt.
Doch schildert er das ihm wohlbekannte Hofleben am Hof
zu Aachen detailgenau und in frischen Farben. Er zeigt das
Leben der königlichen Familie, eine Jagd im Aachener
Forst so voller Leben, daß sich Gustav Freytag seiner als
Quelle für seine kulturgeschichtlichen »Bilder aus der
deutschen Vergangenheit« bedient.[13]

In die Gruppe der wichtigsten Mitglieder des Hofkreises
wuchs auch Einhard hinein. Ein Mann aus bestem, ost-
fränkischem Adel.

Durch seine wissenschaftliche und künstlerische Befähi-
gung wurde er zum Aufseher und Leiter der kaiserlichen
Bauten und der kunstgewerblichen Werkstätten. Schon 796
sprach Theodulf von Orleans in einem an Karl gerichteten
Gedicht von dem großen Geist in Einhards kleinem Körper. Einhard gehörte gegen Ende der Regierung Karls des
Großen zu den wichtigsten Mitgliedern des Hofkreises.
War er es doch, den Karl im Jahre 806 zum Papst nach
Rom entsandte, um dessen Unterschrift für seinen Reichs-
teilungsplan einzuholen. Im Jahr 813 war es wieder Einhard, der, nach Ermoldus Nigellus, als Wortführer der
vesammelten Großen den Kaiser bestimmte, seinen Sohn
Ludwig zum Mitkaiser zu erheben. Wir müssen Einhard
aber auch sehr eng verknüpft mit dem künstlerischen Wirken an der Aachener Pfalz sehen, deren Kernstück die von
Odo von Metz erbaute und um 800 geweihte Pfalzkapelle
war.

Bei seinem Besuch in Ravenna im Jahre 786/787 hatte Karl das Wunder der Kirche von San Vitale erlebt.

Vor den Riesenmosaiken des Kaisers Justinian (geb. 482, gest. 565) und der Theodora traf den fränkischen Bauern- und Kriegerkönig das Mysterium der Majestät. Die Idee von diesem achteckigen Zentralbau, in dem sich ein imperialer Anspruch ausdrückte, trug Karl im Herzen über die Alpen, und Odo von Metz gab ihr im Norden neue Gestalt.

»Mit den Steinen, die sich übereinandertürmten, dem Marmor, den man aus Italien holte, bekamen die Menschen und Ideen ihren festen Platz.« (Barbara Beuys.)[14]

Der Pfalzbau mit dem Mittelpunkt der karolingischen Pfalzkapelle gab der Hofschule und dem ganzen Bildungsbemühen den festen Punkt, von dem aus die Welt gestaltet werden konnte. Hier war z. B. der Ausgang für die Buchmalerei, das heißt, es entstanden illuminierte, mit Ornamenten, Bildern oder mit beidem ausgestattete Handschriften. In den Jahren 781–783 stellte sich die Hofkapelle mit ihrem Erstlingswerk, dem »Godescalc-Evangelisar«, an die Spitze der europäischen Buchmalerei. Auch blühte die Elfenbeinschnitzerei, die Golschmiedekunst und die Schmiedekunst überhaupt. In naiver Nachahmung verbanden sich spätantike, byzantinische Elemente mit christlichen und germanischen zur romanischen Kunst.

Einhard wurde Nachfolger Alkuins in der Leitung der Hofschule. Nach Karls Tod stand er auch bei Kaiser Ludwig dem Frommen in hohem Ansehen, was jedoch Einhards kritischen Blick angesichts der Schwächen des Monarchen nicht trübte. Vom neuen Herrscher mit glänzenden Abteien ausgestattet, wie »St. Cloud bei Paris« und dem ruhmreichen »St. Wandrille«, zog er sich bald in seine eigene Klosterstiftung Seligenstadt im Odenwald zurück.

Sein letztes großes Geschenk an das karolingische Haus war sein an die Kaiserbilder Suetons angelehntes Werk, die »Vita Caroli Magni«.

Wie Ranke richtig feststellt, ist das kleine Buch voll von historischen Fehlern:»Nicht selten sind die Regierungsjahre falsch angegeben... Namen von Päpsten werden verwechselt, die Gemahlinnen sowie die Kinder Karls falsch aufgeführt.«

All das stimmt.

Und dennoch hat uns Einhard das genaueste Bild seines Kaisers hinterlassen, dem er in Dankbarkeit verbunden blieb:»Es gibt noch weitere und stichhaltige Gründe, und jeder einzelne davon hätte ausgereicht, mich zur Aufzeichnung dieser Schrift zu bewegen: es sind dies vor allem die Erziehung, die mir König Karl während meiner Kindheit angedeihen ließ, und auch die lebenslange Freundschaft, die mich seit meiner Ankunft am Hof mit ihm und seinen Kindern verband. Daher bin ich ihm sehr verpflichtet, und er hat mich im Leben wie im Tode zu seinem Schuldner gemacht. Man könnte mich also zu Recht undankbar nennen, wenn ich die großartigen Taten dieses Mannes, der sich um mich so sehr verdient gemacht hat, stillschweigend überginge und es zuließe, daß sein Leben keine schriftliche Würdigung oder gebührende Anerkennung erhielte, ganz so, als hätte er nie existiert.«

Mag Einhard auch in Details irren, er überliefert uns getreu das Bildnis eines germanischen Fürsten, der im überlieferten Erbe seines Volkes wurzelte.

Er rühmt an ihm die »magnanimitas«, den adeligen Hochsinn des Festhaltens am ersten Platz im Kampf um Ehre, und die »animositas«, den beharrlichen zähen Mut des Staatsmannes. Einhards Bild des germanischen Franken der Rheinlande ist nicht untergegangen und hat sich behauptet gegen das neue Karlsbild, das aus der kulturellen Vitalität Frankreichs im 12. Jahrhundert hervorging und Karl nur als den Glaubenskämpfer gegen die Sarazenen und den »rex Galliae« darstellte. So überliefert ihn uns das französische Epos.

Der König und seine Kirche

Für Karl war die Kirche nicht Mittel zum Zweck. Sie war Zweck und Mittel zugleich. Und Karl war der Herr seiner Kirche. Diese Stellung hatte er von seinen merowingischen Vorgängern übernommen. Diese wiederum hatten ihr Verhalten am byzantinischen Kaisertum und seiner Oberpriesterfunktion ausgerichtet. Konstantin der Große (306–337) hatte seine Stellung seinen Klerikern so dargestellt:»Ihr seid Bischof innerhalb der Kirche, wohingegen ich der von Gott ernannte Generalbischof außerhalb der Kirche bin.« Dies ist schlicht die Formel, die man später Cäsaropapismus nannte.

Alle Nachfolger Konstantins auf dem Thron zu Byzanz fühlten sich als Kaiser und Päpste oder, wie Spengler sagt,»als Kalifen«. Dieses Bild vom Herrscher strahlte bis in den Westen. Auch Karl der Große, die Ottonen und Staufer suchten darin ihr Selbstverständnis.

Aber während der östliche Klerus diese Herrscherstellung hinnahm, leisteten die Päpste nach Maßgabe ihrer Stärke gegen diese Auffassung Widerstand.

Sie hatten schon immer den römischen Primat für sich beansprucht, standen aber in der Auffassung der byzantinischen Kaiser nur im gleichen Rang wie der Patriarch von Konstantinopel, Antiochien oder Mailand.

Wenn auch die Päpste ihren Primat gegenüber Byzanz nicht durchsetzen konnten, so haben sie den Anspruch darauf doch niemals aufgegeben.

Papst Gelasius I. (492–496) war es, der in einem Brief an Kaiser Anastasios (491–518) die Auffassung der Päpste mit folgenden berühmten Sätzen niederlegte:»Zwei Dinge sind es, durch welche die Welt regiert wird, die geheiligte Autorität der Bischöfe und die königliche Amtsgewalt. Von beiden ist das Gewicht des Priesters um so schwerer, als diese auch für die Könige im göttlichen Gericht Rechenschaft ablegen müssen. Du weißt ja, gnädigster Sohn, daß Du zwar an Würde dem menschlichen Geschlecht vorsitzest, jedoch den Vorstehern der göttlichen Dinge demütig den Nacken beugst und von ihnen die Mittel deines Heils erwartest.«[15]

Dies ist die gelasianische Zweigewalten-Theorie. Weder im Osten noch im Westen zeigte sie die erhoffte Wirkung. Die Stellung der Kaiser blieb dominierend, und die Patriarchen, ob von Jerusalem, Antiochien oder Byzanz, betrachteten den Papst als ihresgleichen.

Im Jahre 653 sandte Kaiser Konstans II. (641–668) den Papst Martin I. (649–653) in die Verbannung. Das gleiche wäre dem Papst Sergius I. (687–701) geschehen, wäre Kaiser Justinian II. nicht im Jahre 695 zeitweilig von der Macht verdrängt worden. Zur Zeit Karls des Großen war die gelasianische Zweigewalten-Lehre reine Theorie.

Karls geistlicher Hauptratgeber Alkuin sprach beide Gewalten dem König zu, mit der im Mittelalter üblichen Symbolik der beiden Schwerter nach Lukas 22,28.

Karl setzte die Bischöfe seines Reiches ein, er übte Strafgewalt über die Kirche und verfügte über das Kirchengut. Ja, er vollzog Aufsicht über die Bräuche und Lehen der Kirche, wie wir es auf der Synode in Frankfurt 794 bei der Frage des Bilderstreits und bei anderen Gelegenheiten sehen werden.

Karl legte in einem Brief an Papst Leo III. anläßlich von dessen Papstwahl seine Stellung und die Stellung des Papstes, so wie er sie sah, sehr deutlich klar: »Karl, von Gottes Gnaden König der Franken und Langobarden, Schutzherr der Römer, wünscht Leo dem Papste das Heil ewiger Seligkeit in Christus. Als wir den Brief Eurer Hoheit gelesen, und die Wahlurkunde angehört hatten, haben wir uns wahrlich sehr gefreut, sowohl über die Einmütigkeit der Wahl wie über *Euren demütigen Gehorsam* und das Treuversprechen an uns: für das alles danken wir aus innerstem Herzensdrang vielfältig der göttlichen Milde, da sie uns, nachdem der Hingang unseres geliebtesten Vaters und treuesten Freundes in unsere Seele eine tränenvolle Schmerzenswunde geschlagen, an Euch nach gewohnter Fürsorge solchen Trost gegönnt hat...

... Wie ich nämlich mit dem hochseligen Vater, Eurem Vorgänger, einen Vertrag heiliger Vaterschaft eingegangen bin, so wünsche ich mit Eurer Seligkeit einen gleichen Treu- und Liebesbund unverletzbar zu errichten: es möge, indem Eure heiligen Gebete die göttliche Gnade herbeirufen, mich überall der apostolische Segen begleiten, es möge der hochheilige Sitz der römischen Kirche mit Gottes Hilfe stets in Ergebenheit durch uns beschirmt werden.

Uns liegt ob: Gemäß dem Beistand der göttlichen Güte allerwärts Christi Heilige Kirche gegen Einbruch der Heiden und Verheerung durch Ungläubige nach Außen mit Waffen zu verteidigen und nach Innen durch Anerkennung des katholischen Glaubens zu festigen. Euch liegt ob, Heiligster Vater: mit zu Gott erhobenen Händen gleich Moses uns im Kampf zu unterstützen, auf daß, durch Euer Eintreten von Gott geführt und gefördert, das christliche Volk über die Feinde seines Heiligen Namens überall Sieg gewinne und der Name unseres Herrn Jesus Christ in der ganzen Welt verherrlicht werde.

Es binde sich aber Eure maßgebende Klugheit überall an die kanonischen Beschlüsse und folge immer den Satzungen der heiligen Väter: möge das Vorbild jeglicher Heiligkeit allen in Eurem Wandel sichtbar erstrahlen und heilig spornende Mahnung aus Eurem Munde ertönen; möge Euer Licht leuchten vor den Menschen, daß sie Eure guten Werke sehen und Euren Vater preisen, der im Himmel ist.«[16]

Deutlicher geht es nicht. Karl ist Verteidiger der Kirche nach Außen und Innen und seine Pflicht ist es, für die Anerkennun des Glaubens und seine Festigung zu sorgen.

Die Pflicht des Papstes ist es, mit erhobenen Moseshänden für den Sieg des christlichen Volkes zu beten. Damit nicht genug, wird der Papst peinlich ermahnt, die kanonischen Beschlüsse und die Satzungen der heiligen Väter zu wahren, vor allem aber ein beispielhaftes, vorbildliches Leben zu führen. Das ist die Sprache des »rex et sacerdos«, des Königs und Priesters nach dem Vorbild des Priesterkönigs Melchisedek, den uns das 1. Buch Mose im 14. Kapitel bezeugt. Liest man diesen Brief, so versteht man, warum Notker, der Mönch von St. Gallen (gest. 912), Karl den »Bischof der Bischöfe« nennt, und warum Alkuin beide Schwerter, beide Gewalten, die »auctoritas sacrata pontificium« und die »regalis potestas«, die geistliche und die weltliche Macht, dem König zuweist.

Und trotzdem, in der scheinbaren Ohnmacht der Päpste liegen die Keime künftiger Macht. Da ist der Anspruch der Überlegenheit der geistlichen über die weltliche Macht und der Anspruch des römischen Primats, nämlich Nachfolger des Apostelfürsten und mehr als ein Erster unter Gleichen zu sein.

Namentlich der letzte Anspruch, in der Petrusnachfolge zu stehen, wurde zu einem besonderen Ferment der fränkischen Kirche. Diese Betonung des Petrusgedankens ist das Vermächtnis eines großen Papstes, Gregor I. (590–604), der die Bekehrung der Angelsachsen forcierte.

Auch dieser Papst war nach der Reichsverfassung von Byzanz nur ein Reichspatriarch, dessen Wahl der Bestätigung durch den Kaiser oder seinen italienischen Exarchen bedurfte. Allerdings war das Reich, das solche Rechte beanspruchte, nicht in der Lage, Rom und den Papst vor den Langobarden zu schützen.

Gregor war ein außerordentlicher Mann, der sogar aus seiner Schwäche Kapital zu schlagen wußte. Während sein Amtsbruder in Konstantinopel mit Billigung des Kaisers den Titel eines ökumenischen Patriarchen führte, schob Gregor dies alles beiseite und stellte dem die Demutsformel »servus servorum Dei« entgegen.

Wir wollen uns jedoch nicht mit jenen Leistungen Gregors befassen, die in der Neuordnung der römischen Liturgie, dem grundlegenden Sacramentarium Gregorianum, bestanden, sondern mit seiner Zuwendung an das Mönchswesen. In den Mönchen erblickte er künftige Vorkämpfer für die Rechte des Nachfolgers des heiligen Petrus.

Vor allem interessiert uns Gregor auch insofern, als er die Bekehrung der Angelsachsen, ein Meisterwerk, mit Vernunft, Takt und Methodik durchgeführt, betrieb. Gelebte Menschenliebe und christliche Duldsamkeit, getragen von gesundem Menschenverstand, waren die Forderungen des Papstes an den heiligen Augustinus von Canterbury (gest. 604) und seine Begleiter, die auf der Grundlage dieser Eigenschaften ihren Missionsauftrag in England durchführen sollten. Sie suchten das Vertrauen der Menschen und fanden Zugang zu ihren Seelen. Auf einer Synode, die der König Oswiu (641–670) im Jahre 664 in Streoneshalh, dem späteren Whitby, durchführte, bekannte sich die Versammlung unter Führung des Augustinusnachfolgers Wilfrid (gest. 707), dem späteren Bischof von York, zu dem Vorrang von St. Peter als dem mächtigsten Apostel, dem Christus die Schlüssel zum Himmelreich anvertraut hatte. Die Angelsachsen erkannten die Vorherrschaft der römischen Kirche an und sahen in dem Apostelfürsten Petrus fast ihren Nationalheiligen.

Schon nach 60 Jahren strömten angelsächsische Missionare auf den Kontinent, verbreiteten die Lehre Christi und den Ruhm des Apostelfürsten Petrus.

Die Person des Petrus besaß für die Germanen große Anziehungskraft. Dies war nicht ein Mann, der auch noch die linke Wange hinhielt, wenn man ihn schlug, sondern ein Kämpfer, der im Garten Gethsemane für Christus, seinen Herrn, das Schwert zog.

Auf ihn hatte folglich der Herr die Säulen seiner Kirche gesetzt, er war der Fels in der Brandung, den die Pforten der Hölle nicht verschlingen konnten. Er hatte vom Herrn den Auftrag erhalten, die Brüder zu stärken und die Schafe zu weiden.

Unter dem Einfluß der angelsächsischen Mission änderte sich dann auch in der fränkischen Kirche das Verhältnis zu Rom, das über ein Jahrhundert mehr in einem Nebenher als in einem Miteinander bestanden hatte.

Der Papst gewann in der fränkischen Kirche zwar nicht einen Zuwachs an Macht, aber einen Zuwachs an Bedeutung.

Denn Bedeutung wollte Karl dem Papste durchaus zuerkennen, nicht aber Macht. Die war Sache des Königs.

Karls Vertrauen zu seiner Kirche war selbstverständlich. Sein Glauben war direkt, ohne Umwege, ohne Zweifel, er war erfüllt von seinem göttlichen Auftrag der Gewißheit, die Wahrheit in dieser und der anderen Welt zu besitzen.

Aus dieser Glaubensgewißheit heraus brauchte er keine Bedenken zu haben, sich auch der Organisationsformen der Kirche zur Festigung seines Reiches zu bedienen.

Karls sicherer Realismus hatte erkannt, daß seine germanischen Fürsten, alle seine Marschälle und Heerführer zwar große Eroberer, aber schlechte Verwalter waren.

Bei den Männern seiner Kirche jedoch, dem schriftkundigen Klerus, fand er die zur Staatsverwaltung so notwendige Fähigkeit der Organisation in reichem Maße.

Im Untergang der antiken Welt war der Kirche das Bildungsmonopol zugefallen. Ihre Schulen, ihre Bibliotheken waren die einzigen Bildungsstätten und Bildungsmittel der Zeit.

Karl befahl seinen Bischöfen, an ihren Bischofssitzen weitere Schulen einzurichten und allen Bildungswilligen, gleich welchen Standes, zu öffnen.

Die Eindringlichkeit, mit der dies geschah, bezeugt ein Brief Karls an einen Erzbischof, wahrscheinlich an Lul von Mainz, den Jünger und Nachfolger des heiligen Bonifatius: »Da Du im Werben gläubiger Seelen Dich mit Gottes Huld voller Eifer betätigst, erscheint es uns gar erstaunlich, warum Du für die Erziehung der eigenen Geistlichkeit in der Wissenschaft keine Mühe aufwendest. Du siehst doch überall im Herzen Deiner Untergebenen die Finsternisse der Unwissenheit ausgegossen: und während Du den Strahl der Bildung in ihre Sinne ergießen kannst, läßt Du sie im Nebel ihrer Blindheit hindämmern.

Daß Du auch auf diesem Gebiete tüchtig bist, bezweifelt keiner: hast Du doch einmal einen Geistlichen Deines hohen Mitpriesters ..., des heiligen Mannes, ein andermal einen des frommen Abtes ... so in den freien Lehrfächern unterrichtet, daß ihnen beinahe nichts zur Höhe der Vollkommenheit fehlt.

Was mag also Eure Heiligkeit für eine Entschuldigung haben, wenn die Söhne anderer vom Futter Eurer Gelehrsamkeit gesättigt sind und Eure eigenen, um die Nahrung des Unterrichts gekürzt, unwissend Hungers verschmachten? Gewiß ist eines von beiden: entweder verschmähen sie selbst in störrischem Hochmut, sich Eurer Lehre zu unterstellen, oder es wird Eurerseits – was wir nicht wünschen – etwas lässig mit ihnen verfahren. Aber welches auch zutreffe, zu Eurer Verantwortung, ehrwürdiger Vater, gehört es, von dem sie, sei auch ihr Herz verstockt, entweder durch väterliche Ermahnung zurechtgewiesen oder mit dem Hirtenstock gezüchtigt werden müssen. In der Tat, was Eure Einwirkung betrifft, so müssen sie bald mit gütlichem Zureden, bald durch harte Schelte zum Licht der Bildung erweckt werden; soweit sie etwa unbemittelt sind, soll man sie auch durch Beihilfen aufmuntern. Und wenn Du gleich andere zum Unterricht nicht heranzuziehen vermagst, jedenfalls kannst du doch jene Diener Deiner Kirche ausbilden, die Du als fähig erkennst. Wer möchte das wohl glauben, daß sich in all der Menge, die Deiner Lenkung untersteht, kein zur Ausbildung Geeigneter finden lasse?

Alle, die Dich als Jünger des seligen Bonifaz kennen, erwarten von Deiner Schule bleibenden Erfolg ...«[17]

Die Klöster wurden zu riesigen Schreibstuben, wo in frommem Eifer nicht nur das Erbe der Antike gerettet, sondern auch königliche Anordnungen vervielfältigt wurden. Auch hier wird das wachsame Auge des Königs sichtbar, wenn er z. B. an Abt Baugolf von Fulda um 779/800 folgende Botschaft richtet:

». . . Geschrieben steht ja: Entweder sollst du nach deinen Worten gerecht, oder nach deinen Worten verdammt werden. Denn wenn auch gutes Handeln besser ist als Wissen, so geht doch das Wissen dem Handeln vorauf. Es muß also jeder lernen, was er auszuführen wünscht, und die Seele wird, was sie tun soll, um so fruchtbarer verstehen, wenn die Zunge ohne irreführende Hemmnisse zum Lobe des allmächtigen Gottes eilen kann. Denn wenn schon alle Menschen das Irreführende meiden sollen, wieviel mehr müssen die ihm nach Möglichkeit ausweichen, die einzig deshalb für Auserwählte gelten, weil sie der Wahrheit ganz besondere Dienste schulden.

Da uns nun in diesen Jahren von mancherlei Klöstern wiederholt Zuschriften gesandt wurden, denen wir entnehmen sollten, daß die dort weilenden Mönche in heilig frommer Fürbitte für uns wetteiferten, so fanden wir in der Mehrzahl dieser Schreiben den Sinn wohl richtig, doch die Sprache ungepflegt... Deshalb mahnen wir Euch, vernachlässigt nicht Sprache und Schrift, nein, wetteifert vielmehr in demütigem, Gott gefälligem Fleiß, daß Ihr sie lernt, damit Ihr um so leichter und richtiger in den Geheimsinn der göttlichen Bücher eindringen mögt.«[18]

Mögen auch Alkuin, Paulus Diaconus oder Theodulf Form und Stil dieser Briefe geprägt haben, so war es doch der König, der die Wichtigkeit der darin niedergelegten Forderungen erkannte und sie darum in seinem Namen zeichnen ließ.

Bei aller Religiosität war Karls Reich von dieser Welt. Darum forderte er von seiner Reichskirche nicht Abwendung, sondern Hinwendung und Wirkung in dieser Welt.

Die »Regula St. Benedicti«, die er förderte und seinen Mönchen auferlegte, war für ihn weniger eine monastische, denn eine disziplinäre Ordnung.

Sie war deshalb so wichtig, weil Karl seinen Klöstern Aufgaben bei der Missionsarbeit zuwies.

Er forderte von ihnen die Bereitschaft, in den Randgebieten des Reiches die besiegten Völker zu missionieren, um sie, nach der militärischen Eroberung, in seine Glaubenswelt, die ja Staatsgrundlage war, einzufügen. Auch die Dotationen Karls dienten diesem Zweck. Aus ihnen ließ sich seine Klosterpolitik ablesen.

Die weitaus größeren Mittel und Zuwendungen flossen in die Klöster östlich des Rheins, gingen in das noch immer nicht sichere Aquitanien, in die spanische Mark und in die Lombardei. Die Klöster in den fränkischen Stammlanden zwischen Rhein und Loire dagegen, die nicht in der Frontlinie der Missionierung standen, wurden mit weitaus geringeren Mitteln bedacht.

Im St. Gallener Klosterplan, den der Abt Gozbert 820 zeichnen ließ, ist uns ein Modell des »vollkommenen Klosters« der karolingischen Zeit überliefert.

Außer, daß uns dieser Plan absolute Detailkenntnisse liefert, berichtigt er auch falsche Vorstellungen von der personellen Größe der Klöster in dieser Zeit. Es wurde oftmals von Konzentrationen von Tausenden von Mönchen in einem Kloster gesprochen. Aber der St. Gallener Klosterplan zeigt die Wirklichkeit. Sein Dormitorium (Schlafsaal) wies Platz für 77 Mönche aus. Hinzu kamen natürlich in beträchtlichem Maße Hilfskräfte. Eine Belegungsliste des Klosters Jumièges aus dem Jahr 826 überliefert eine Belegung von 114 Mönchen. Adalhard von Corbie berichtet von 300 Mönchen und 150 Laienbrüdern in seinem Kloster. St. Denis verzeichnet unter seinem Abt Hilduin im Jahre 832 150 Mönche und St. Bertin 60 Mönche und 112 Bedienstete. St. Riquier unter seinem Abt Angilbert, als Schwiegersohn Karls und Diplomat einer der wichtigsten Männer des karolingischen Staates, verzeichnet wie Corbie 300 Mönche. Dies wird als überdurchschnittliche Größenordnung anzusehen sein. Die

Durchschnittsbelegung der Klöster darf man wohl mit 70 bis 120 Mönchen ansetzen, was ja auch den Vorstellungen des St. Gallener Planes entspricht.

Die Klöster waren Inseln des Glaubens und der Kultur in einer noch weitgehend barbarischen Welt. Sie waren im Bereich der Agrikultur Lehrmodelle für die umwohnende bäuerliche Bevölkerung; ihre Ernteerträge lagen über dem allgemeinen bäuerlichen Durchschnitt. Die bewahrende und vorwärtstreibende Kraft der Klöster des Mittelalters auf kulturellem und geistigem Gebiet, aber auch als Medien königlichen Willens, kann nicht hoch genug angesetzt werden.

In der karolingischen Renaissance hatten die Klöster neben der Hofschule und Hofkapelle ihren festen Platz.

Ein Staatsmann kann Armeen aus dem Boden stampfen, Burgen, Festungsanlagen und Städte bauen, dazu bedarf es nur der Handwerker, Soldaten, Techniker. Aber eine Kulturblüte hervorzurufen, ist eine Leistung eigener und anderer Art. Karl vollbrachte diese Leistung, indem er trotz aller kriegerischen Aufgaben die Kräfte des Friedens förderte, Gelehrte an seinen Hof zog und überall, wo sich geistige und kulturelle Ansätze zeigten, tatkräftig unterstützte. So wanderte die Kultur, bislang an den Mittelmeerküsten beheimatet, nach Norden. Die Mehrzahl der Schriftsteller jener Zeit waren irischer, angelsächsischer und fränkischer Herkunft: Alkuin, Naso, Ehtelwulf, Hibernicus Exul, Sedulius Scotus, Angilbert, Einhard, Rhabanus Maurus, Walafried Strabo, Gottschalk, Ermanerich, Wandalbert, Agius, Thegan von Trier, Nithard, Smaragdus, Ermoldus Nigellus, Agobard von Lyon, Paschasius Radbertus, Ratram, Hinkmar von Reims und Milo von St. Armand. Sie alle sind ohne die fränkisch-karolingische Klosterkultur nicht denkbar.

Der Adel seines Reiches

Ihn verzahnt Karl unbekümmert mit den Führungspositionen der Kirche. Sein illegitimer Sohn Hugo, späterer Erzkanzler Ludwigs des Frommen, war zeitweise Abt des Klosters Novalese in Langobardien und der Abteien von St. Quentin und St. Bertin.

Einen anderen illegitimen Karlssohn, Drogo, sahen wir schon als Bischof von Metz.

Seine Tochter Theodorada war Äbtissin des Klosters Argenteuil bei Paris. Seine geliebte Schwester Gisela setzte Karl über die Frauenklöster von Chelles und Notre Dames de Soissons. Seine Tochter Routhild finden wir als Herrin von Faremoutiers. Sein Enkel Ludwig (ca. 800–867), Sohn der Tochter Rotrud und des mit ihr in unehelicher Verbindung lebenden Grafen Rorico, wurde Abt von St. Denis und Erzkanzler Karls II., des Kahlen (840–877). Seinen großen Berater Alkuin erhob Karl zum Abt des fränkischen Nationalklosters St. Martin in Tours. Seinen Biographen und Vertrauten der letzten Jahre, Einhard, finden wir als Gründungsabt der Klöster Seligenstadt und Michelstadt. Der vielfach erwähnte »Schwiegersohn« Angilbert regierte als Laienabt von St. Riquier. Wir erinnern uns an den Westgoten Theodulf als Bischof von Orleans, so wie an den gelehrten Theologen Paulinus, der von Karl zum Patriarchen von Aquileja berufen wurde.

Nicht vergessen werden darf Karls Vetter Adalhard, der berühmte Abt von Corbie.

Bereits im Merowingerreich, vornehmlich im galloromanischen Raum, hatten die Reste des römischen Patriziats die Führungsstellen der Kirche besetzt.

Die Kirche der Armen war zur Kirche der Reichen geworden. Jetzt aber begann die Entwicklung zur Kirche der Mächtigen, zur Adelskirche, ein Prozeß, der erst im 19. Jahrhundert beendet wurde.

Man hat klassifiziert, daß vom Jahre 900 bis zum Jahre 1500 von 166 Erzbischöfen 134 edelfrei, 10 vom Ministerialadel und nur 4 bürgerlich waren. Die restlichen 18 waren nicht einzuordnen. Erasmus von Rotterdam (1466/69–1536) sagt: »In das Domkapitel von Straßburg hätte Christus ohne Dispens nicht aufgenommen werden können.« Um 1500 äußert ein junger Kanoniker sich ähnlich: »Wenn heute der Herr auf Erden wandelte, würde das Stift von St. Alban (Mainz) ihn abweisen.«

Der Gottesstaat des Aurelius Augustinus
als karolingische Staatsidee

Einhard berichtet über Karl: »Während des Essens hörte er sich entweder Musik oder einen Vorleser an. Dabei wurden geschichtliche Werke und die Taten der Alten vorgetragen. Er hörte auch gerne die Werke des heiligen Augustinus, besonders seine Schrift: ›De Civitate Dei‹, vom Gottesstaat.
Dem Gottesstaat entgegengestellt ist der Weltstaat. Zweierlei Liebe hat, nach Augustinus, diese beiden Staaten gegründet: den Weltstaat die bis zur Verachtung Gottes gehende Selbstliebe, den himmlischen Staat die bis zur Selbstverachtung gehende Gottesliebe . . . Der eine sucht Ruhm bei den Menschen, dem anderen ist Gott, der Zeuge des Gewissens, sein größter Ruhm . . . Im Gottesstaat gibt es keine Menschenweisheit als die Frömmigkeit, die den wahren Gott in rechter Weise verehrt und als Lohn in der Gemeinschaft, nicht nur heiliger Menschen, sondern auch der Engel erhofft, ›daß Gott alles in allem sei‹.«
Anstoß zu Augustinus' Idee vom Gottesstaat war der Fall und die Eroberung Roms am 24. 8. 410 durch die Goten unter Führung Alarichs.
Für die antike Welt war der Fixpunkt des Reiches eingestürzt. Der Fall der Weltstadt, die seit dem Keltensturm des

Brennus im Jahre 387 vor Christus acht Jahrhunderte lang unbesiegt geblieben war, erschütterte die Welt.

Ein Umdenken von der Weltlichkeit Roms zu der Unerschütterlichkeit einer Ordnung, die auf göttliche Liebe gegründet war, schien notwendig.

».. . Dem Weltstaat werden seine Bürger von der durch die Sünde verdorbenen Menschennatur geboren, dem himmlischen Staat durch die Gnade, die von der Sünde erlöst. Darum werden die einen Gefäße des Zornes, die anderen Gefäße der Barmherzigkeit genannt.«

Für Augustinus war Kain, der Brudermörder, der Gründer des Weltstaates. Abel aber war kein Staatengründer, sondern nur Pilger auf dem Weg zum Gottesstaat.

».. . Und das ist eine Eigentümlichkeit des Weltstaates, daß man Gott oder Götter verehrt, um mit ihrem Beistand siegreich und in irdischem Frieden herrschen zu können aus Machtgier, nicht aus fürsorgender Liebe. Die Guten gebrauchen nämlich die Welt, um Gott zu genießen. Dagegen wollen die Bösen Gott gebrauchen, um die Welt zu genießen . . .«

Erinnern wir uns, daß Karl in seiner Hofakademie »David« genannt wurde. Hier zeigt sich das Selbstverständnis Karls und seines Hofkreises, aber auch die Verpflichtungen und Vorbilder, denen man sich unterwarf und an denen man gemessen werden wollte.

Augustinus, der Prophet des Gottesstaates, ist auch ein Prophet der Liebe: »Der göttliche Lehrmeister hat aber auch zwei Hauptgesetze aufgestellt, das der Gottesliebe und das der Nächstenliebe, worin der Mensch den dreifachen Gegenstand seiner Liebe findet, Gott, sich selbst und den Nächsten. Wer Gott liebt, geht auch in der Selbstliebe keinen Irrweg.«

Die Welt des Augustinus hat klare Strukturen. Er stellt das Apostelwort allem voran: »Wer aber für die Seinigen und vor allem für die Hausgenossen nicht Sorge trägt, verleugnet den Glauben und ist schlimmer als ein Ungläubiger.« (Tim. 5, 8)

Daraus entspringt der Hausfriede, das heißt, die geordnete Eintracht der Hausbewohner im Befehlen und Gehorchen. »Es befehlen nämlich die, die sorgen wollen, so der Mann der Frau, die Eltern den Kindern, die Herren den Sklaven. Aber im Hause des Gerechten, der aus dem Glauben lebt und noch fern vom himmlischen Staat in der Fremde pilgert, dienen die Befehlenden auch denen, die sie scheinbar befehligen. Sie befehlen ja nicht aus Herrschsucht, nicht in übermütigem Streben nach Vorrang, sondern in barmherziger Fürsorge... Die echten Hausväter leiten alle Familienangehörigen gleich ihren Kindern zu Verehrung und Erlangung Gottes an, da sie herzlich wünschen, ins himmlische Vaterhaus zu gelangen, wo kein Amt, Sterblichen zu befehlen, nötig ist... Widerstrebt jedoch jemand im Haus durch Ungehorsam dem häuslichen Frieden, so wird er mit Worten oder Schlägen oder einer anderen gerechten und angängigen Strafe zurechtgewiesen, wie es die Ordnung der menschlichen Gesellschaft zum Besten des Straffälligen gestattet, um ihn dem Frieden, von dem er abgewichen ist, wieder einzugliedern... Es gehört auch zum Amt eines untadeligen Mannes, niemand ein Unrecht zuzufügen, erst recht aber auch von der Sünde abzuhalten, oder die geschehene Sünde zu bestrafen, damit der Betroffene durch die Erfahrung gebessert oder andere durch das Exempel abgeschreckt werden...« Viele dieser Gedanken finden sich in Karls Kapitularien wieder. Auch für die Sachsenkriege und den Schreckenstag von Verden fand Karl bei Augustinus geistige Hilfe und Weisung.

»...Denn das ewige Leben ist das höchste Gut, der ewige Tod (ein Tod ohne Taufe und Bekenntnis zu Christus) aber das größte Übel.«

Augustinus gibt seinem Gottesstaat ein Herrscherideal. Er fordert mehrere Grundeigenschaften: »Frömmigkeit, Gerechtigkeit, Gottesliebe, Demut und Barmherzigkeit. Aus diesen Tugenden heraus findet der gute Herrscher den Weg zu Gott und seiner Gnade.«

Das Herrscherbild, das Einhard uns in seiner »Vita Karoli Magni« zeichnet, entspricht ganz dem augustinischen Herrscherideal.

Einhard schildert Karls Frömmigkeit, seine Großmut, Gelassenheit, Weisheit und Seelengröße, seine Größe des Geistes und seine Geduld. Die Gerechtigkeit, die Augustinus von einem guten Herrscher verlangt, sieht Einhard in der Fähigkeit Karls zum Maßhalten. Weiter umschreibt er die Gerechtigkeit Karls: »Es wurde ihm nie der Vorwurf ungerechter Strenge gemacht.« Als Ausnahme davon nennt Einhard Karls Ehezeit mit Fastrada, »wo er den rücksichtslosen Handlungen seiner Gemahlin beizustimmen und von seiner sonstigen Milde in ungewohnter Weise abzuweichen schien.«

Aus der Deckungsgleichheit des augustinischen Herrscherideals mit Einhards Karlsschilderung lassen sich zwei Schlüsse ziehen.

1. Der »Gottesstaat« des Aurelius Augustinus war am Hofe Karls nicht nur bekannt, sondern eine allgemein akzeptierte Zielvorstellung.

2. Daß Einhard seinen Kaiser nach augustinischen Maßstäben zeichnete, muß weder die Liebedienerei eines Höflings, noch blinde, von Dankbarkeit getragene Heldenverehrung sein. Einhard hatte ja auch die Fähigkeit, Karls negative Eigenschaften zu benennen, z. B. seine Schwatzhaftigkeit oder seine Schwäche gegenüber seiner Frau Fastrada. Vielmehr dürfte es bedeuten, daß Karl das augustinische Herrscherideal wirklich verinnerlicht hatte und ihm nacheiferte, ein zweiter David, auf dem Wege zum Gottesstaat.

Adoptianismus und Bilderstreit

Unter dem Vorsitz Karls griff man auf einer fränkischen Reichssynode im Jahre 792 in Regensburg die Häresie des Adoptianismus an. Man erinnert sich: es war das Jahr, in dem Karl seinen Awarenfeldzug vorbereitete und eine neue sächsische Erhebungswelle von gefährlichem Ausmaß aufbrandete. Dennoch fand der König Zeit, sich um die geistlichen Grundlagen seines Reiches zu kümmern.

Die Lehre des Adoptianismus besagte: »Christus sei ein in höchstem Maße von Gottes Geist erfüllter Mensch gewesen, der als Mensch nur Adoptivsohn Gottes sei. Gerade in seiner erleidenden Menschlichkeit liege die Größe seiner Erlösungstat.« Ein Hauptvertreter der Lehre war der fromme und gelehrte Bischof Felix von Urgel aus der spanischen Mark. Unterstützung fand Felix beim Primas von Toledo, Erzbischof Elipand (gest. nach 800).

Die Synode verdammte unter Karls Vorsitz diese Lehre als Häresie. Auf der großen Frankfurter Synode des Jahres 794, nochmals mit der adoptianischen Häresie befaßt, hielt Karl die einleitende Rede zu diesem für ihn so wichtigen Thema. Der asturische Abt Beatus von Liébana (gest. 798), im Briefwechsel über dieses Thema mit Alkuin und der fränkischen Unterstützung gewiß, griff den Metropoliten Elipandus von Toledo wegen dieser Häresie scharf an.

Auch Karl selbst ließ es sich nicht nehmen, in einem ausführlichen Brief an Elipand Stellung zu nehmen und ihn vor Ketzerei und Häresie zu warnen. Hier einige Auszüge:

»Karl, von Gottes Gnaden König der Franken und Langobarden, Schutzherr der Römer, Sohn und Verteidiger der heiligen Gotteskirche; dem Elipand, dem Metropoliten der Stadt Toledo und seinen Mitpriestern in den spanischen Landen wünschen wir das Heil des rechten Glaubens und der brüderlichen Liebe in Christus dem Gotte, Gottes eigenem und wahren Sohn.

Es freut sich der fromme Christ, wenn die Gottes- und Bruderliebe weit über die Erde hin ihre Doppelflügel ausbreitet und alle mütterlich wärmt, die sie in heiliger Taufe geboren hat . . . Nach diesem Eingang nehmen wir gar freudigen Anteil im Herrn an Eurem Gedeihen, teilen auch in unserem Herzen brüderlich mitverwundet, den leidigen Schmerz über die Bedrückung, die ihr unter den Heiden erduldet. Aber noch viel größere Trauer empfinden wir, wenn Ihr durch teuflischen Trug auch drinnen im Busen Bedrückung ertragt, Bedrückung von Unglauben und einem spaltenden Irrtum. Das wird zu einem beständigen Weh in unserer Brust, zur fast unheilbaren Wunde, wenn nicht durch dessen Barmherzigkeit, der die Reumütigen heilt, der alle Menschen erretten und zur Erkenntnis der Wahrheit bringen will, eben die uns wieder aufheitern, die uns betrübt haben. So wäre Eure Besserung unsere Aufheiterung, wir wünschen Euch zu Gefährten im katholischen Glauben, zu Mitarbeitern beim Predigen der Wahrheit, damit die Freude, die Christus seinen Jüngern versprochen hat, in uns wohne und an Euch sich vollende.

Zur Vollendung dieser Freude haben wir im Trieb der Bruderliebe von allen Kirchen unseres Machtbereichs die heiligen Väter zum Konzil versammelt, auf daß ihre Alleintracht fest herausstelle, was über die Adoption des Fleisches Christi zu glauben sei, die ihr kürzlich mit neuen Sätzen, wie sie in den alten Zeiten der allgemeinen Kirche Gottes unerhört waren, in Euren Schriften behauptet habt . . . Das sind die Vorkämpfer unseres Glaubens, das sind die Herrscher an den mancherlei Sitzen der Stadt Christi. Das Außenwerk dieser Stadt ist der katholische Glauben, die Liebe ist ihre festeste Mauer, ihr Bollwerk das Zeugnis der göttlichen Schriften; und als Schatz des Heils ruhen darin Weisheit und Wissenschaft, und Hoffnung bewacht die Tore, die mit vier Schlüsseln, nämlich Klugheit, Gerechtigkeit, Mut und Mäßigkeit, für fromme Seelen aufgeschlossen werden, und

über die Stadt herrscht Er, Gottes wahrer und eigner Sohn,
der wahre Gott und wahre Mensch Jesus Christ, unser Herr
in königlicher Macht, und seine Gnade leitet, schirmt und
erhöht ihren ganzen Bau ... Um also Eure Herzen in Glauben und Wahrheit zu festigen, haben wir aus dem Drang der
Bruderliebe diesen Brief im eignen Namen schreiben lassen,
indem wir hoffen, daß die Andacht, die wir dem katholischen Glauben zubringen, ihre Früchte tragen und Gottes
Milde Euch zum katholischen Glauben zurückführen wird.
Bevor dies vielgenannte Ärgernis bei Euch aufkam, haben
wir Euch in zweifacher Liebe geliebt; denn wir schlossen
Euch in allen Kirchen unseres Reiches in unsre Gebete, und
indem wir so täglich Euer gedachten, indem auch Gott seine
Hilfe hinzugab, hatten wir den Willen, Euch von der Knech-
tung unter weltlichem Zwang zu befreien, sowie die Gelegenheit sich ergäbe und Euer Rat dazu aufforderte. Jetzt aber
habt Ihr – wir sagen es nicht ohne Schmerz – Euch selbst um
diese zwiefache Liebe betrogen, da ihr nicht merktet, wie
Euch Teufelstrug umgarnte und beider Vorteile zu berauben
versuchte, sowohl des Anteils an unsrem Glauben und
Gebet wie der Aussicht auf unsere Hilfe. Seht, seht, welch
großes Übel Ihr gegen Euch selbst begangen habt, daß wir
nimmer gewagt haben, für Euch noch so zu beten wie für die
übrigen treuen Söhne der Gotteskirche und Euch als Brüder
in Euren schweren Bedrängnissen zu helfen. Darum kehrt zu
diesem zwiefachen Trost zurück und werft die böse Teufels-
list von Euch, auf daß Ihr mit all unserer Liebe und gelegent-
lich unserer Hilfskraft Gemeinschaft haben könnt. Wenn Ihr
aber nach dieser Zurückweisung oder Mahnung durch apostolische Lehrmacht und synodale Eintracht nicht von
Eurem Irrtum zur Vernunft kommt, dann wißt Ihr, man wird
Euch nur mehr für Ketzer halten, und wir wagen dann vor
Gott nicht mehr, irgend eine Gemeinschaft mit Euch zu
halten ...«[19]
Dieser Brief Karls zeigt klar, welch hohen Rang er Glaubens-

fragen gab und daß er sich für die Reinheit und Einheitlichkeit der katholischen Lehre verantwortlich fühlte.
Auf der Aachener Synode des Jahres 800 wurde noch einmal
die adoptianische Häresie behandelt. Das Thema war darum
noch aktuell, weil der Erzbischof Elipand trotz Karls Demarche dem Felix von Urgel seine Unterstützung nicht entzog.
Vor Karls Augen diskutierten Felix und Alkuin in einer
sechstägigen Disputation ihre gegenteiligen Glaubensauf-
fassungen. Am Ende der tagelangen Diskussion erklärte sich Felix von
Urgel als widerlegt. Er zog sich schweigend für den Rest
seines Lebens in ein Kloster zurück.
Es war dies ein Kampf des Geistes, der sich zwischen Alkuin
und Felix vor dem hingerissenen Tribunal der Synode vollzog. Die Methodik kommender Zeiten, Glaubensfragen
durch brutale Vernichtungsaktionen mit Feuer und Schwert
zu lösen, wurde nicht angewandt.
In der Frage des Adoptianismus herrschte zwischen Karl
und dem Papst, der bereits im Jahre 798 sein Anathema
gesprochen hatte, volle Einmütigkeit.
Anders war die Frage im Bilderstreit.
Der Bilderstreit erschütterte die Grundfesten der byzanti-
nisch-griechischen Welt. Unter dem Kaiser Leon III. (717–
741) trieb der Streit auf seinen Höhepunkt zu, als er am 17. 1.
730 ein Silention einberief und durch ein Edikt, gestützt auf
das mosaische Bilderverbot, die Vernichtung aller Kultbilder
befahl. Der Patriarch Germanos, der diese Entscheidung
nicht mittragen wollte, wurde durch den dem Kaiser ergebe-
nen Anastasios ersetzt. Die Zerstörung der Bilder und, damit
Hand in Hand, die Verfolgung ihrer Verehrer begann.
Dem Phänomen des Bilderstreites kann der heutige, mit
Bildern übersättigte Mensch, kaum gerecht werden. Heute
sieht man Bilder allenthalben auf Plakatwänden, auf Packun-
gen, in Zeitungen, in Illustrierten, persönliche Fotografien,
in Film, Fernsehen und Diapositive. Dieses Zeitalter ist nicht

nur das Zeitalter des Atoms, sondern auch das Zeitalter der Bilderfülle. Ein Bild beeindruckt den heutigen Menschen nur noch im Ausnahmefall. Anders erging es dem Menschen des Mittelalters. Das Erlebnis des Bildes hatte er nur in Kirche und Kirchenraum. Vielleicht erhaschte er manchmal einen Blick in die Wohnräume eines hohen Herrn, wo sich Bilder befanden.

Bedenkt man noch die suggestive Kraft der byzantinischen Malerei, Ravenna vermittelt uns dieses Erlebnis, so kann man begreifen, daß der Mensch des Mittelalters kaum trennen konnte zwischen Sein und Schein. Er brach, überwältigt von der Größe des Erlebens, in die Knie und betete an, was doch nur Schein und nicht Wirklichkeit war, was nicht heilig, sondern im besten Falle die Darstellung des Heiligen sein konnte.

Der radikale Bruch Kaiser Leons III. mit der Tradition riß tiefe Gräben auf. Papst Gregor III. (731–741) exkommunizierte den Patriarchen Anastasios von Byzanz, alle Ikonoklasten und damit auch den byzantinischen Kaiser. Die Kluft zwischen dem Westen und dem Osten hatte sich aufgetan.

Kaiser Leon III. entsandte eine Strafexpedition, die aber in den Stürmen der Adria scheiterte. Da wußte der Kaiser noch ein besseres Mittel, den fiskalischen Zugriff. Er enteignete den süditalischen Besitz der römischen Kirche.

Der Bilderstreit kam aber nicht zur Ruhe.

So berief im Jahre 787 die byzantinische Kaiserin Irene das 7. ökumenische Konzil, das letzte, das später beide Kirchen anerkannten, nach Nicaea ein, um die Frage der Bilderverehrung zu verhandeln. In Nicaea, außerhalb der Macht der bilderfeindlichen Palastwache, hoffte die Kaiserin im Verein mit 350 Bischöfen einen Ausgleich zu finden, der Reich und Ostkirche wieder einte und einen Brückenschlag zur römischen Kirche ermöglichte.

Die heilige Versammlung erklärte, unter Verwerfung aller vorigen Entscheidungen, den Ikonoklasmus (die Bilderzerstörung) zur Häresie und verkündete, daß den Bildern eine Verehrung (proskynesis) zu erbringen sei, nicht aber eine Anbetung.

Karl war mitsamt seiner selbstbewußten fränkischen Reichskirche empört, daß er von der byzantinischen Kaiserin nicht zum Konzil nach Nicaea, das ja ökumenischen Rang beanspruchte, eingeladen worden war.

König und Kirche antworteten, wohl im Jahr 791, mit einer Gegenschrift, als deren Verfasser die neuere Forschung Theodulf von Orleans und nicht mehr Alkuin ansieht.

Mit herber Kritik am griechischen Kaisertum und an der Kaiserin Irene warteten die Franken auf. Dem Konzil wurde, da die Franken fehlten, der ökumenische Rang abgesprochen. Scharf beriet man sich auf den Glaubensprimat der römischen Kirche, mit der die fränkische seit jeher in »heiliger Gemeinschaft« lebe.

Doch waren auf dem Konzil in Nicaea die Legaten des römischen Papstes, mit dem die fränkische Kirche ja in »heiliger Gemeinschaft« lebte, anwesend gewesen und hatten, ebenso wie der Papst, den Konzilsbeschluß mitgetragen. Spielte beim Papst die Hoffnung auf die Rückgabe der süditalischen Besitztümer der römischen Kirche eine Rolle? Wenn ja, so sollte Rom enttäuscht werden.

Bei der Stellungnahme der Franken zu den Konzilsbeschlüssen werden Bruchstellen zu Byzanz, aber auch neue Perspektiven sichtbar. Es ging weniger um die substantielle Aussage der Konzilbeschlüsse als darum, daß sich Karl und die fränkische Reichskirche übergangen fühlten.

Man wähnte sich so stark in der Welt und im katholischen Glauben, daß die Lösung einer politischen oder theologischen Frage ohne die Mitwirkung der Franken unvorstellbar geworden war.

Karl berief sodann als König der Franken die fränkische, und als König der Langobarden die langobardische Reichskirche zu einem großen Konzil (794) nach Frankfurt ein. Wiederum

waren zwei päpstliche Legaten, genau wie in Nicaea, zu-
gegen.

Der Papst war in einer schwierigen Lage.

Zwar ersparte Karl dem Papst eine persönliche Demütigung,
doch mußten die päpstlichen Legaten den neuen,im Widerspruch zu Nicaea stehenden Konzilsbeschluß mittragen, der
sich ebenfalls gegen jede Anbetung (adoratio) von Bildern
wandte, aber noch einen Schritt weiterging. Er untersagte
nämlich auch die »veneratio«, die Verehrung der Bilder.
Allerdings wurde keine Zerstörung der Bilder gefordert.

Unerbittlich stand der Satz, den Theodulf 791 im Auftrage
Karls formuliert hatte, über dem Konzil: »Wir haben nichts
dagegen, daß die Bilder als Ornamente in den Kirchen und
zum Gedächtnis an Begebenheiten dienen, aber wir verlan-
gen . . . daß die abergläubische Verehrung ausgerottet wird.«

Mit diesem Satz wurde der bildenden Kunst auch außerhalb
der Sakralräume ein würdiger Platz in der Welt wiedergegeben. Von hier aus führte der direkte Weg zu den glänzenden
Epochen der Malerei in Europa.

Die Verärgerung Karls über das Konzil von Nicaea hatte,
außer der Nichtbeachtung der Franken durch die byzantinische Kaiserin, einen weiteren, tieferen Grund.

Karl sah im Papst eine Institution seines eigenen, westlichen
Reiches. Darum mißbilligte er eine unabhängige päpstliche
Politik am Kaiserhof zu Byzanz.

So hoch war der fränkische König aufgestiegen, daß er nicht
nur in Glaubensfragen entscheiden, sondern auch der Herr
über Kirche und Papst sein wollte.

Die Kaiserkrone

Überschaut man die Lage um die Wende vom 8. zum 9. Jahrhundert in Europa, so darf man vereinfachend sagen: Das
Glaubensgebiet der Ostkirche war deckungsgleich mit dem

Machtbereich des byzantinischen Kaisers und das Glaubensgebiet der westlichen römischen Kirche entspach dem
Machtbereich Karls des Großen. Das Verhältnis Karls zu den
asturischen, kastilischen und englischen Königreichen war
so, daß sie, wenn auch in einem losen Verhältnis, Karl als
ihren Oberherrn ansahen.

Ebenso sah die römische Kirche in Karl ihren Schutzherrn,
da die byzantinischen Kaiser nicht mehr in der Lage waren,
ihrem Schutzauftrag für Rom nachzukommen.

Schon Papst Gregor III. hatte um 739/40 Karl Martell um
Schutz vor den Langobarden gebeten, dieser aber hatte sich
vorläufig noch mit einer diplomatischen Intervention zugunsten des Papstes bei den Langobarden begnügt.

In Pippin dem Jüngeren hatte die römische Kirche dann
ihren langgesuchten Schutzherrn gefunden, und Pippin
war, durch die Salbung der Kirche, in sein fränkisches
Königtum eingetreten.

Im Jahre 795 war Leo III. zum Papst erhoben worden und
hatte Karl sogleich seine Wahlanzeige und die Fahnen der
Stadt Rom gesandt. Leo III. (795–816) gilt im allgemeinen als
schwacher Papst. Unscheinbar, aus nichtadeligen kleinen
Verhältnissen stammend, diente er sich aus niedrigen Stellen im päpstlichen Vestiarium (Kammer der liturgischen Gewänder) zum Erzbischof hoch.

Aber er mußte über bedeutende Gaben verfügen, um an die
Spitze der römischen Adelskirche zu gelangen.

Im Winter 798/99 vollzog sich ein römischer Stadtaufstand,
dessen Hintergründe noch immer nicht durchschaubar sind,
gegen Leo. Er kam in Klosterhaft, in der er geblendet und
seiner Zunge beraubt werden sollte, eine Verstümmelung,
die ihn als Papst amtsunfähig gemacht hätte. Leo entkam
jedoch, floh über die winterlichen Alpen, zu damaligen
Zeiten ein lebensgefährliches Unterfangen, und suchte
Schutz und Hilfe beim fränkischen König. Karl empfing ihn,
bis nach Paderborn ausweichend, mit schuldigem Respekt.

Daß Karls Haltung zu Leo im Anfang zumindest kühl war, war schon aus Karls Sendschreiben an Papst Leo anläßlich seiner Papstwahl zu entnehmen. Dieser Eindruck wird verstärkt durch einen Brief Karls an Angilbert, in dem er ihm Anweisungen für seine Gesandtschaft zu dem neuerhobenen Papst Leo III. erteilt.

»Karl, von Gottes Gnaden König und Verteidiger der heiligen Kirche Gottes, grüßt Homer den Aurikolar.

Wenn die göttliche Barmherzigkeit Deinen Weg lenkt und Dich gesund zu dem apostolischen Herren, unserem Vater, geleitet, dann ermahne ihn eifrig zur *Ehrbarkeit* in all seinem Leben und besonders zur *Einhaltung* der heiligen Gesetze, zur frommen Lenkung der heiligen Kirche Gottes soweit Euer Gespräch es ermöglicht. Gib ihm oft zu bedenken, wie kurz die Ehre, die er gegenwärtig hat, und wie unendlich lang der Lohn währt, wenn einer an einem solchen Platz Tüchtiges schafft; und zur Abstellung des ketzerischen Ämterverkaufs rate ihm auf das Dringendste, der den heiligen Leib der Kirche vielerorten besudelt; und was wir sonst häufig, *Du weißt* es, gemeinsam beklagt haben.«[20] Karl hatte also Vorbehalte gegen Leo in bezug auf dessen Lebens- und Amtsführung.

Auch die den Papst anklagende römische Adelspartei war bei Karl in Paderborn erschienen und führte Beschwerde gegen ihn, unter anderem wegen Buhlerei und Meineids.

Alkuin zeichnete die Stellung Karls in der Welt und in dieser Angelegenheit so: »Seinem Richterspruch allein ist jetzt alles vorbehalten.«

Eine Staats- und Grundsatzkrise war entstanden. Alkuin schrieb an Karl, daß von den drei höchsten Gewalten, die es in der Welt gebe, nach dem Sturz des Papstes und des Kaisers (Kaiser Konstantin war von seiner eigenen Mutter gestürzt worden, die man als Usurpatorin und als Frau nicht als kaiserfähig ansah) allein der Frankenkönig imstande und berufen sei, Kirche und Recht zu schützen. Gleichzeitig

erinnerte Alkuin Karl aber auch an den alten Grundsatz, daß
es keinen Richter über den Papst geben dürfe.

Tatsächlich schien die durch Papst Gelasius geprägte Zwei-
gewaltenlehre hinfällig und zur bloßen Lehrformel herabgesunken zu sein.

Der fränkische König war der Richter des Abendlandes
geworden.

In dieser Lage gab es zwei Möglichkeiten: Karl konnte den
Sturz des Papstes hinnehmen, ihm freundliches Asyl gewähren und die Wahl eines anderen Papstes, dessen Lebensform
und Lebenswandel ihm gemäßer erschienen, initiieren.

Wahrscheinlich aber war schon in Paderborn beschlossen,
den Papst nach Rom zu restituieren. Die Achtung vor dem
einmal verliehenen Amt, seinen Weihen und Würden, war
wohl zu hoch. Es ist aber auch denkbar, daß Karl darauf
rechnete, daß ein solcher Papst, der neben dem militärischen
Schutz auch die geistliche Existenz dem fränkischen König
verdankte, ein Bundesgenosse werden mußte, auf den man
sich verlassen konnte. Zunächst setzte Karl über den Partei-
enstreit hinweg, genau wie es heute üblich ist, einen Unter-
suchungsausschuß ein.

An dessen Spitze stellte er den von ihm kürzlich zum Erzbischof von Salzburg erhobenen Arn und seinen Erzkaplan,
den Erzbischof Hildebald von Köln. Weitere fünf Bischöfe
und drei Grafen gehörten dem Ausschuß an. Er gelangte zu
der Überzeugung, daß nur in Rom selbst, am Ort der Tat, der
Wahrspruch zu finden sei.

Man begab sich nach Rom und kam zur Erkenntnis, daß ein
päpstliches Verbrechen, richtiger, ein Papst, nicht justitiabel
sei.

Diese Auffassung gründete sich auf ein Urteil, das eine
Synode italienischer Bischöfe auf Veranlassung Theoderichs
des Großen (474–526) seinerzeit über den Papst Symmachus
(498–514) gefällt hatte. Auch dieser war von einer Gegenpartei angeklagt gewesen, er habe sich in seinem Lebenswandel

und in seiner Amtsführung schwerer Verfehlungen schuldig gemacht. Der Konzilsspruch endete in der Erkenntnis, das Urteil über den Papst sei Gott anheimzustellen, Symmachus habe als frei von Schuld zu gelten und sei in allen Würden und Rechten anzuerkennen.

Dieser Wahrspruch des Jahres 501 war Grundlage für die Erkenntnis des Jahres 799 in Rom.

Man rief nach dem König.

Karl traf am 24. November des Jahres 800 in Rom ein. Papst Leo eilte ihm 12 Meilen weit entgegen. Das war mehr, als kaiserliche Ehren erheischten. Den Kaisern war man früher nur 6 Meilen weit entgegengeritten.

Der Untersuchungsauschuß trug seine Erkenntnis vor, daß man einen Papst nicht schuldig sprechen könne.

Demnach mußte die Klägerpartei schuldig sein. Schuldig, einen Papst grundlos angeklagt zu haben. Dies wiederum war ein Majestätsverbrechen. Majestätsverbrechen konnten nur vom Kaiser gerichtet werden.

Die Stellung des byzantinischen Kaisers, wir sahen es bereits, war dubios. Kaiserin Irene hatte ihren eigenen Sohn, Kaiser Konstantin, im Jahre 797 gestürzt und geblendet und führte eine umstrittene Alleinherrschaft, die von vielen, namentlich im römischen und fränkischen Rechtsraum, nicht anerkannt war, da eine Frau nicht fähig zum Kaiseramte schien.

Schon lange hatte die römische Kirche darunter gelitten, daß der ferne Kaiser in Byzanz ihr nicht den Schutz gewährte, der seines Amtes war. So war es 754 zu dem Bündnis zwischen Papst und dem fränkischen Königtum gekommen, das nunmehr die Rolle der Schutzmacht übernahm.

Auch hatten die Päpste immer in Abhängigkeit zum byzantinischen Kaiser gestanden, dem es oblag, die Papstwahl zu bestätigen. Noch im Jahre 785 hatte Papst Hadrian (772–795) Kaiser Konstantin und seine Mutter, Kaiserin Irene, im reichskirchlichen Sinne als »seine Herren« bezeichnet.

Jetzt verschwand der Name des »Basileus« von den päpstlichen Urkunden und Münzen. Papst Leo III. ging voller Konsequenz noch einen Schritt weiter. Er datierte seine Urkunden nicht nur nach seinen Pontifikatsjahren, sondern auch nach den Regierungsjahren Karls in Italien und machte so die Herrschaft Karls über Italien und die Ohnmacht des »Basileus«, des byzantinischen Kaisers, sichtbar.

Der welthistorische Weihnachtstag des Jahres 800 ist also nach alledem kein Akt der Spontaneität gewesen, sondern Endpunkt einer langen und bewußt geschmiedeten Entwicklungskette.

Am 23. Dezember des Jahres 800 betrat Papst Leo III. den Ambo von St. Peter. Das Evangelienbuch in Händen, leistete er vor den versammelten Bischöfen einen Reinigungseid, in dem er sich selber von allen Verbrechen und Vorwürfen freisprach. Dies ist seine Ansprache:

»Weithin, teuerste Brüder, wurde es gehört und verbreitet, wie schlechte Menschen gegen mich aufgestanden sind und mich verstümmeln wollten und mich schwerer Verbrechen beschuldigten. Um diese Anklage zu untersuchen, ist dieser gnädigste und erhabenste Herr König Karl mit seinen Priestern und Großen in diese Stadt gekommen. Deshalb reinige ich, Leo, der Papst der heiligen römischen Kirche, von niemand verurteilt noch gezwungen, mich aus eigenem freien Willen hier in Eurer Gegenwart vor Gott, der mein Gewissen kennt, und seinen Engeln und dem heiligen Apostelfürsten Petrus, in dessen Kirche wir sind, daß ich jene verbrecherischen und verruchten Dinge, welche man mir vorwirft, weder getan noch zu tun befohlen habe. Gott ist mein Zeuge, vor dessen Gericht wir kommen werden, vor dessen Angesicht wir stehn. Und dies tue ich zur Behebung des Verdachts freiwillig, nicht als ob es in den kirchlichen Satzungen vorgeschrieben sei oder ich meinen Nachfolgern oder Brüdern und Mitbischöfen dies als Gewohnheit oder Pflicht auferlegen wollte.«[21]

In die Dramaturgie der Ereignisse paßte es ausgezeichnet, daß am gleichen Tage zwei Gesandte des Patriarchen von Jerusalem eintrafen, die Karl die Schlüssel des heiligen Grabes und der Stadt Jerusalem überreichten. Damit wurde Karl als dem mächtigsten Herrscher der westlichen Christenheit eine symbolträchtige Huldigung dargebracht. Am Weihnachtsmorgen des 25. Dezember 800 nahm Karl an der Weihnachtsmesse in St. Peter teil. Doch lassen wir die Reichsannalen sprechen. »Als derselbe sich nun von dem Gebet, welches er vor dem Altar verrichtet hatte, erhob und vor diesem und dem Apostelgrabe, der sogenannten ›Confession‹, stand, setzte ihm der Papst Leo eine goldene Krone aufs Haupt. Es geschah unter der Akklamation der Römer, welche riefen: ›Karl, dem Augustus, dem von Gott gekrönten großen und friedenbringenden Kaiser der Römer, Leben und Sieg.‹ Dieser Zuruf war aus den Prädikaten früherer Kaiser zusammengestellt, die dann auch in Karls offiziellen Titel übergingen. Nachdem hierauf, wie es scheint, noch eine Litanei gesungen wurde, adorierte der Papst den neuen Kaiser der Römer, d. h. er warf sich ihm nach orientalischer Sitte, welche namentlich seit Diocletian bei den alten und noch gegenwärtig bei den byzantinischen Kaisern in Gebrauch war, huldigend zu Füßen.«

Es wird berichtet, Papst Leo III. habe Karl mit der Kaiserkrönung überrascht. Gestützt wird diese These durch Einhards Hinweis in seiner »Vita Karoli Magni«: Er, Karl, »würde die Kirche selbst an jenem hohen Feiertage nicht betreten haben, wenn er die Absicht des Papstes geahnt hätte«.

Das Zeugnis des Einhard muß ernstgenommen werden. Bedenkt man aber, daß Karls Kommission unter Führung der Erzbischöfe Hildebald von Köln und Arn von Salzburg den Papst bereits am 29. 11. 799 nach Rom zurückgebracht hatte, ferner, daß Karl selbst bereits über einen Monat in Rom war, um die Verhandlungen über die Rehabilitation des Papstes zu führen, so wird es schwer, an einen Überrraschungseffekt zu glauben. Vielleicht war Karl nur vom Zeitpunkt der Krönung überrascht und nicht von der Tatsache als solcher. Jedenfalls aber kann ihm der Modus der Krönung nicht behagt haben. Wie er sich eine Kaiserkrönung vorstellte, nämlich als eine Selbstkrönung, hat er an seinem Sohne Ludwig im Jahre 813 demonstriert, als er ihn zum Mitkaiser erhob.

Karls Realismus konnte sich schwer damit abfinden, die Krone aus der Hand eines Papstes zu empfangen, dessen Schutzherr er war.

Der Politiker in ihm erkannte, daß die Handlung des Papstes von tiefer Symbolik war und weit über die Sakralfunktion des Priesters, der, wie z. B. der Patriarch von Konstantinopel den Basileus, den Kaiser nur salbte, aber nicht ihn inthronisierte, hinausging.

Die Hand, die die Krone verlieh, konnte sie auch wieder nehmen. Auf dieses Unbehagen Karls über das Krönungsverfahren bezieht sich also die Bemerkung Einhards, nicht auf die Krönung als solche. Karl hat den tragischen Bruchpunkt zwischen Kaisertum und Papsttum vorausgeahnt, der die Geschichte der kommenden Jahrhunderte bestimmte.

Wahrscheinlich teilte Karl mit Paulus Diaconus die Meinung (Gesta episc. Mettensium MG. SS 2, 265), daß ihm die Herrschaft über Rom kraft Eroberungsrecht zugefallen war. Fränkische Geschichtsschreiber betonen, Karl habe in Rom nur das »nomen imperatoris« (den Namen des Kaisers) erhalten. Die kaiserliche Macht hatte er sich aus eigener Kraft errungen.

Innerlich gestanden die Franken es dem Besiegten nicht zu, dem Sieger die Würde des Kaisers per Akklamation zu verleihen.

Nachdem Karl jedoch nun einmal zum Kaiser erhoben war, nahm er unverzüglich die kaiserlichen Pflichten auf. Die Gegner und Ankläger des Papstes, bereits in fränkischen Landen in Haft, wurden vom Kaiser zum Tode verurteilt und, das

gehörte wohl auch zu den Absprachen monatelanger Verhandlungen, auf Fürbitte des Papstes, zu lebenslanger Haft
begnadigt. Wie sehr oder wie wenig man von der Schuld der
Angeklagten überzeugt war, zeigte sich daran, daß sie sofort
nach dem Tode von Papst Leo III. im Jahre 816 begnadigt
wurden und in ihre Heimat zurückkehren durften.

In der Rückschau erweist sich das Weihnachtsfest des Jahres
800 in seiner historischen Bedeutung nicht als der Tag des
Kaisers, sondern als der Tag des Papstes.

Leo III. gilt als ein schwacher Papst. Doch hat er wie kein
Zweiter das kommende Jahrtausend in eine neue Richtung
gewiesen. Indem er die römische Kirche von Byzanz löste,
befreite er sie von der Vorherrschaft eines uralten und tief-
verwurzelten Kaisertums.

In Karl schuf sich Leo einen neuen, eigenen Kaiser. Zwar war
auch dieser Kaiser noch sein Herr, aber es war ein junges,
ungefestigtes Kaisertum, mit dem sich Rom nunmehr aus-
einanderzusetzen hatte. Das neue Kaisertum, das die Krone
aus päpstlicher Hand empfangen hatte, trug so eine Erblast,
von der es sich trotz heftigster Kämpfe und zeitweiliger
Erfolge nie mehr befreien konnte.

Neben dem politischen Gründerhelden Europas, Karl, muß
man Leo III. trotz mancher Schwächen als geistlichen Vater
des Abendlandes akzeptieren.

Er hat die Kirche endgültig vom Morgenland ins Abendland
getragen.

Leo war ein Mann niedriger Herkunft.

Man sagt ihm heute noch niedrige Laster und schlimme
Neigungen nach.

Der geschichtliche Mensch ist jedoch nicht zu werten nach
Bildern, »die von der Parteien Haß und Gunst verzerrt sind«,
sondern einzig nach seinen prägenden Wirkungen im
geschichtlichen Raum.

Nach diesem Kriterium dürfte man dem Papst Leo III. das
Attribut »der Große« nicht versagen.

»Nomen imperatoris« und »Imperator christianissimus«

Zur Macht Karls war nun das »nomen imperatoris« (der Name des Kaisers) gekommen.

Es ist eine alte Erfahrung, daß die Macht sich nicht mit sich selbst begnügen kann. Sie braucht zu ihrer Ergänzung das Recht und den Segen der Götter.

Das »nomen imperatoris« war mehr als ein Wort. Die Übernahme dieses Namens durch Karl war in den Augen der byzantinischen Kaiser eine Okkupation, ein Rechtsbruch. In den Augen der Franken war sie dagegen die Anerkennung bestehender Machtverhältnisse in Europa.

Karl hat mit großer Sensibilität diese Problematik seines Kaisertums verstanden.

In seinem Kaisertitel drückt sich ein Verständnis für die byzantinische Situation aus. Der Kaisertitel, gebildet nach dem Vorbild ravennatischer Urkunden, lautet nämlich: »Karolus serenissimus augustus a Deo coronatus magnus et pacificus imperator Romanum gubernans imperium qui et per misericordiam Dei rex Francorum et Langobardorum.«

Karl, der allergnädigste, erhabene, von Gott gekrönte, große und friedenbringende Kaiser, der das römische Reich regiert, und der auch durch das Erbarmen Gottes König der Franken und Langobarden ist.

Er nannte sich also, die Gefühle Byzanz' schonend, nicht Kaiser der Römer, »imperator Romanorum«, sondern »imperator Romanum gubernans imperium«, Kaiser, der das römische Reich regiert.

In diesem Kaisertitel lag bereits die Kompromißformel eingebettet, auf die sich im Jahre 812 Byzantiner und Franken einigen konnten.

In diesem Jahr akklamierten die byzantinischen Gesandten Karl als Imperator, die Franken den Basileus als Imperator Romanorum. »Imperium orientale« und »Imperium occidentale« hieß die Lösung, die am fränkischen Hofe gefunden wurde. Sie entsprach den tatsächlichen Verhältnissen in der Welt.

Bereits im Jahre 802 hatte Karl versucht, sein Kaisertum verständlich zu machen. In einem Kapitular dieses Jahre forderte Karl von allen Bewohnern seines Reiches einen erneuten Treueid, in dem er sich als »imperator christianissimus« darstellte.

Seine Untertanen mußten jetzt – das gehörte zur Treue gegenüber dem Kaiser – schwören: »die Einhaltung der zehn Gebote und anderer religiöser Verpflichtungen.«

Karl war Herr, Führer und Richter der Christenheit. Karl ordinierte die Bischöfe seines Reiches, er verfügte über das Kirchengut und er führte Aufsicht über Lehre und Bräuche der Kirche.

Er regierte sogar in die theologischen Inhalte der Kirche hinein, wie wir es beim Adoptianismus und der Frage des Bilderstreites gesehen haben.

Bei allem Respekt des Kaisers vor dem Papst entging dieser doch kaum dem Schicksal eines gehobenen fränkischen Reichsbischofs.

Indem Karl die Kaisergewalt wieder auf antike Gipfel hob, gab er den Auseinandersetzungen kommender Jahrhunderte die heiß umkämpften Inhalte.

Es ist zu verstehen, daß die Kirche diesen Kaiser, der ihr absoluter Herr war, zunächst vergessen wollte. Sie wollte ihn und auch sein Grab vergessen, das Pilgerströme aus ganz Europa an sich zog. Sie wollte vergessen, daß seine Größe ihre Schwäche war.

Percy Ernst Schramm charakterisiert die Situation so: »Der Tod Karls des Großen beraubte die Kirche eines ihrer größten Helfer, die sie in ihrer langen Geschichte gehabt hat, aber er befreite sie auch von einem Alp.«[22]

Diesen Alp und seinen Kult zu vergessen, wurde Axiom päpstlicher Politik.

Die Erinnerung an Karl wachzuhalten, an ihr Kaisermacht

und -herrlichkeit darzustellen, blieb fürderhin der Kampf der großen deutschen Kaiser.

Heute ist die Kaiserherrlichkeit vorbei und auch das Papsttum hat sich verändert. Es hat die Zepter der Welt aus den Händen gelegt und zur Macht des Hirtenstabes zurückgefunden.

Nach der Auflösung der ehemaligen Gegensätze kann jetzt vielleicht auch das verschollene Kaisergrab wiedergefunden werden, unabhängig von These und Antithese.

So kann denn heute die Einsicht wachsen, daß ein großer Kaiser, ein »ungeliebter« Heiliger, und ein nichtgewürdigter »großer« Papst die Gründer einer Kulturepoche waren, die bis in die Gegenwart fortdauert: »das christliche Abendland«.

Die Menschlichkeit eines Lebens

Karl als Mensch

Einhard hat uns ein liebevolles, aber auch kritisches Porträt des großen Kaisers hinterlassen.

Karl war ein hochgewachsener, etwas stiernackiger Mann, der auf einem kurzen Hals einen rundschädeligen Kopf trug, mit hoher Stirn, großer Nase und willensstarkem Mund.

Messungen der Gebeine Karls im Jahre 1861 ergaben eine Körpergröße von 1,92 m, was sich mit den Größenangaben Einhards, etwa 7 Fuß, decken kann. Angilbert sagt in dem Gedicht »Karolus Magnus et Leo Papa«, daß Karl mit seinen hohen Schultern alle überragte. Tatsächlich war eine Größe von 1,92 m in damaliger Zeit mit ihren Ernährungsschwierigkeiten ein erstaunliches Maß, das sich nur dadurch erklärt, daß Karl ja seit vielen Generationen der fränkischen Herrenschicht angehörte, womit ausreichende Ernährung und eine gute körperliche Ausbildung gegeben waren.

Als respektheischender fränkischer Edelherr steht er vor uns, gekleidet nach fränkischer Sitte. Er erlag nicht der Versuchung der Emporkömmlinge, mit der eigenen Kultur zu brechen und sich, was damals nahegelegen hätte, als Römer oder Grieche zu kleiden. Einhard sagt ausdrücklich: »Er kleidete sich nach der nationalen Tracht der Franken: auf dem Körper trug er ein Leinenhemd, die Oberschenkel bedeckten leinene Hosen; darüber trug er eine Tunika, die mit Seide eingefaßt war.« Diese Tunika, die mit langen

Ärmeln geschneidert war, zog man über den Kopf wie ein Hemd. Sie bedeckte den Oberkörper bis zu den Knien und war im oberen Teil enganliegend und unten etwas weiter geschnitten. Die Seideneinfassung war ein Attribut des Reichtums, denn Seide wurde zu Karls Zeit aus Byzanz eingeführt und war dementsprechend teuer.

»Die Unterschenkel waren mit Schenkelbändern umhüllt. Sodann umschnürte er seine Waden mit Bändern (eine Art Wickelgamaschen) und seine Füße mit Stiefeln. Im Winter schützte er seine Schultern und Brust durch ein Wams aus Otter- oder Marderfell.«

Notker, der Mönch von St. Gallen, weiß zu berichten, daß Karl auf der Jagd sich mit Schafspelzen begnügte, während seine Edeln kostbarere Pelze trugen. Ein Zeichen von Sparsamkeit, aber auch von selbstbewußter Bescheidenheit. Auch Jacob Grimm sagt dazu: »Die ältesten Könige und Fürsten zeichneten sich in Tracht und Kleidung wenig vor den übrigen Freien des Volkes aus.«

»Ausländische Kleider ließ er sich fast niemals anziehen, denn er konnte sie nicht leiden. Ausnahmsweise sah man ihn bei zwei Anlässen in Rom in langer Tunika, Chlamys (ursprünglich ein griechischer Kriegsmantel, der über der Rüstung getragen wurde) und römischen Schuhen.«

Tunika, Chlamys und die römischen Schuhe waren, nach Percy Ernst Schramm, die traditionelle Tracht der byzantinischen Kaiser.

»Das erste Mal«, so Einhard, »trug er diese Tracht dem Papst Hadrian, das zweite Mal dessen Nachfolger Leo zuliebe«.

Einhard schildert uns Karl als einen mäßigen Trinker, einen Mann, der die Trunksucht verabscheute, aber als einen kräftigen Esser. Sein Essen bestand in der Regel aus vier Gängen und dem Fleisch, das seine Jäger ihm am Spieß brieten. Über das Verbot seiner Ärzte, gebratenes Fleisch zu essen, setzte er sich hinweg. Während des Essens hörte er Musik oder ließ sich von einem Vorleser die Taten der Alten vorlesen oder aus dem »Gottesstaat« des heiligen Augustinus.

Er trieb Sport, er schwamm gerne, besonders in seinen heißen Bädern zu Aachen, und war ein meisterlicher Reiter und Jäger wie alle Franken.

Nach dem Mittagsmahl schlief er. In den Nächten unterbrach er den Schlaf vier- oder fünfmal, kleidete sich voll an und widmete sich seinen Geschäften. Das bedeutet, daß sich seine Mitarbeiter dauernd bereithalten mußten.

Auch Rechtsgeschäfte wurden in den nächtlichen Schlafpausen absolviert. Nicht selten mußten der Pfalzgraf und die streitenden Parteien nächtens vor ihm erscheinen und er sprach Urteil. Ein umgetriebener Mann, der dauernd unter Starkstrom stand, so will es scheinen. Und doch macht er keinen hektischen Eindruck. Er scheint eben ein Mann mit sehr großen Kraftreserven gewesen zu sein.

Darüber hinaus war er ein Mensch mit ungewöhnlichem Charme. Charme?

Ja, denn man muß bedenken, daß es zu allen Zeiten Aufgabe der Führenden war, Menschen für sich einzunehmen, zu überzeugen. Befehle zu geben ist nur ein Teil der Führungskunst. Im Gegensatz zu der Wucht seiner Persönlichkeit hatte Karl eine hohe, vielleicht schon piepsige Stimme. Ein Detail, das wir auch bei Bismark vorfinden.

Doch vertrauen wir uns weiter Einhards Schilderung an: »Reich und überströmend floß ihm die Rede vom Munde und was er wollte, konnte er leicht und klar ausdrücken. Es genügte ihm jedoch nicht an seiner Muttersprache, sondern er widmete sich auch der Erlernung fremder Sprachen: darunter brachte er es im Lateinischen so weit, daß er es wie seine Muttersprache redete, das Griechische konnte er besser verstehen, als es selber sprechen. Er war so beredt, daß er sogar geschwätzig erscheinen konnte.«

Man sieht, bei aller Verehrung behält Einhard seinen kritischen Blick, was ihn als Augenzeugen qualifiziert.

»Die edeln Wissenschaften pflegte er mit großer Liebe, die Meister in denselben schätzte er ungemein und erwies ihnen hohe Ehren. In der Grammatik nahm er Unterricht bei dem greisen Diakon Petrus von Pisa, in den übrigen Wissenschaften ließ er sich von Albinus (Alkuin) unterweisen, einem in allen Fächern gelehrten Mann... In dessen Gesellschaft wandte er viel Zeit und Mühe auf, um sich in der Rhetorik, Dialektik, vorzüglich aber auch in der Astronomie zu unterrichten.«

Der Briefwechsel Karls mit Alkuin gibt über die vielseitigen Interessen des Herrschers Auskunft. So verlangte Karl Auskunft über »den vagabundierenden Lauf der am Himmel herumirrenden Sterne«, oder das ungewöhnliche Erscheinen des Mars im Sternbild des Krebses.

An den Mönch Dungal von St. Denis sandte der wißbegierige Herrscher einen philosophischen Aufsatz zur Beurteilung, der aus Bibelstellen das Wesen des Nichts und der Finsternis zu ergründen suchte.

Dieser König war alles andere als ein Konservativer. Der Mönch von St. Gallen hat uns eine Anekdote überliefert, die diesen Teil von Karls Wesen herausstellt.

Der König visitiert die neu eingerichtete Schule des Clemens und läßt sich prosaische und poetische Aufsätze der Schüler vorlegen. Da stellt er fest, daß die Arbeiten der armen Knaben die besten, die der jungen Adeligen die schlechtesten sind. Der König lobt nun die Fleißigen und stellt ihnen Bistümer und reiche Klöster in Aussicht. Die faulen Adeligen aber trifft sein Zorn: »Beim König des Himmels, ich gebe nicht viel auf Euren Adel und Eure Schönheit, mögen auch andere Euch anstaunen; aber darauf dürft Ihr sicher rechnen, daß Ihr, wenn Ihr nicht rasch Eure Faulheit durch eifrigen Fleiß wettmacht, bei Karl nie etwas erreichen werdet.«

Karl als Gatte

Neben Karls vier Ehefrauen: Desiderata, Hildegard, Fastrada und Luitgard, kennen wir noch seine Jugendliebe, die Friedelfrau Himiltrud und die Konkubinen Madelgard, Gerswind, Regina, Adelinde und eine Unbekannte, deren Namen uns nicht überkommen ist. Insgesamt wissen wir von 11 ehelichen Kindern, wovon alleine Hildegard (771–783) ihm in 13jähriger Ehe 4 Söhne und 5 Töchter gebar. Die Ostfränkin Fastrada, Tochter des Grafen Radulf, mit der er von 783–794 verheiratet war, schenkte ihm zwei Töchter. Aus seinen außerehelichen Verbindungen sind uns 7 Kinder bekannt, so daß sich seine Nachkommenschaft auf 18 Kinder erhöht. Dazu hat der sinnenstarke Monarch noch einige Beischläferinnen gehabt.

Überblickt man diese Bilanz, so muß man folgendes bedenken: Die Germanen hatten sich in der »Friedelehe« (von fridila – Herzliebste) eine Institution von begrenzter Dauer ohne rechtlichen Schutz und ohne Witwenrechte geschaffen, die nur auf der Morgengabe basierte, die der Mann der freien Frau geben mußte, die mit ihm das Bett teilte.

Auch standen den größeren Grundherren Sklavinnen in reichlicher Auswahl zur Verfügung. Als Ludwig der Fromme sich nach dem Tode Karls in Aachen niederließ, waren so viele Frauen von schlechtem Lebenswandel dort ansässig, daß er in einem Capitulare von 820 Abhilfe zu schaffen suchte: »Jeder Mann, bei dem Prostituierte angetroffen werden, muß sie auf den Schultern bis zum Marktplatz tragen, wo sie ausgepeitscht werden, und falls er sich weigert, wird er mit ihnen ausgepeitscht.« Die karolingische ebenso wie die merowingische Gesellschaft war von großer sexueller Freizügigkeit. Das Christentum war noch zu jung, um mit der sexuellen Vitalität der germanischen Völkerschaften fertig zu werden, deren Lebens- und Überlebensprinzip hieß: Zeugung um jeden Preis.

Hinzu kam bei Karl wie bei den anderen germanischen Fürsten der Gedanke, daß das heilige Blut der Könige weiterzugeben sowohl ein Akt der Lebenskraft wie der Herrschaft sei.

Die glücklichste Verbindung Karls war sicher die Ehe mit der Tochter des Alemannenherzogs Gottfried, Hildegard. Sie war es, die ihm die Söhne schenkte, die der Thron so nötig brauchte: Karl, Pippin, Ludwig, der schwächste von allen, der dennoch die Krone erbte, und sein Zwillingsbruder Lothar, der aber schon als Kleinkind verstarb.

Der erste Sohn von der Friedelfrau Himiltrud, Pippin der Bucklige, mußte den Aufstand gegen den Vater mit lebenslanger Klosterhaft im Kloster Prüm büßen.

Von den 4 Töchtern der Hildegard verstarben Adalheid (geb. 773) und Hildegard (geb. 782) nach dem ersten Lebensjahr.

Rotrud (775–810), dem byzantinischen Kaiser Konstantin als Frau zugedacht, lebte nach dem Bruch dieses Verlöbnisses, mit Rorico, dem Grafen von Maine, in freier Liebe zusammen. Der Verbindung entstammte ein Knabe mit Namen Ludwig (800–867), später hochangesehener Abt von St. Denis.

Berta (779/80–823) lebte mit Angilbert, dem Dichter und Diplomaten Karls, in einer freien Verbindung, der zwei Söhne, Hartnid und der Geschichtsschreiber Nithard, entstammten.

Karl, diese gewaltige Kraftnatur, hat viel Liebe nötig gehabt. Seine Frauen mußten ihn auf seinen Kriegszügen begleiten. So gebar Hildegard die kleine Adalheid im Feldlager vor Pavia (773/74). Das Kind starb aber bald darauf. Seine beiden Söhne, die Karl in einem Ansippungsversuch an das merowingische Königshaus Chlodwig (Ludwig) und Chlotar (Lothar) nannte, wurden während des spanischen Feldzuges 778 in Chasseneuil, unweit der Pyrenäen, geboren.

Nach dem Tode der Hildegard im Jahre 783 heiratete Karl im gleichen Jahr die Ostfränkin Fastrada, die Tochter des Grafen Radul, wie die verstorbene Hildegard, die er im Alter von 15

Jahren geheiratet hatte, ein blutjunges Mädchen. Theodulf berichtet uns, daß sie in der Blüte der Jahre 794 hingerafft wurde. Sie gebar ihm zwei Töchter, Hiltrud und die goldblonde Theodorada, spätere Äbtissin von Argenteuil. Ein Sohn blieb ihr versagt, für sie sicher ein Kummer, für die innere Stabilität des Reiches ein Vorteil, weil so Thronstreitigkeiten nicht eintraten. Fastrada war von schwacher Gesundheit und soll eine dämonische Schönheit gewesen sein. Ob ihr politischer Einfluß auf Karl so groß war, wie Einhard berichtet, mag fraglich sein. Er beschuldigt sie der Grausamkeit und daß der König durch sie von seiner gewohnten Milde abgewichen sei. Wenn die fränkische Königin sicher eine hervorragende Rolle bei Hofe und im Staate spielte (wir erinnern uns, daß der Kämmerer vor ihr sein Finanzwesen offenlegte), so ist es doch nicht vorstellbar, daß sie den König zum Beispiel zum Blutgericht von Verden getrieben hat. Wir sahen ja, daß hierfür die Staatsraison und nicht die Haßgefühle einer Frau ausschlaggebend waren. Jedenfalls hatte die Liebe Karls zu Fastrada dramatische Züge. Wir werden uns noch an anderer Stelle mit dem Sagen- und Legendenkreis um Fastrada und Karl befassen, denn diese Liebe hat die Fantasie späterer Zeitgenossen beflügelt. Immerhin war Karl, als er die junge Fastrada heiratete, ein Mann von 40 Jahren. Bei solchen Altersunterschieden nimmt die Liebe eines alternden Mannes zu einer sehr viel jüngeren Frau leicht etwas törichte Züge an.

Die Reichsannalen des Jahres 787 berichten freimütig und in unschuldiger Naivität: »Und es kam dieser milde König zu seiner Gemahlin, der Königin Fastrada, nach Worms, wo sie sich miteinander freuten und sich ergötzten und Gottes Erbarmen priesen.«

Es scheint, daß die veröffentlichte Meinung der Zeit, denn das sind ja die Reichsannalen, sich gemeinsam mit dem König über seine Lust und Liebe freuten.

Am 10. August 794 starb in Frankfurt, als Karl dort seine

Reichssynode gegen adoptionistische Häresie und Bilderverehrung abhielt, die Königin Fastrada. Sie wurde in Mainz, in
St. Alban, ehrenvoll bestattet. Theodulf schrieb die Grabinschrift für sie, aus der wir wissen,»daß der kalte Tod sie mitten in der Blüte wegraffte«. »De medio quam mors frigida
flore tulit.«

Im Jahre 794 oder 796, die Zahlen sind ungesichert, heiratete
Karl noch einmal: die Alemannin Liutgard. Sie soll vorher
schon mit Karl ein Liebesverhältnis gehabt haben. Ihre kurze
Ehe blieb kinderlos. Dennoch muß sie eine Frau von außer-
gewöhnlichen Eigenschaften gewesen sein. Theodulf und
Alkuin spenden ihr Lob, das weit über pflichtgemäßes Verhalten entsprechend höfischer Kultur hinausgeht.

Ein dem Angilbert zugeschriebenes Eposfragment zeigt sie
»wie sie in strahlender Schönheit und prächtigem Schmuck,
die weißen Schläfen mit einer Purpurbinde umwunden, auf
stolzem Rosse an jener Hofjagd im Aachener Forst teil-
nimmt«. Gepriesen wird ihr frommer milder Sinn, ihr Wohl-
wollen und ihre Liebenswürdigkeit gegen jedermann, ihre
einnehmende und feine Rede, ihr Interesse für die freien
Künste und ihr Lerneifer. Bemerkenswerter aber als alle
Lobpreisungen scheint, daß so ein abgeklärter Geist wie
Alkuin ihre Zuverlässigkeit und ihren positiven Einfluß auf
Karl pries. An die Äbtissin Edelburg von Fladbury, eine
Tochter des englischen Königs Offa von Mercia, schreibt
Alkuin:»Honorabilis tibi est amicitia illius et utilis.« (Ihre
Freundschaft konnte für ebenso nützlich wie ehrenvoll gel-
ten.) Alkuin versicherte sich ihrer Hilfe, als er eine Bitte des
italienischen Abtes Usual bei Karl unterstützte.[2]

Das Glück, das Karl an der Seite dieser Frau erlebte, hat nicht
lange gedauert. Am 4. Juni des Jahres 800 starb sie im St.
Martinskloster in Tours, wo sie auch ihr Grab fand. Alkuin,
der das Sterben der Königin an der Seite Karls erlebte,
schrieb dessenungeachtet noch einen persönlichen Trost-
brief an Karl. Er stellte diesem Schreiben ein Wort des

griechischen Philosophen Anaxagoras über den Tod seines Sohnes voran: »Ich wußte, daß ich einen Sterblichen gezeugt habe.« Er wollte dem königlichen Freund sagen: »Du wußtest, daß Du eine Sterbliche liebtest.«[3]

Karl war ein Mann, der Liebe gab, Liebe erweckte und Liebe empfing.

Da war die Jugendliebe Himiltrud, der die politische und unglückliche Ehe mit der langobardischen Desiderata folgte. Es scheint, daß dieser Tatmensch und Realist Karl in seinen tiefsten menschlichen Bezügen das Element des politisch-rationalen Kalküls nicht ertrug.

Dann folgte die liebevolle und in jeder Hinsicht fruchtbare Ehe mit Hildegard, deren er sich über 12 Jahre erfreute. Danach kam die leidenschaftliche Romanze mit Fastrada und zum Schluß das wie mit Herbstgold überschüttete Glück mit der feinsinnigen alemannischen Edelfrau Liutgard.

Nach dieser Ehe hat Karl nur noch Befriedigung bei Konkubinen gesucht.

Es ziehen vorüber: Madelgard, die ihm die Tochter Ruothild, die spätere Äbtissin von Faremoutiers, gebar, die Sächsin Gersvind, als geheime Freude des Siegers, eine Frau des besiegten Volkes zu besitzen. Aus dieser Verbindung ging eine Tochter namens Adalthrud hervor. Die Konkubine Regina schenkte ihm noch zwei Söhne, Drogo, den späteren Erzkapellan und Bischof von Metz, sowie Hugo, den wir als Abt von St. Quentin und St. Bertin und als Erzkanzler Ludwigs des Frommen kennengelernt haben.

Karl als Vater

Karl war ein zärtlicher, liebevoller und für seine Zeit sehr fortschrittlicher Vater. Denn er ließ nicht nur seine Söhne, sondern auch seine Töchter in den Wissenschaften unterrichten, sagt Einhard. Unter den Wissenschaften verstand man die »Sieben Freien Künste« (septem artes liberales), das sogenannte Trivium und Quadrivium.

Zu dem Trivium gehörte die Grammatik (natürlich des Lateinischen, man lehrte auch Literatur), ferner Dialektik (Logik) und Rhetorik (das Schreiben von Prosa und Poesie sowie das Studium der Rechte); zu dem Quadrivium zählten Geometrie (Geographie, Naturgeschichte und medizinische Pflanzenkunde), Arithmetik (einfaches Rechnen und die Berechnung des Kalenders), Musik (gregorianischer Choral, Schalltheorie, Harmonie- und Zahlentheorie), Astronomie (die Bewegungen der Himmelskörper und Astrologie).

Und weiter mit Einhard: »Dann mußten die Söhne, sobald es das Alter nur erlaubte, nach der Sitte der Franken reiten, sich in den Waffen und auf der Jagd üben.«

Wir erinnern uns, was Hrabanus Maurus über die Schwierigkeit, die Fähigkeiten zum Reiterkampf zu erwerben, gesagt hat. Überdies waren die Franken zu allen Zeiten ein jagdbesessenes Volk. Trotz des hohen Stellenwertes, den Karl den Wissenschaften einräumte, blieb daher der Reiterkampf unverzichtbarer Mittelpunkt der Ausbildung eines karolingischen Prinzen.

Tatsächlich sind ja auch zwei von Karls Söhnen, die Prinzen Karl und Pippin, erfolgreiche Heerführer geworden. Die Töchter mußten sich neben ihrer geistigen Ausbildung »mit Wollenarbeit und mit Spinnrocken und Spindel beschäftigen, damit sie sich nicht an Müßiggang gewöhnten, und er ließ sie anleiten zu jeder guten Zucht«.

Beim Tode seines Sohnes, König Pippins von Italien, zeigte er sich als fürsorglicher Großvater. Seinen Enkel, Pippins Sohn Bernhard, erhob er sofort zum König von Italien. Sodann holte er die fünf Enkelinnen Adalhaid, Atula, Gundrada, Berthaid und Theodorada an seinen Hof und ließ sie gemeinsam mit seinen Töchtern aufziehen und erziehen.

Und weiter mit Einhard: »Um die Erziehung seiner Söhne und Töchter war er so besorgt, daß er zu Hause niemals ohne sie speiste, nie ohne sie eine Reise machte: seine Söhne ritten ihm zur Seite, seine Töchter aber folgten hinten im Zug und eine Schar von Leibwächtern war zu ihrem Schutze bestellt. Da sie ungemein schön waren und von ihm aufs zärtlichste geliebt wurden, so ist es zu verwundern, daß er keine von ihnen einem seiner Mannen oder einem Fremden zum Weibe geben wollte; aber er sagte, er könne ohne ihre Gesellschaft nicht leben und behielt sie alle bis zu seinem Tode im Haus. Darum mußte er, sonst so glücklich, die Tücke des Schicksals erfahren. Daß er von den Gerüchten über ihre Unkeuschheit und dem Gerede über sie gehört hatte, ließ er sich allerdings nicht anmerken.« Es scheint fast, als habe Einhard stärker unter dem Verhalten der Karlstöchter gelitten als der sinnenfrohe Karolinger selbst.

Er liebte sie doch so sehr! Warum gestattete er ihnen dann nicht die Geborgenheit im Sakrament der Ehe?

Die Antwort auf diese Frage finden wir im sachlich-politischen, wie im menschlichen Bereich.

Karl war, auch als er noch nicht Kaiser war, der Herr des Abendlandes. Nur eine ebenbürtige Verbindung gab es für seine Töchter, die mit dem byzantinischen Kaiserhaus.

Als eine solche Verbindung möglich schien, willigte Karl sofort in die Verlobung seiner Tochter Rotrud mit dem byzantinischen Kaiser Konstantin ein.

Als diese Ehe sich jedoch nicht realisierte, gestattete Karl eine außereheliche Verbindung der Tochter, die eben noch Kaiserbraut gewesen war, mit dem Grafen Rorico.

Der Vorfall erhellt zweierlei.

Karl war kein prinzipieller Gegner der Ehe seiner Töchter, und wenn eben möglich, förderte er ihr privates Glück. Er mußte jedoch befürchten – außer Byzanz gab es keine gleichwertige Verbindung für ihn –, daß durch einen nicht ebenbürtigen, aber durch die Ehe mit einer Karlstochter etablierten und aufgewerteten Schwiegersohn, ein nicht steuerbarer Einfluß auf seine Politik entstand. Dies entsprach weder den Interessen des Reichs noch denen des Realpolitikers Karl.

Karls Selbstverständnis und sein Verhältnis zu möglichen Schwiegerkindern wird an einem anderen Beispiel deutlich. Um das Jahr 789 warb er für seinen Sohn, den Prinzen Karl, um die Hand einer Tochter des König Offa von Mercia (757–796). Zwischen dem englischen Teilkönigreich Mercia und dem fränkischen Hof bestanden gute Beziehungen, wozu der Angelsachse Alkuin seinen Beitrag geleistet hatte. Karl hatte sogar aus der Beute des Awarenschatzes Geschenke an Offa gesandt. König Offa willigte gerne in Karls Ehewunsch ein, forderte aber im Gegenzug für seinen Sohn Ecgfrith die Karlstochter Berta zum Eheweib. Karl war tief verletzt und erblickte darin eine Anmaßung des englischen Königs. Verärgert befahl er, die fränkischen Seehäfen für englische Schiffe zu schließen. Dies war wohl die erste Kontinentalsperre.[4]

Ob diese Maßnahme wirkungsvoll war, ist zu bezweifeln, denn der Handel Englands lag fast ausschließlich in der Hand friesischer Kaufleute.

Der geduldigen Arbeit Alkuins und des Abtes Gervold von St. Wandrille gelang schließlich ein gütlicher Ausgleich. Aus ihm entstand der erste Handelsvertrag der westlichen Geschichte (796). Er gab den Kaufleuten beiderseits des Kanals Rechtsschutz und Gerichtsstand beim jeweiligen Königsgericht.

Das Beispiel zeigt, daß Karl sehr wohl Frauen für seine Söhne und Mütter für seine Enkel suchte. Auch konnten die politischen Möglichkeiten einer Schwiegertochter in der karolingischen Männerwelt das Reich in seiner inneren Stabilität nicht berühren. Darum stellte sich hier die Frage der Ebenbürtigkeit auch nicht so scharf. Ein königlicher Schwiegersohn aber konnte die sorgsam austarierten Machtgewichte im Reich empfindlich stören.

Vielleicht aber sollte man auch noch folgendem Gedanken

Raum geben. Neben allen rationalen und machtpolitischen Überlegungen eines Herrschers mag auch Karls eigenes Erleben sein Verhältnis zu den Töchtern mitgeprägt haben. War ihm doch in seiner ersten Ehe mit der langobardischen Königstochter, die er ja nur aus Staatsraison geheiratet hatte, die Erkenntnis erwachsen, daß Fürstenehen in dieser Zeit nur eine versteckte Form des Geiselnehmens und Geiselgebens waren. Die Frauen aber standen in diesem politischen Ehehandel immer auf der schwächeren Seite.

Wollte er dies den geliebten Töchtern ersparen?

Alles in allem erblickt man bei Karl, was an Fürstenhöfen selten ist und war: »eine große, glückliche Familie«.

Söhne, Töchter und Enkelkinder umgaben in großer Zahl den Herrscher. Kinder konnte es nie genug geben. Die Mitte bildete der König mit seiner jeweiligen Ehefrau. Völlig ungezwungen begegnete man den Bastardkindern, denen die höchsten Stellen im Reich offenstanden. Dem königlichen Blut widerfuhr Achtung, auch im unehelichen Kind. Karl war ein Patriarch, dessen Wille Gesetz war, aber dennoch ein gütiger Vater. Als König und Herrscher war er erfüllt von seinem Auftrag, im Namen Gottes die Welt zu leiten und zu lenken.

Der weinende Kaiser

Seit seinen überragenden Leistungen steht Karl überlebensgroß vor uns: König und Kaiser des Abendlandes, oberster Richter und Gesetzgeber, Herr der Christenheit und der Kirche, ein Denkmal seiner selbst. Aber hinter dem ehernen Standbild tritt auch der Mensch Karl sympathisch und liebenswert hervor. Wir sahen ihn schon als liebenden Gatten und als zärtlichen Vater. Aber auch als guter Sohn und Freund wird er geschildert. »Karls Mutter Bertrada verlebte ihre alten Tage in hohen Ehren bei ihm. Er behandelte sie mit größter Ehrfurcht«, berichtet Einhard. Und über Karls große

Fähigkeit zur Freundschaft sagt er:»Karl war überhaupt besonders fähig zur Freundschaft, er schloß sie leicht und hielt unerschütterlich an ihr fest. Er hing mit großer Freude an allen, mit denen er eng verbunden war.« Doch fehlt bei all diesen Eigenschaften noch eine Komponente, die den Menschen erst zum Menschen macht: die Art und Weise, wie Karl mit Schicksalsschlägen fertig wurde. Bei Einhard steht ein Bericht, der nachdenklich macht:»Als seine Söhne und die Tochter starben, ertrug er den Verlust mit weitaus weniger Fassung, als man es bei der bewundernswerten Größe seines Geistes erwartet hätte. Seine Vaterliebe war so groß, und er vergoß viele Tränen. Auch damals, als er vom Tode des römischen Papstes Hadrian erfuhr, den er von allen seinen Freunden am meisten geliebt hatte, weinte er so sehr, als habe er einen Bruder oder seinen liebsten Sohn verloren.«

Endlich: hinter dem vollkommenen König und Kaiser verbirgt sich also auch ein Mensch mit seinen Tränen, ein Mensch mit seinem Leid.

Uns Heutigen erscheint diese Stelle in Einhards»Vita Karoli Magni« wie eine Erleichterung. Uns wird der leidende, sich seiner Trauer hingebende Karl verständlich, er offenbart sich als Mensch, mit dem wir fühlen, mit dem wir trauern können. Wir empfinden sein Leid, wir verstehen seine Tränen um all die Frauen, die er liebte und doch begraben mußte, um den frühen Tod seiner begabten Söhne Karl und Pippin, die die Last seiner Kronen hätten tragen können, seine Angst darum, daß der Schwächste, sein Sohn Ludwig, die Bürde des Reiches tragen sollte.

Er, der seine Töchter so liebte, mußte die strahlende Rotrud begraben, für die er doch einmal die Kaiserkrone von Byzanz erträumt hatte.

Alles ist nichtig! Was ist die Macht, was ist der Glanz, was ist der Ruhm?

Ein Mann trauert um seine Frauen, ein Vater beweint den

Tod seiner Kinder, ein Freund vergießt Tränen um seiner Freunde willen.

Hier gilt keine Kaiserwürde, kein Kaiserthron mehr, hier stimmt ein Mensch ein in die Klage der Menschen um den Jammer des Todes, um das Unfaßbare der Vergänglichkeit. Der weinende Kaiser steigt von seinem Thron herab und reiht sich ein in den Kreis der trauernden Menschheit.

Wie anders empfindet ein so großer Historiker wie Leopold von Ranke (geb. 1795 gest. 1886) das Faktum des weinenden Kaisers.

Ranke ist Historiograph des preußischen Staates, Monarchist, Mensch einer nationalistischen Adelswelt. Er erzählt in seiner Weltgeschichte, v, 2, S. 245, daß Karl beim Tode seiner Frau, der Königin Hildegard, »schwere Tränen zwischen Schild und Schwert herabfielen«.

Abel und Simson, die karolingischen Quellenforscher, schreiben zu diesem Zitat lakonisch: »Wir können nicht ersehen, aus welcher Quelle.«[6]

Wenn bei Ranke ein Kaiser weint, dann können schlichte Tränen nicht genügen. Es müssen schwere Tränen sein, die in einer Art »imperialer Dramaturgie« zwischen Schild und Schwert zielgenau fallen. Diese Schilderung wird nicht erwähnt, um einen großen Historiker kleiner zu machen. Aber wir müssen erkennen, wie befangen in den Vorstellungen der eigenen Zeit auch ein so großer, um Objektivität bemühter Historiker ist.

Der letzte Wille

Das Testament Karls des Großen, das uns durch Einhard überliefert wurde, ist eines der bemerkenswertesten Dokumente der Karolingerzeit.

Es beginnt mit den Worten: »Im Namen des allmächtigen Gottes, des Vaters, des Sohnes und des Heiligen Geistes.

Hier ist das Verzeichnis und die Aufteilung, die der ruhmreiche und fromme Herr, der erhabene Kaiser Karl, vorgenom-
men hat im Jahre 811 nach der Menschwerdung unseres
Herrn Jesus Christus, im 43. Jahre seiner Herrschaft in Franken, im 36. Jahre seiner Regierung in Italien, im 11. Jahre
seines Kaisertums, in der vierten Indikation. Er beschloß
nach frommer und weiser Überlegung, die Schätze und das
Geld, die am heutigen Tage in seiner Schatzkammer sind,
wie folgt zu verteilen und dies nach dem Willen Gottes ...
Um das zu erreichen, teilte er sein gesamtes Eigentum und
alle Gegenstände aus Gold und Silber, die Edelsteine und
den königlichen Schmuck, den man an jenem Tage in seiner
Schatzkammer findet, zunächst in drei Teile.
Einen Teil ließ er ganz, die beiden anderen zerlegte er weiter
in einundzwanzig Teile, und zwar, weil es bekanntlich in
seinem Reiche 21 Hauptstädte gibt. [Warum Narbonne als
zweiundzwanzigste Hauptstadt nicht aufgeführt ist, bleibt
unersichtlich. Vielleicht ist mittelalterliche Zahlenmystik mit
im Spiele.] Und je ein Teil soll durch seine Erben und
Freunde jeder Hauptstadt als Almosen zukommen. Die ein-
zelnen Erzbischöfe sollen den für ihre Diözese bestimmten
Anteil übernehmen, ein Drittel davon für ihre Kirche behal-
ten und die übrigen zwei Drittel an ihre Diözesanbischöfe
weiterleiten ... Die Städte, die diese Schenkungen und
Almosen erhalten, sollen sein: Rom, Ravenna, Mailand,
Cividale del Friuli (Sitz des Patriarchen von Aquileja), Grado
(Hafenstadt von Aquileja, womit Aquileja aus unbekannten
Gründen doppelt bedacht ist), Köln, Mainz, Salzburg, Trier,
Sens, Besançon, Lyon, Rouen, Reims, Arles, Vienne, Moû-
tiers-en-Tarantaise (in Savoyen), Embrun (Dauphiné), Bordeaux, Tours und Bourges ...
Der dritte Hauptteil, der ganz bleiben soll, wird wie folgt
verwendet werden: während die beiden anderen auf die
oben beschriebene Art und Weise verteilt und bis dahin
versiegelt und aufbewahrt werden, soll der dritte für den

täglichen Bedarf des Besitzers bleiben, als ein Gut, von dem
feststeht, daß es ihm weder auf Grund eines Gelübdes noch
sonst einer Verpflichtung entfremdet werden kann, solange
er am Leben ist... Nach seinem Tode... soll dieser Teil in
vier Anteile zerlegt werden. Ein Anteil soll zu den erwähnten 21 Teilen hinzugefügt werden. Der zweite gehört seinen
Söhnen und Töchtern und deren Söhnen und Töchtern und
soll unter ihnen gerecht und gleichmäßig aufgeteilt werden. Der dritte soll nach christlichem Brauch für die Armen
verwendet und der vierte den Dienern und Dienerinnen
des Palastes als Beitrag zu ihrem Unterhalt geschenkt
werden.«
Es folgen noch einige unwichtige Verfügungen für Karls
Hofkapelle und eine Erbanweisung für vier wertvolle Tische
aus Edelmetall. Dazu wie folgt: »Wie allgemein bekannt ist,
befinden sich unter den übrigen Schätzen und Reichtümern
drei silberne und ein sehr großer und besonders schwerer
goldener Tisch. Der Eigentümer verordnet und befiehlt, daß
der viereckige silberne Tisch, auf dem eine Abbildung der
Stadt Konstantinopel eingraviert ist, mit den übrigen hierfür
bestimmten Geschenken der Kirche des heiligen Apostel
Petrus in Rom geschickt wird. Der runde, silberne Tisch, der
mit einem Bild der Stadt Rom verziert ist, soll an die Bischofs-
kirche in Ravenna gesandt werden. Der dritte Tisch, der
weitaus schöner gearbeitet und viel schwerer ist als die
beiden anderen, ist aus drei Kreisen zusammengeschmiedet
und weist eine sorgfältige und zierliche Darstellung des
ganzen Weltalls auf. Dieser soll zusammen mit dem vorher
erwähnten vierten, goldenen Tisch noch zu jenem dritten
Anteil kommen, den er für seine Erben und für die Almosen
festgesetzt hat.«
Ein staunenswertes Testament. Wenn wir es richtig lesen, so
verteilt der Kaiser also zwei Drittel seines Schatzes an die 21
Diözesanhauptstädte und deren Suffraganbistümer.
Von dem Drittel, das der Kaiser für sich auf Lebzeiten

behielt, entfiel auf seine persönlichen Erben, auf Kinder und Kindeskinder nur ein Viertel, das heißt, der Gesamtanteil am Kaiserschatz für die Familie betrug 8,333%.

Natürlich waren Kinder und Kindeskinder versorgt mit Königreichen, mit Grafschaften und reichen Abteien. Aber es muß doch noch einen anderen Grund geben, warum der Anteil der Kinder am Königs- und Kaiserschatz so gering war. Der Grund liegt darin, daß der Schatz eines Fürsten mehr war als Gold, Geld, wertvolle Waffen, Geschmeide und Kunstwerke. Er gehörte zum Königsheil, zur Identität des Fürsten, war fast ein »alter ego«.

Indem der König seinen Schatz unter sein Volk verteilte, gab er sich selber hin, brachte er, in einer Art geistigem Abendmahl, sein Ego in die Gesamtheit ein.

Diese Bedeutung des Königsschatzes wird sichtbar z. B. im Nibelungenlied. Der Mörder Hagen Tronje begnügt sich nicht damit, König Siegfried rücklings zu meucheln. Nein, er bemächtigt sich auch des Schatzes und versenkt ihn in den Fluten des Rheines. Nun erst, durch diese zweite Tat, ist der Mord an Siegfried perfekt. Nun ist nicht nur der König tot, auch sein Schatz, Teil seiner Königsidentität, ist vernichtet.

Betrachtet man die Erbstädte im Karlstestament und ihre geographische Lage, so erkennt man sofort, daß die alte Francia, das heißt: Neustrien, Austrien und Burgund wesentlich stärker bedacht sind, nämlich mit 13 Erbstädten, wohingegen die anderen Reichsteile nur mit 8 Erbstädten begünstigt sind.

Das blutig erworbene Sachsen ist im Testament gar nicht bedacht, und die bairische Kirchenprovinz muß sich mit Salzburg begnügen. In Aquitanien erbt Bordeaux, im Arelat die Stadt Arles, und das Königreich Italia ist mit Mailand und Ravenna vertreten. Das erbberechtigte Rom nimmt eine Sonderstellung, als Sitz des heiligen Petrus, ein. Die friaulische Mark ist mit Cividale del Friuli als Sitz des Patriarchen von Aquileja und der Hafenstadt Grado doppelt bedacht.

Die Geographie der Erbstädte ist ein Spiegelbild der Machtverhältnisse im fränkischen Reich und ein Zeugnis, welchen
Wert Karl seinen Reichsteilen beimaß.

Ebenso interessant und aussagekräftig sind die Namen und
Personen der Testamentszeugen. Die Zeugenschaft teilt sich
auf in 15 geistliche und 15 weltliche Zeugen. Die von Karl
stets praktizierte Ausgewogenheit zwischen weltlicher und
geistlicher Macht ist offensichtlich.

Aber auch unter den 15 geistlichen Zeugen sind die Konstel-
lationen fein austariert. Sieben Erzbischöfen stehen vier Bischöfe und vier Äbte gegenüber. Den Erzbischöfen kam die
Pflicht zu, jeweils zwei Drittel ihres Erbteils an die Bischöfe
ihrer Diözese weiterzuleiten. In den vier Bischöfen und vier
Äbten im Verein mit den 15 weltlichen Zeugen kann man
eine wirkungsvolle Kontrollinstanz in bezug auf diese Pflicht
erblicken. Wie bei den Erben, so ist auch bei den Zeugen
(beide sind übrigens oftmals deckungsgleich) die Francia
bevorzugt. Von den sieben Erzbischöfen, die als Zeugen
genannt sind, sehen wir in der Francia den Erzbischof von
Köln, von Mainz, von Reims, von Besançon und Lyon.
Außerhalb der Francia sind der Erzbischof von Salzburg und
der Erzbischof von Arles genannt. Die vier in Amiens, Lüttich, Orleans und Basel residierenden Bischöfe gehören alle
zur Francia, wenn man das alemannische Basel mit einbe-
zieht. Ebenso die Äbte von St. Riquier, von St. Germain-des-
Prés, vom Martinskloster in Tours und von Lorsch, die den
Kerngebieten der Francia entstammen. Demnach kommen
von 15 geistlichen Zeugen 13 aus dem Kernland des Frankenreiches. Die geistliche Zeugenschaft im Karlstestament gibt
also wieder ein klares Bild der Machtverhältnisse im karolingischen Großreich und ist von der Ausgewogenheit der Personen und ihren Machtpositionen her ein Meisterwerk karli-
scher Regierungskunst, dem seine Nachfahren auf dem
Thron nichts Gleichwertiges entgegenzusetzen hatten.

Bei den 15 weltlichen Zeugen ist die Standortbestimmung

schwieriger, da es sich oftmals um Männer handelt, die als kaiserliche Missi oder als Marschälle nicht einzuordnen sind.

An erster Stelle der weltlichen Zeugen auf Platz 16 steht Wala, Karls Halbvetter, Sohn Bernhards, des Bruders König Pippins. Zu Beginn des 9. Jahrhunderts begann seine Karriere, die ihn fast zu einem »secundus« des Kaisers machte. Bei der Unterzeichnung des Dänenfriedens finden wir ihn unter den ersten sechs Zeugen, die wahrscheinlich die Reichsaristokratie darstellten.

Auf Platz 17 steht ein gewisser Meginheri, der als Graf von Sens gesehen wird, seine Einordnung ist aber nicht sicher. Bei diesem Grafen kann es sich auch um den auf Platz 22 erscheinenden Meginhard handeln, der zur Spitzengruppe der Zeugen des Dänenfriedens gehörte. Im Karlstestament jedenfalls gehört der Graf, ob auf Platz 17 oder 22, zu den 7 Spitzenzeugen, ähnlich den 7 Erzbischöfen. Auf Platz 18 ist Audulf, baierischer Comes von 799–818 angesiedelt. Auf Platz 19 finden wir Stephan, Graf von Paris, der auch zur weiteren Verwandtschaft des Kaisers gezählt haben soll. Seine Mutter Rotrud, ein typischer Karolingernamen, soll mit Karl Martell oder dessen erster Frau verwandt gewesen sein. Jedenfalls war er ein Spitzenmann des fränkischen Reichsadels.

Den Platz 20 nimmt Unrouch, Vater Eberhards von Friaul und dritter Zeuge beim Dänenfrieden ein.

Der 21. Zeuge ist Burchard, ein comes stabuli, ein Marschall also, der beim Dänenfrieden als zweiter direkt hinter Wala rangierte. Es handelt sich wohl um jenen Burchard, von dem die Reichsannalen berichten, daß er im Jahre 807 bei Korsika einen Flottensieg gegen die Mauren errang.

Auf Platz 22 erscheint Meginhard, dessen Identität sich, wie gesagt, gegen den Meginheri auf Platz 17 nicht abgrenzen läßt.

Die 23. Stelle belegt ein Hatto, der mit dem Bruder Adalberts von Metz in Verbindung gebracht wird. Um 823 wird er als kaiserlicher missus genannt.

Für Rihwin, als 24. in der Rangfolge der Zeugen, sind zwei Identifikationen bekannt. Einmal sieht man in ihm den Grafen von Poitou, zum anderen vermutet man in ihm den Thurgaugrafen. Karl Brunner teilt uns die Beobachtung mit, daß, da kein einziger der übrigen Großen aus dem Regnum Ludwigs kommt, die zweite Möglichkeit an Wahrscheinlichkeit gewinnt.

Der 25. Zeuge Edo ist nicht identifizierbar.

Auf Platz 26 erscheint Ercanger, in dem man mit Sicherheit den Breisgaugrafen um 810–820 erkennen will.

Der 27. Zeuge ist Gerold, Präfekt in Baiern, der aber erst im Jahre 826 sein Amt ausübte.

In Bero, dem 28. Zeugen, wird ein Graf von Barcelona gesehen. Aber die Identifikation ist nicht gesichert.

Noch weniger ist der 29. Zeuge, Hildigern, einzuordnen.

Der 30. und letzte Zeuge, Hrocculf, ist vom Namen her der Gruppe der Unruochinger oder der Geroldiner zuzuordnen. Auch ist zwischen 801 und 813 ein Missus Hrocculf in Gemeinschaft mit Adalhard und Fulrad von S. Quentin bekannt.[7]

Wenn also auch unser Wissen um die 15 weltlichen Zeugen des Karlstestaments gering ist, so reicht es doch aus, um zu erkennen, daß der überwiegende Teil auch der weltlichen Zeugenschaft der Francia entstammte. Karl wollte sich wohl nur auf die Großen der Francia als Vollstrecker seines letzten Willens verlassen. Das Testament Karls ist jedenfalls in seiner Erbschaftszuteilung, in seiner Gewichtung, in der meisterhaft ausgewogenen, sich selbst kontrollierenden Zeugenschaft ein hohes Werk karolingischer Staatskunst.

Die Nachwirkungen eines Lebens

Die Kaiseridee und die »renovatio imperii«

Am Tage seines Todes, am 28. Januar 814, begann die Entstehung der Karlslegende.

Nithard, der Historiker des karolingischen Bruderkrieges, schreibt 30 Jahre später in seinem Geschichtswerk verklärend: »Denn zu Zeiten des großen Karl, glücklichen Angedenkens, der nun fast schon dreißig Jahre tot ist, herrschte überall Friede und Eintracht, weil das Volk den einen rechten und eben deshalb den Weg Gottes wandelte: nun aber ist überall Uneinigkeit und Streit zu sehen, weil jeder, wie er will, einen besonderen Weg geht. Und damals war allerorts Überfluß und Freude, jetzt aber ist nur Mangel und Trauer.«[1]

Der Alp aber, den Karl für Kirche und Papsttum bedeutete, wurde nach seinem Tode nicht geringer.

Von ihrer körperlichen Existenz befreit, wuchs die Figur Karls ins Riesengroße und wurde zur Idee germanischen deutschen Kaisertums.

Zunächst folgte der Regierungszeit Karls eine Epoche des Niedergangs.

Sie begann mit Karls schwachem Sohn Ludwig dem Frommen (814–840), der sich im Oktober des Jahres 816 in Reims von Papst Stephan IV. salben und krönen ließ und damit seine, von seinem Vater Karl angeordnete und durchgeführte, Selbstkrönung des Jahres 813 entwertete.

Das Papsttum hingegen fand in Papst Nikolaus I. (858–867)

einen kaisergleichen Mann, der in die Lücke trat, die schwindende Kaiserautorität gerissen hatte.

Kaiser Karl der Kahle (840–877) empfing am Weihnachtstage des Jahres 875 von Papst Johannes VIII. (872–882) die Kaiserkrone. Nicht die Akklamation des fränkischen Volkes also gab ihm sein Kaisertum, sondern eine Wahl von Papst und Römern. Von diesem Tage an war für viele Jahrhunderte die Krönung durch den Papst konstitutiv für die Kaiserwürde.

Doch die Kaiseridee war stärker als die Schwäche ihrer Träger. Otto I., der Große (936–973), Kaiser seit dem Jahre 962, stand wieder in der Kaisertradition Karls des Großen, jedoch mit geringerer Machtfülle.

Dennoch war er so stark, eine Synode einzuberufen, die am 4. 12. 963 Papst Johannes XII. (955–963), der sich gegen ihn gewandt hatte, absetzte. Vor allem konnte Otto wieder die kaiserliche Zustimmung zur Papstwahl durchsetzen.

Auch sein Sohn Kaiser Otto II. (973–983), der die griechische Prinzessin Theophanu geheiratet hatte, um seinem Kaisertum byzantinischen Glanz zu verleihen, setzte in Rom den kaiserlichen Primat durch.

Sein Missus, Graf Sikko, verjagte den Pseudopapst Bonifaz VII., der im Jahre 974 den Stuhl Petri okkupiert hatte.

An seiner Stelle wurde mit Billigung Ottos II. ein Römer, Papst Benedict VII. (974–983), erhoben, der im Einvernehmen mit dem Kaiser sein Amt ausübte.

Auch brach Otto II. mit dem Ritus seiner Vorgänger, sich »imperator augustus« zu nennen. Er nannte sich selbstbewußt, wohl auch infolge seiner Kämpfe mit Byzanz, »Romanorum imperator Augustus«, Kaiser der Römer.

In den Grotten von St. Peter in Rom fand dieser Kaiser nach seinem Tode am 7. 12. 983 sein Grab.

In Kaiser Otto III. (983–1002), dem Sohn der griechischen Theophanu, vereinigte sich die Spannweite germanischer und griechischer Weltvorstellungen. Dies wird auch an seinen Lehrern sichtbar, dem Griechen Johannes Philàgatos,

Erzbischof von Piacenza, und in Gerbert von Reims, der Otto III. in die Philosophie einführte und ihm die Gedanken eines Boëthius nahebrachte. Gerbert war es, der das arabische Ziffernsystem in Europa einführte und damit neue Möglichkeiten eröffnete.

Gerbert galt als einer der größten Gelehrten seiner Zeit. Kaiser Otto III. erhob seinen Vetter Brun zum Papst, der als Papst Gregor V. (996–999) der erste deutsche Papst wurde. Er krönte am 21. 5. 996 Otto III. zum Kaiser, der sich wie sein Vater »Romanorum imperator Augustus« nannte.

Sein politisches Ziel war die »Renovatio imperii Romanorum«. Dieses Ziel aber entfremdete ihm seine Deutschen, namentlich seine Sachsen, die damit ihren Vorrang als Reichsvolk verloren glaubten.

Darum ist es von mehrfacher Symbolik, wenn Otto III. im Jahre 1000, von Gnesen kommend, das er als Erzbistum begründet hatte, am Pfingsttag in Aachen einzog, wo er das Grab Karls des Großen öffnen ließ. Er wollte seinen Deutschen zeigen, daß er nur in ihnen das Staatsvolk sah, er wollte durch seine Karlsverehrung die Weite seines Machtanspruches darstellen und sich als Erbe Karls ausweisen.

Zu dem schon diskutierten umstrittenen Bericht, er habe Karl in einer Gruft auf einem Throne vorgefunden, sei noch folgende Überlegung angestellt:

Wie, wenn Graf Otto von Lomello, immerhin erster Schwertträger des Kaisers, nicht »der lustige Aufschneider« war, wie ihn Lindner bezeichnete, sondern ein Getreuer, der die Dinge in der Chronik Novalese so wiedergab, wie sein Kaiser sie sehen wollte? Kaiser Otto III., dieser Mann aus Morgen- und Abendland, seinen imperialen Träumen hingegeben, die Gerbert, der spätere Papst Silvester II. (999–1003) in die klassische Formulierung goß: »Nostrum, nostrum est Romanum imperium«, war zweifellos ein dramatisch-theatralischer Mensch. Hören wir ihm zu, wie er den treulosen, rebellischen Römern eine Philippika hält:

273

»Seid ihr nicht meine Römer? Euretwegen habe ich mein Vaterland und meine Nächsten verlassen und alle Deutschen, mein Blut, hintangesetzt. Euch habe ich in die entlegensten Teile unseres Kaiserreiches geführt, wohin eure Väter, als sie den Erdkreis in Unterwerfung hielten, niemals den Fuß gesetzt haben... Euch habe ich als meine Söhne angenommen, euch allen vorgezogen... Und zum Dank für alles dies, habt ihr euren Vater verworfen, meine Freunde mit grausamem Tod aus dem Weg geräumt, mich ausgeschlossen, während ihr mich doch nicht ausschließen könnt, weil ich euch, die ich mit väterlicher Liebe umfasse, niemals aus meiner Zuneigung entlasse.«[2]

Der so sprach, war kein väterlicher Graukopf, sondern ein Jüngling von 20 Jahren, erfüllt von dem Glauben, Gottes Stellvertreter auf dieser Welt zu sein und die Welt nach seinem Willen leiten und lenken zu können.

Der so sprach, hatte sich über die Realitäten erhoben und sah die Welt nur nach seinem Willen und nach seinen Vorstellungen. Als er in Aachen die Kaisergruft öffnete, neigte er sich nicht vor totem Gebein, vor der Asche eines Kaisers. Er sah den Kaiser auf seinem Thron, in ununterbrochener Regentschaft, Symbol immerwährender Kaisermacht. Sich mit dem thronenden Kaiser zu identifizieren, von ihm die ungeteilte Fülle eigener Kaisermacht abzuleiten, war Ottos Vision.

Die wenigen Getreuen, die mit ihm diese Stunden erlebten, haben sich dieser Sicht gebeugt. Nicht umsonst taucht kurz nach seinem Tode für ihn der Name »Mirabilia mundi«, Wunder der Welt, auf. Vielleicht war es der Versuch der Deutung seines Kaisertraumes. Verwunderung und Staunen rief dieser junge Visionär bei seinen Zeitgenossen hervor.

Wenn auch Thiethmar von Merseburg in seinem Urteil über den jungen Kaiser zurückhaltend ist, so schreibt er doch, und das scheint gewichtig: »Seitdem verwaltete er das Kaisertum wie seine Vorfahren, weit reifer und strebsamer, als es seinen Jahren entsprach.« Bis zu Percy Ernst Schramm sahen die Historiker der Neuzeit in Otto III. den unreifen Jüngling. Fedor Schneider spricht sogar von der »absurden Idee eines in Rom residierenden deutschen Kaisertums«. Nun, die großen Visionen sind ein Vorrecht der Jugend. Im Grunde entzieht sich Otto III. der Beurteilung. Er starb zu jung, zu früh. Er konnte nicht den Versuch machen, seine Träume zu realisieren. Aber er hat den Primat deutschen Kaisertums erhalten, gefördert und als Erbe weitergegeben. Im Jahre 1046 schien noch einmal die Sonne der unumschränkten Macht über das deutsche Kaisertum.

Auf der Synode von Sutri im Jahre 1046 ließ der Salier Heinrich III. (1039–1056) das von drei Gegenpäpsten geschändete Papsttum erneuern und alle drei des heiligen Stuhles verlustig erklären. Als neuer Papst wurde nach dem Willen Heinrichs der deutsche Bischof Suitger von Bamberg erhoben, der unter dem Namen Clemens II. ein kurzes Pontifikat führte. Er krönte am 25. 12. 1046 Heinrich und seine Frau Agnes von Poitou zu Kaisern. Clemens II. ist als der erste Reformpapst anzusehen, der im Gedankengut von Cluny lebte. Das Kloster Cluny ist eine Gründung der Grafen von Poitou, aus deren Hause die Kaiserin Agnes stammte.

Es gehört zum ironischen Widerspruch im geschichtlichen Geschehen, daß es der deutsche Kaiser selber war, der mit Clemens II. die Reihe jener Reformpäpste eröffnete, die den Primat des deutschen Kaisertums brechen sollten, und daß das Familienkloster seiner Frau Agnes dazu die geistigen Grundlagen schuf.

Heinrichs Sohn, Kaiser Heinrich IV. (1056–1106) wird 30 Jahre später in der Winternacht des Jahres 1077 vor Canossa büßend im Schnee stehen, um sich vom Bannfluch des Papstes Gregor VII. (1073–1085) zu reinigen. Oftmals schon hatten Kaiser Päpste abgesetzt, aber noch nie hatte vor

275

Gregor VII. ein Papst es gewagt, den Kaiser seines Amtes zu entheben. Die geistlichen Grundlagen hatte sich Gregor durch sein »Dictatus papae« vom März 1075 geschaffen, in dem die für uns entscheidenden Punkte lauteten:

1. Daß die Römische Kirche allein vom Herrn gegründet sei.
2. Daß allein der römische Papst (pontifex) zu Recht universal genannt wird.
3. Daß dieser allein Bischöfe absetzen oder begnadigen dürfe.
...
8. Daß er allein die kaiserlichen Insignien führe: Stirnreif, Phrygium (eine Art weißer Fellmütze), Purpurkleidung, Aufzug mit Fahnen und Vorreitern, weiße Pferdedekken, die roten senatorischen Schuhe für das priesterliche Gefolge u. a., vor allem den Reitknechtdienst (Stratordienst) des Kaisers.
...
12. Daß es ihm zukomme, Kaiser abzusetzen.[3]

Aber trotz der Bußnacht von Canossa und trotz des »Dictatus papae« glänzte deutsche Kaiserherrlichkeit unter den Staufern noch einmal auf, auch wenn es der Glanz der untergehenden Sonne war.

»Die heiligen Könige – Der heilige Kaiser«

Im Werden der europäischen Staatenwelt entwickelte sich der Nationalheilige als sakraler Mittelpunkt der Staatsidee. Der Nationalheilige war fast immer aus dem Blute der Herrscherfamilie.
Er übertrug seine Heiligkeit auf den Herrscher, die herrscherliche Familie und auf das Reich.
So erfolgte im Jahre 1163 die Heiligsprechung König Edwards von England (1042–1066). Im Jahre 1100 wurde der

ermordete König Knut (1080–1086) von Dänemark kanonisiert. Der im Kampf gefallene König Olaf II. Haraldson (1015–1030) wurde Norwegens Nationalheiliger.

Frankreich erhielt in seinem König Ludwig IX. (1226–1270) seine heilige Symbolfigur.

In Deutschland wurde 1146 Kaiser Heinrich II. (1002–1024) durch Papst Eugen III. (1145–1153) in den Stand der Heiligkeit erhoben.

Seine Frau, die Lützelburgerin Kunigunde, wurde von Papst Innocenz III. (1198–1216) im Jahre 1200 heilig gesprochen.

Karls Heiligsprechung erfolgte auf einem Hoftage zu Aachen. Sie ist eine der merkwürdigsten der Kirchengeschichte. Hinter ihr steht der Wille Kaiser Friedrich Barbarossas (1152–1190), am Beispiel Karls des Großen, genau so wie es Otto III. tat, seinen Machtanspruch gegenüber Rom und dem Papsttum darzustellen, gleichzeitig aber auch, seine Kontinuität zu Karl demonstrativ sichtbar zu machen.

Die Staufer konnten sich nämlich blutsmäßig von Karl ableiten. Die Mutter Heinrichs III. (1039–1056), Gisela, hatte den staufischen Herrschern karolingisches Blut zugeführt. Otto von Freising (1111–1158) hat als einer der ältesten Berichterstatter der frühen Stauferzeit in seiner Chronik auf Gisela und ihre Bedeutung für das deutsche Herrscherhaus ausdrücklich hingewiesen.

Papst Paschalis III. (1164–1168), mit dessen Genehmigung Rainald von Dassel als Erzbischof und Alexander von Lüttich als Diözesanbischof die Kanonisation Karls vornahmen, war ein von Kaiser Friedrich I. dem rechtmäßigen Papst Alexander III. (1159–1181) aufgezwungener Gegenpapst.

Da päpstliche Billigung die Voraussetzung für eine Heiligsprechung war, fehlte Karls Kanonisation die kirchenrechtliche Grundlage.

Dennoch haben weder Papst Alexander III. noch seine Nachfolger die Heiligsprechung Karls anerkannt noch für ungültig erklärt. Sie haben sie stillschweigend hingenommen.

Auch die Bischöfe, die die Kanonisation durchführten, erscheinen in einem diffusen Licht. An ihnen zeigt sich die Zerrissenheit der Zeit.

Rainald von Dassel, seit 1156 Reichskanzler und seit 1159 erwählter, aber nicht geweihter Erzbischof von Köln, hatte sich, durch das Schisma bedingt, erst im Jahre 1165 entschlossen, die Weihen zu nehmen, nachdem Kaiser Friedrich I. feierlich die Anerkennung Alexanders als Papst für alle Zeiten ausgeschlossen und sich endgültig für Papst Paschalis III. entschieden hatte. Dies wurde durch ein Reichsgesetz bestätigt.

So wurde Rainald von Dassel denn am 2. Oktober 1165 vom Bischof von Osnabrück zum Erzbischof geweiht.

Unmittelbar danach weihte Rainald seinen Suffragan Alexander zum Bischof von Lüttich. Und zwei Monate später, am 29. Dezember 1165, erhoben diese beiden frischgeweihten Bischöfe Karl in den Stand der Heiligkeit.

Mit aller gebotenen Zurückhaltung darf man sagen, daß somit zwei aus machtpolitischen Gründen geweihte Bischöfe auf Weisung eines schismatischen Papstes einen Heiligen schufen, der, so Maria Schmitz, »die Reichspolitik Friedrich Barbarossas vom Himmel her bestätigen sollte«.

50 Jahre später, im Jahre 1215, benutzte wiederum ein Staufer, trotz Canossa und »Dictatus papae«, den Karlsmythos als Symbol des Kaiserprimats gegenüber der Welt und dem römischen Papsttum.[4]

Es war Kaiser Friedrich II. (1212–1250), der bei der Erhebung der Gebeine Karls des Großen in den prachtvollen, von der Aachener Bürgerschaft gestifteten goldenen Karlsschrein, mitwirkte.

Er trieb den letzten Verschlußnagel in den goldenen Schrein, um anzuzeigen, daß die Gebeine des Gründers germanischen Kaisertums und sein Anspruch, nicht nur Schutzherr, sondern auch Herr der Kirche zu sein, für immer der Vergessenheit entrissen waren.

Der Karlskult als Maßstab für die Machtverhältnisse zwischen Papst und Kaiser

Was aber auch die Welt, »hie Welf – hie Waibling«, tat, im gleichem Maße, in dem sich Papst und Kaisertum im gegenseitigen Machtkampf reduzierten, stieg das Ansehen des großen Karolingers. Die Päpste kämpften immer gegen zwei Kaiser: den lebenden und den Nimbus des toten Karl.

Als Zeichen päpstlichen Machtanspruchs fügte der Sieger von Canossa, Papst Gregor VII., seiner Bischofsmitra die erste Krone hinzu. Bonifaz VIII. (1294–1303), der von König Philipp IV. (der Schöne) gefangengesetzt wurde, und Benedikt XI. (1303–1304) waren zwei Päpste der Machtlosigkeit, die in stillem Trotz die zweite und dritte Krone hinzufügten.[5]

Nach der Heiligsprechung Karls fluteten Pilgerströme nach Aachen und machten die Stadt, nach Rom und Santiago de Compostela, zum meistbesuchten Pilgerort in Europa.

Mittelpunkte der Karlsverehrung bildeten sich im ehemals von Karl besiegten Sachsen. Sie reichten bis Hamburg und Magdeburg.

Auch in Oberdeutschland, am Rhein und in den Niederlanden wurde Karl als Stifter von Kirchen und Klöstern verehrt.

In der Schweiz war das Stift Felix und Regula in Zürich, das im Jahre 1233 Karlsreliquien erhielt, ein Mittelpunkt der Karlsverehrung.

In Zürich, wo Kaiser Karl vom hohen Turm des Großmünsters über Stadt und Zürichsee schaut, entstand in Sagen, Bildern und kirchlichen Feiern ein zweites Aachen des Karlskultes. Als weitere wichtige Stätten der Karlsverehrung in der heutigen Schweiz sind zu nennen das Kloster Münster in Graubünden sowie Sion oder Sitten im Rhonetal und Päfers im Wallis.

So stellt sich, neben Aachen und Sachsen, fast die ganze Schweiz als geschlossene Kultlandschaft der Karlsverehrung dar.

Als aber am 13. Dezember 1250 der große Staufer, Kaiser Friedrich II., den der Chronist Matthäus von Paris »das Staunen der Welt und einen wundersamen Veränderer« genannt hatte, starb und mit ihm der große Machtanspruch der deutschen Kaiser, begann der Versuch der die Zeit beherrschenden Mächte, die Karlsverehrung zu reduzieren.

Dies war ein Prozeß, der Jahrhunderte brauchte und doch nie ganz gelang. Aber von 109 Orten der kirchlichen Karlsverehrung, die Matthias Zender in seiner Arbeit: »Die Verehrung des hl. Karl im Gebiet des mittelalterlichen Reichs« benennt, ist heute nur noch Aachen bekannt.

Einen schlimmen Schlag erhielt der Karlskult durch die Streichung Karls als Namenspatron und Kalenderheiliger. Er mußte dem hl. Karl Borromäus, dem Neffen des Mediceer-Papstes Pius IV., (1559–1565) weichen. Wer heute seine Söhne auf den Namen Karl tauft, feiert als Namenspatron am 4. November den Tag des Mailänder Erzbischofs und Heiligen der Gegenreformation, Karl Borromäus.

Nur noch wenige geschichtsbewußte Rheinländer und Westfalen wählen für ihre Kinder den heiligen Karl den Großen als Namenspatron und feiern sein Fest am 28. Januar.

Auch in den Aachener Stadtsiegeln ist die Verdrängung des Karlskultes zugunsten einer gesteigerten Marienverehrung eingeprägt.

Das älteste Siegel vom Ende des 12. Jahrhunderts zeigt den thronenden Karl als Stadtpatron.

Ein jüngeres Siegel aus der zweiten Hälfte des 13. Jahrhunderts zeigt die thronende Muttergottes mit dem Kinde und Karl, der ihr kniend in Adorationsgeste das Münster darbringt.

Nach dem Fall des Stauferreiches stiegen im Sagenkreis um Karl giftige Blasen aus dem Schlammboden menschlicher Niedrigkeit auf: Geraune um eine heimliche Sünde des Kaisers. Inhalt der schmachvollen Mär ist: Karl habe so in fleischlicher Liebe an seiner verstorbenen Frau Fastrada gehangen, daß er nach ihrem Tode an ihrem Leichnam Befriedigung gesucht habe. Eine schlimme Verleumdung, schlicht Leichenschändung, eine auch im Mittelalter unverzeihliche Sünde.[6] Die deutsche Romantik hat sich mit diesem Thema befaßt. Bringen wir als ein Beispiel für viele einen Auszug aus einer Dichtung von Friedrich Schlegel (1772–1829):

... Auch tot noch will er sich von ihr nicht trennen,
Wähnt, daß sie wieder ihn wird kennen.
Das Grabmal zu durchschauen,
Läßt er von Glas den Sarg erbauen,
Und brünstig noch zu lieben
Den süßen Körper fühlt er sich getrieben.
An dem Sarge festgebunden,
Schwinden ihm die schnellen Stunden.
Nicht Durst noch Hunger fühlend,
Spricht er mit seinem Schmerz nur spielend.
Die Diener sehn mit Trauern,
Immer den wilden Wahn noch dauern;
Da naht Turpin der Weise,
Öffnet den Sarg so leise,
Weil Karl, des Ohr wohl Zauber trafen,
Auf einen Augenblick entschlafen,
Und zieht den Ring vom Finger
Der schönen Leiche, den Bezwinger
Von Karles Herzen,
Das frei nun wird von Schmerzen,
Der Zauber ist verschwunden,
Von dem Wahn entbunden,
Will Karl schon entfliehn,
Einsam auf die Berge ziehn ...

Nun, der gute, geschichtlich nicht faßbare Bischof Turpin wirft den verzauberten Ring, der Karl an die tote Fastrada band, in den Aachener Frankenweiher, so daß der König, nun von seiner furchtbaren Leidenschaft befreit, den Frankenweiher und seine Stadt Aachen liebt.

Wenn jemals eine Sage am Wesenskern einer Persönlichkeit vorbeigeschossen ist, dann die Sage, besser noch: das Gerücht um die heimliche Sünde des Königs.[7]

Dr. Heinrich Schiffer macht in seiner »Kulturgeschichte der Aachener Heiligtumsfahrt« darauf aufmerksam, daß auch hier in der zweiten Hälfte des 13. Jahrhunderts, nach dem Zusammenbruch deutscher Kaisermacht, das Ansehen der Heiligtümer die Verehrung Karls des Großen selbst stark verdrängt hat.

Eilten vorher die Pilger zum Grabe des großen und heiligen Karl, krochen sie zum Zeichen der Verehrung unter seinem Thron hindurch, so wurde jetzt das Interesse der Pilger auf die großen Heiligtümer gelenkt, die Karl in seine Stadt Aachen gebracht hatte.

So blieb wenigstens die Pilgerschaft erhalten, die ja für die Stadt und den Klerus von Aachen gewinnbringend war.

Aber die Manipulierung der Pilgerschaft gelang so vollkommen und die Verehrung der Heiligtümer – zum Nachteil des Karlskultes – nahm solchen Aufschwung, daß der Luxemburger Kaiser Karl IV. (1346–1378) dem Aachener Krönungsstift den bitteren Vorwurf machte, den eigenen Stifter zu vernachlässigen.[8]

Karl der Große hatte in Aachen einen einzigartigen Reliquienschatz, in dieser Zeit wahrscheinlich den größten diesseits der Alpen, zusammengebracht.

Die Übersendung von Reliquien an die Mächtigen der Welt gehörte im Mittelalter zum guten Ton, sie war tatsächlich ein Mittel der Diplomatie zur Unterhaltung guter Beziehungen.

Die Reichsannalen wissen z. B. unter dem Jahr 799 zu berichten: »In diesem Jahr kam ein Mönch aus Jerusalem und überbrachte dem König vom Patriarchen von Jerusalem Segen und Reliquien vom Grabe des Herrn.«

Von Papst Hadrian ist verbürgt, daß er Karl zum Dank

Candidusreliquien übermittelte. Papst Leo III. sandte sofort nach seiner Erhebung an Karl die Schlüssel zur Confessio des heiligen Petrus, in die Partikel von der Kerkerkette des Apostelfürsten eingelassen waren. Als Papst Leo III. schutzsuchend nach Paderborn kam, brachte er Reliquien des heiligen Stephanus mit.

Als Karl im Jahre 800 in Rom weilte, berichten die Reichsannalen unter anderem:»Am selben Tage kam Zacharias mit zwei Mönchen, einem vom Ölberg und einem vom Kloster des heiligen Sabas, aus dem Osten nach Rom zurück. Diese schickte der Patriarch von Jerusalem mit Zacharias zum König und sie brachten als Zeichen des Segens die Schlüssel zum Grab des Herrn und zur Schädelstätte, auch die Schlüssel zur Stadt und zum Berge Zion mit einer Fahne. Der König nahm sie gnädig auf, behielt sie einige Tage bei sich und entließ sie dann mit Gegengeschenken im April.«

Dies geschah am 23. Dezember des Jahres 800, dem gleichen Tage, an dem Papst Leo III. im Petersdom seinen Reinigungseid leistete, und Engelbert Mühlbacher kommentiert in seiner»Deutschen Geschichte unter den Karolingern«:»Eine gerade jetzt vielbedeutende Huldigung für den mächtigsten Herrscher, den Hort der Christenheit.«

Sicher ist dieser Vorfall auch ein Indiz dafür, daß für Karl und die Welt seine Kaiserkrönung, die wenige Tage später erfolgte, nicht unerwartet kam.

Aber nicht nur Päpste und Patriarchen vermehrten Karls Reliquienschatz. Trotz des byzantinisch-karolingischen Gegensatzes erwiesen auch die oströmischen Kaiser Reverenz und mehrten Karls Reliquienkammer.

Die Kaiserin Irene sandte ihm ein Marienkleid, das Maria in der heiligen Nacht getragen haben sollte.

Karls Reliquiensammlung war von solchem Wert, daß die Mönche von Stavelot beim Normanneneinfall des Jahres 881 herbeieilten, um sie zu retten. Sie brachten sie bis nach Mainz und gaben sie nach Abwendung der Gefahr an Kaiser

Karl den Dicken (876–888) zurück, der die Mönche reichlich belohnte, nicht die Geistlichkeit der Aachener Pfalzkapelle, was darauf schließen läßt, daß diese sich nicht um die Rettungsaktion verdient gemacht hatte.

Das Aachener Reliquienverzeichnis beinhaltete: »Zwei Erinnerungen an Christus, zwei an die Muttergottes, Reliquien von neun Aposteln und vieles andere mehr.«

Schon zu Karls des Großen Lebzeiten war dieser Reliquienschatz ein Anziehungspunkt erster Ordnung. Die Pfalz war ständig von Pilgern und Fremden überlaufen. Einhard berichtet darüber: »Er [Karl] hatte Ausländer gern und nahm sich ihrer mit großer Sorgfalt an. Oft befanden sich so viele Fremde in seinem Palast und Reich, daß sie mit Recht lästig schienen. Doch ließ er sich – hochherzig wie er war – durch solche Störungen nicht anfechten. Seiner Ansicht nach wurde er durch ihr Lob seiner Großzügigkeit und ihre gute Nachrede für die unliebsamen Belästigungen hinreichend belohnt.«

Man sieht, Karl hat zwar das Wort »public relations« nicht gekannt, wohl aber seine Inhalte.

Nach Karls Tod wurde es still um den Aachener Reliquienschatz. Eine St. Deniser Descriptio sagt ausdrücklich, die Reliquien seien nur solange gezeigt worden, wie Karl der Große lebte.

In der Tat weiß bis zum Jahre 1238 keine Quelle mehr etwas über die Vorzeigung von Reliquien zu berichten.

In welchem Jahr tatsächlich die erste Heiligtumsfahrt durchgeführt wurde, wissen wir nicht, sondern nur, daß das Aachener Kapitel des Marienstifts 1238 die Einführung der Heiligtumsfahrt angeordnet hat. Erste Heiligtumsfahrten werden für die Jahre 1242 und 1249 angenommen.

Interessante Jahresdaten!

Denn am Palmsonntag des Jahres 1239 verhängte Papst Gregor IX. (1227–1241) über den Staufer Kaiser Friedrich II. den Bann, aus dem er sich nicht mehr zu lösen vermochte.

Im Zeitraum zwischen den ersten vermuteten Heiligtumsfahrten, also zwischen 1242 und 1249 ließ Papst Innozenz IV.
(1243–1254) auf dem Konzil von Lyon 1245 den Kaiser Friedrich II. als Gegner der Kirche absetzen. In den folgenden
Jahren unterstützte er die deutschen Gegenkönige Heinrich
Raspe (1246–1247) und Wilhelm von Holland (1248–1256).
Im Mittelpunkt der 1238 beschlossenen Aachener Heiligtumsfahrt standen die vier großen Heiligtümer: »das Marienkleid aus der heiligen Nacht, die Windeln und das Lenden-
tuch des Herrn, sowie das Enthauptungstuch des heiligen
Johannes des Täufers«. Untergebracht waren die vier großen
Heiligtümer im goldenen Marienschein, der um 1238 vollendet und nun zum Mittelpunkt der Heiligtumsverehrung
wurde.
Nach dem Zusammenbruch des Stauferreiches und dem
Tode Kaiser Friedrichs II. am 13. Dezember 1250 begann
in der zweiten Hälfte des 13. Jahrhunderts das Ansehen
der Heiligtümer die Verehrung Karls des Großen zu verdrängen.
Betrachtet man die geschichtlichen Ereignisse und die Zeit-
räume, in denen sie sich vollzogen, so ist es wohl zulässig,
den sinkenden Grad der kirchlichen Karlsverehrung als
Maßstab für die Machtverhältnisse zwischen Papst und Kaisertum in Europa zu sehen.

Unzerstörbarer Karlsnimbus und der Versuch,
einen Heiligen zu vergessen

Dennoch erweist sich der Nimbus des großen Karolingers als
unzerstörbar.
Mochte er auch in der kirchlichen Welt abnehmen – im Reich
der Sagen und Legenden, deren Heimat im Herzen der
Völker liegt, wurde Karl zum unangefochtenen Herrscher.
Ihn konnte ein Oswald Spengler nicht treffen, der in der

Karolingerzeit nur eine bedeutungslose Epoche zu sehen vermochte und der Karl abwertend einen »Kalifen von Frankistan« nannte. Auch die Diskussion der dreißiger Jahre unseres Jahrhunderts, die schon den Prägestempel des Nationalsozialismus trug und in Karl nur den Sachsenschlächter sah, wurde ihm nicht gerecht.

»Das Sagenarchiv des Göttinger Seminars für deutsche Volkskunde« verzeichnet 117 Sagen über Karl den Großen. 17 Sagen über Kaiser Otto den Großen, 54 über Friedrich Barbarossa, 8 über Kaiser Friedrich II. und 16 über Kaiser Karl V.

Wenn auch das Archiv des Göttinger Seminars keinen Anspruch auf Vollständigkeit erhebt, so sprechen diese Zahlen doch eine eindeutige Sprache.

Karl ist der deutsche Sagenkaiser.

In ihm verschmelzen die Bilder der großen Ottonen, der Salier und der phantastischen Staufer zum germanischen Kaiserbild. Die Debatte darüber, daß Karl nicht das Bild vom Erlöserkaiser ausfülle, so wie Friedrich Barbarossa, ist müßig.

Der größte Teil der Sagen sieht Karl als den gerechten Richter, als Rechtssetzer und Rechtsschützer. Der Artikel 18 des Sachsenspiegels nennt Karl den Großen als Gewährsmann sächsischer Rechte und Vorrechte. Die friesischen Gesetzbücher führen ihr Recht und ihre Freiheit auf Karl zurück.

»Überall wo Karl sich befand, ließ er eine Glocke aufstellen, wenn sie erklang, so bedeutete dies, daß der Wahrspruch des Kaisers verlangt wurde. Läutete die Glocke, so sprach Karl: ›Das ist ein armer Mann, ist ihm Leids geschehen, so will ich Gericht halten wie es sich gebührt.‹«

Wer so gesehen wird, der ist auf jeden Fall ein Erlöserkaiser, ein Erlöser vom Unrecht. Karl erfüllt im Spiegel der Sagen den Traum vom gerechten Kaiser.

Er, der sich oftmals aus dem »Gottesstaat« des heiligen Augustinus vorlesen ließ, hatte das Wort, »daß Staaten ohne Gerechtigkeit nichts anderes als große Räuberbanden sind«, verstanden und verinnerlicht.

Ein Jahrtausend später setzte Friedrich Schiller der Kaiseraufgabe der Rechtsschaffung in seiner Ballade »Der Graf von Habsburg« ein Denkmal.

»Denn geendigt nach langem verderblichen Streit
War die kaiserlose, die schreckliche Zeit,
Und ein Richter war wieder auf Erden.
Nicht blind mehr waltet der eiserne Speer,
Nicht fürchtet der Schwache, der Friedliche mehr,
Des Mächtigen Beute zu werden.«

Die Erfüllung der Gerechtigkeit – das ist der eigentliche Kaisertraum, das immer wiederkehrende Leitmotiv der Karlssagen. Immer dort, wo Wichtiges und Entscheidendes geschieht, siedelt die Sage Karl an. So läßt sie ihn nicht nur nach Spanien gegen die Sarazenen reiten. Nein, Karl ist auch der erste Kreuzfahrer. Er befreit Jerusalem und das heilige Grab. Es ist bedeutsam für die Hellsichtigkeit der Sage, daß sie in Papst Leo III. einen Bruder Karls sieht und so seine, Leos, Leistung, würdigt.

Aber ein weiteres wird sichtbar und darin liegt ein Teil der deutschen Kaisertragödie: daß nämlich Karl das Vorstellungsbild des Kaisers so grundlegend und prinzipiell prägte und es auf einen nicht mehr zu erreichenden Gipfel trieb. Er bewirkte damit für immer die Gegnerschaft des Papsttums, aber auch, daß alle anderen, diese großen und heroischen Gestalten, die nach ihm das göttliche Kaiserdiadem auf der menschlichen Stirne trugen, wie Epigonen wirkten, ohne es zu sein.

Die Kirche aber mußte aus eigenem tragischen Zwang, ja aus Selbstbehauptungswillen heraus, den kaiserlichen Bemühungen um die »Renovatio imperii«, ob »Francorum« oder »Romanorum«, als Gegner entgegentreten.

Denn die da waffenklirrend über die Alpen zogen, waren ja nicht irgendwelche Fürsten und Könige, denen es um Rechte oder Vorrechte, zum Beispiel um das Recht der Investitur ging. Es waren Imperatoren, die den Anspruch stellten, Führer und Herr der Christenheit, ja, Stellvertreter Gottes auf Erden zu sein.

Die Päpste haben bei Karl diesen Anspruch hingenommen, unter den Ottonen und Saliern erduldet und unter den Staufern mit Leidenschaft bekämpft. Ausdruck dieses Kampfes waren die Bannflüche eines Gregor VII. (1073–1085) oder eines Innozenz III. (1198–1216) gegen die jeweiligen Kaiser. Dämonisch erklangen die Bannformeln eines Gregor IX. (1227–1241), ingrimmig die Flüche eines Innozenz IV. (1243–1254) über die »Schlangenbrut der Staufer«.

Aber der Mensch von heute, der kopfschüttelnd diese Bannungen liest, muß bedenken, daß es ja nicht nur um Länder und Macht ging, um Geld und Gold, sondern um das Innerste der Kirche und des Abendlandes, um die große augustinische Vision vom Gottesstaat, die nicht nur Karl, sondern auch die Kirche selbst sich zum Ziel gesetzt hatte. Die Idee des Gottesstaates versandete. Der Entwurf war zu groß. Die Einheit des Abendlandes ist an ihm zerbrochen. Zerbrochen in viele Nationalstaaten mit ihren Egoismen, ihrem Hader, ihrer Intoleranz und ihren Kriegen.

Daneben aber entwickelten die Nationalstaaten, nachdem sie die Buntheit der europäischen Stämme aufgesogen hatten, den Glanz ihrer Vielfalt, den Charme ihrer Originalität, die Weite ihres Genius in Literatur, Malerei, Philosophie und jeglicher Wissenschaft. Im Ringen um die Hegemonie in Europa wurden unerhörte Energien freigesetzt und brennende Leidenschaften entfacht. In all den Kämpfen der späteren deutschen Kaiser, die nach den Staufern antraten: der Luxemburger, der Wittelsbacher, der Habsburger gegen die Kapetinger, die Valois und die Bourbonen bis hin zu den Napoleoniden: lag in allem nicht verborgen der Traum von der Einheit des Abendlandes, vom Reich als Heimat der

Völker, in dem die Sehnsucht der Menschen nach Freiheit und Gerechtigkeit ihre Erfüllung findet?

Karl im Spiegel der Zeiten und Völker

Die europäischen Nationen haben sich des Karlsbildes bemächtigt und immer wieder versucht, es in ihr Geschichtsbild einzuordnen. Dabei ergibt sich der Eindruck, daß die nationalen und aus dem Zeitgeist her bezogenen Positionen den Betrachtern die Sicht auf die historische Wahrheit versperren.

So ist für den Florentiner Staatsmann und Humanisten Bruni (um 1416) Karl der Zerstörer des antiken Römerreiches. Darüber hinaus wirft er ihm vor, er habe Ostrom einsam im Kampf mit den Türken gelassen. Gemessen aber an der Größe des alten römischen Weltreiches, das Brunis Maßstab ist, wirkt sein Urteil über Karl den Großen klein.

Der päpstliche Sekretär Biondo (um 1440) findet aus der Sicht der Kurie zu einem freundlicheren Karlsurteil: »Er bekehrte die Sachsen, besiegte die Hunnen (Awaren), zähmte die Sarazenen und schützte wirksamer als der byzantinische Kaiser die christliche Kirche.«

Papst Pius II. (1458–1464) meint, Karl habe sein Bestes gegeben im Kampf gegen die heidnischen Sachsen und in der Errichtung der geheimen Femegerichte. Für ihn ist Karl von Geburt und Erziehung ein Deutscher, auch wenn seine Mutter dem »byzantinischen Kaiserhaus entstammt«. Das Unglück der Deutschen in seiner Zeit – es ist das Deutschland des schwächlichen Habsburger Kaisers Friedrich III. (1440–1493) –, so findet der Papst, liegt daran, daß sie den Kaisern nicht mehr gehorchen, wie es ihre karolingischen Väter taten.

Machiavelli (1469–1527) springt mit Karl hart um. In seinem »Il Principe« nimmt er ihn nicht unter die vorbildlichen

Fürsten auf und folgert, er habe das Papsttum erhöht und das Kaisertum erniedrigt, indem er das Kaisertum aus der Hand des Papstes nahm und auch das Gericht über den Papst preisgegeben habe.

Ähnlich hart urteilt im Jahre 1520 der Reformator Martin Luther: Die vom Papst verliehene Kaiserwürde habe die Deutschen nicht zu Herren, sondern zu Knechten des Papstes gemacht; das kostete viel Blutvergießen und führte zur Unterdrückung der Freiheit.

Freundlicher urteilt Luthers Mitreformator Melanchthon um 1558. Er lobt Karls christliche Bildungspolitik, auch habe er Italien den Frieden gebracht, Gallien und Germanien vor Sarazenen und Ungarn (Awaren) geschützt, schließlich diese drei Länder vereinigt und als Monarch Europas Frieden, Religion und Zucht gefördert.

Die Franzosen haben Karl im altfranzösischen Rolandslied, »Chanson de Roland«, das um 1100 in Nordfrankreich entstanden ist, verewigt und für sich okkupiert. Es ist der einmalige Fall, daß eine Nation durch Lied und Dichtung eine Persönlichkeit anderen Stammes für sich gewinnt.

Um 1170 verfaßt ein Priester Konrad in Regensburg auch ein Rolandslied. Er tut dies im Auftrag Heinrichs des Löwen (1142–1180), der, selbst karolingischer Abstammung, dem Priester Konrad das französische »Chanson de Roland« zur Kenntnis brachte. Dieses deutsche Rolandslied muß vor dem Hintergrund von Karls Heiligsprechung im Jahre 1165 gesehen werden. Der Kaiser trägt darin die Kennzeichen der cluniazensischen Reform, ist fromm und bußfertig. Dennoch ist er Herr und Schutzherr der Kirche und der Papst eine Randfigur.

Die folgende Karlsdichtung, sei es der »Karl« des Stricker, eine epische Dichtung, die wohl um 1220–1250 entstanden ist, oder der »Karlmeinet«, eine im Anfang des 14. Jahrhunderts entstandene Dichtung von 35656 Versen, die das Leben Karls beschreibt – sie alle fußen, trotz großer Akzentverschiebung, auf dem nordfranzösischen »Chanson de Roland«. Für das »Chanson de Roland« ist Karl französischer Kaiser und Nationalheld, residierend in Paris. Im Rolandslied des Konrad ist Karl zwar auch noch Franzose, aber Kaiser des von ihm erneuerten römischen Reiches. Auch der Stricker übernimmt in seinem Karlswerk die Vorgabe des »Chanson de Roland« und sieht Karl als Franzosen, jedoch die Hauptstadt seines Reiches ist Aachen und den Deutschen kommt das Vorrecht zu, den Kaiser zu küren. Die Franzosen sehen Karl so sehr als einen der ihren, daß der französische König Ludwig XI. (1461–1483) bei Todesstrafe die Einhaltung des Karlskultes befiehlt.

Der französische Humanist Gaguin (1483) preist Karl als den Begründer des modernen Frankreich; er habe die 12 Pairs von Frankreich ernannt und sie der Gerichtsbarkeit des Senats unterstellt.

Er streicht die universellen Taten des frommen Kaisers heraus, der nach Toledo pilgerte und in Gemeinschaft mit dem Papst das römische Kaisertum wieder aufrichtete. Indem er den Glauben ausbreitete, wurde er zum Vorbild der allerchristlichsten Könige von Frankreich. Sogar einen Bibelkommentar soll er für die Pariser Universität geschrieben haben. Auch der westfälische Karthäuser Rolevink überläßt Karl den Franzosen. Er sieht in Karl den Stifter der Pariser Universität. Als Hinweis auf den Löwenmut und die Kampfkraft seiner sächsischen Vorfahren schreibt Rolevink, daß Karl nur mit äußerster Mühe die franzosenfeindlichen Sachsen niedergerungen habe. Als sich unter Kaiser Maximilian (1486–1519) der deutsch-französische Gegensatz immer mehr ausbreitet, beginnt eine Umkehr der Preisgabe Karls an den französischen Kulturkreis. Maximilian läßt durch seine Genealogen Karl den Großen als Blutsverwandten in seine Ahnenreihe aufnehmen. Der rheinische Abt Trithemius behauptet um 1495 im Sinne der Zeit, Karl sei nach Bildung und Gesinnung vielseitig, aber nach seinem Geburtsort

Ingelheim und seiner Muttersprache »natione alemanus« gewesen.

Der Schlettstädter Humanist Jakob Wimpfeling, Domprediger zu Speyer und seit 1498 Professor in Heidelberg, unterstreicht diese Richtung. Sich auf Papst Pius II. und Lupold von Bebenburg (1297–1363); Bischof von Bamberg, stützend, postuliert er: Karl sei der erste Kaiser der Deutschen. Er habe auf fränkischer Erde, wahrscheinlich in der Gegend von Lüttich, seine Jugend verlebt. »Daß er sich als Deutscher fühlte, erweist sich daran, daß deutsch seine Muttersprache war, an den Namen, die er seinen Kindern gab und an der Neubenennung der Monate und Winde. Das deutsche Aachen war seine Residenz und Grabstätte. In Deutschland vollbrachte er seine Großtaten, den Sachsenkrieg, die Gründung von Städten, Klöstern und Bistümern. Sein frommer Mut erwarb die Weltherrschaft, die den Deutschen nicht neu übertragen, sondern zu ihnen zurückgekehrt sei. Seitdem sind alle Kaiser Deutsche und die Franzosen tun Unrecht, sich gegen den Nachfolger und Nachfahren Maximilian zu wehren.«

Sofort antwortet der franziskanische Volksprediger Thomas Murner (1475–1537), der elegant nach der Art altfranzösischer Epen feststellte: Karl habe Sorge für die ganze Christenheit getragen. Er habe die Römer wegen ihrer Frömmigkeit, die Deutschen wegen ihrer kriegerischen Tüchtigkeit und die Westfranken wegen ihres Scharfsinns ausgezeichnet, also aus allen Völkern das Beste gemacht und für alle Völker, auch für Römer und Franzosen, durch Förderung von Glaubensleben, Bildung und Heerwesen das Beste getan; er sei der französischen Sprache ebenso mächtig gewesen wie der deutschen und zugleich »Gallus atque Germanus« gewesen.

In gleicher Versöhnlichkeit schreibt Marcus Wagener in seiner 1579 in Magdeburg erschienenen Chronik »Von den herrlichen und wunderlichen Taten Caroli Magni, des großmächtigen ersten deutschen Kaisers«: »Karl wurde zur Freude beider, der Deutschen und Franzosen geboren.«

Mit diesen schönen Worten könnte die Debatte um Karl in diesem Punkt beendet sein. Sie ist es aber nicht.

Nicht nur die Nationen streiten in der Folge weiter um Karl, nein, alle Geistesrichtungen benutzen ihn als Argument und Waffe für ihre Thesen. Trotz Luthers herbem Urteil über Karl bedient sich auch die deutsche Reformation seiner als »des Monarchen, der sich gegen den byzantinischen Bilderkult wandte«.

Der Frühaufklärer Leibniz sieht 1707 in Karl den großen Vollender, das unbestrittene Haupt einer einzigen und einigen Christenheit. In ihm verbinden sich Macht und Recht. Gerade darum aber verurteilt Leibniz den Sachsenmord Karls als verbrecherische Schandtat.

Im Jahre 1754 faßt Voltaire, die Speerspitze der französischen Aufklärung, die Kritik seiner Zeit und Geistesrichtung zusammen. Sie richtet sich zunächst nicht gegen die Person Karls, sondern gegen das von ihm geschaffene Bündnis von Thron und Altar, für Voltaire die Quelle des Unglücks kommender Jahrhunderte. Karl selbst ist für ihn Usurpator, ein Despot über Millionen christlicher Sklaven. Wo sich Freiheitswillen behaupten wollte, wie bei den Sachsen, wurde geschlachtet, gemetzelt und deportiert. Für Voltaire ist Karl das Urbild des finsteren Mittelalters und einer barbarischen Gesellschaftsordnung, vor allem aber der unheiligen Verbindung von Staat und Religion, von Sklaverei und Christentum.

Der britische Historiker Edward Gibbon (1737–1794) stimmt in seiner »Geschichte des Verfalls und Untergangs des römischen Reiches« dem Urteil Voltaires zu.

1784 tritt Johann Gottfried Herder (1744–1803) diesem Karlsbild entgegen. Er sieht in Karl einen altfränkischen Hauswirt, der gerecht, nach der Väter Art, seine Krongüter bewirtschaftete. »Er regierte fromm, gütig, gerecht und gebildet, mitunter aber auch mit barbarischer Gewalt. Im Grunde war Karls Politik erfolglos, aber erfolglos aus Karls Größe. Was er hinterließ, konnten seine Nachfolger nicht halten. Sein zerfallenes Reich wurde sein Grabmal, Frankreich, Deutschland und die Lombardei sind seine Trümmer.«

Der Schweizer Historiker Johannes von Müller sieht Karl in bürgerlicher Verklärung und altdeutscher Schlichtheit. Er schreibt 1786 über Karl:»Er gab der Welt Gesetze in Kleidern, die ihm sein Weib gemacht, und regierte nach dem Gesetz und dem Rat der Getreuen. In den Schranken der Verfassung leitete er ein armes Volk, dessen Freiheit es war, möglichst wenig zu bedürfen und für möglichst vieles brauchbar zu sein. Auch wenn er Fremde mit Blutschuld unterjochte, wollte er sie doch zu bürgerlicher Ordnung heranbilden.«

Eine besondere Nuance fügt Napoleon Bonaparte den Urteilen über Karl hinzu, als er dem Papst 1806 schreibt:»Je suis Charlemagne!« 1810 tritt Friedrich Schlegel diesem korsischen Hochmut entgegen. Gegenüber napoleonischer Tyrannis sieht er in Karl »den großen Gesetzgeber für das ganze abendländische Europa; denn er hat jenen christlichen Verein aller abendländischen Nationen, jene europäische Republik begründet, deren Ideal dem europäischen Staaten- und Völkersystem zum Grund liegt«, das der neue »Charlemagne« zerschlagen wollte.

Mit dem Historiker Heinrich Luden meldet sich 1828 eine Stimme des Liberalismus zum Thema Karl. Er ist der Einiger der deutschen Stämme und schafft dadurch ein deutsches Reich und die deutsche Nationalität. Mit Liebe betrachtet der liberale Historiker den großen Karolinger nicht. Er wirft ihm Verachtung der Menschenwürde und mangelnde Keuschheit vor. Ein Vorwurf, den der Mainzer Erzbischof und Parteigänger Napoleons, Karl Theodor von Dalberg, gegen Karl schon geltend gemacht hatte, als er von seinem

»geschmacklosen und ausschweifenden Hang zum weiblichen Geschlecht« gesprochen hatte.

Der Nestor der neueren Geschichtswissenschaft, Leopold von Ranke, kommt zu ausgewogenem Urteil. 1854 untersucht er die Fränkischen Reichsannalen und sieht in Karl den Gründer Deutschlands, dem auch Italien und Frankreich die nationale Identität verdanken. In seiner »Weltgeschichte« sieht er in Karl den Patriarchen des Abendlandes und den Vollstrecker der Weltgeschichte.

Wie sehr das Urteil über Karl von den geistigen Strömungen der jeweiligen Gegenwart geprägt wird, erleben wir an Bismarck, dem Gründer des kleindeutschen Reiches. Er sagt, die Erbschaft des von Karl dem Großen wiedererweckten römischen Kaisertums sei das Unglück Deutschlands gewesen, ein ausländischer, für die Nation ungesunder Gedanke. Bereits 1859 hatte Heinrich von Sybel (1817–1895) zur Festigung seiner kleindeutschen Politik die gleichen Gedanken vertreten:

»Die Macht seines Hauses (gemeint ist Karl und die Karolinger) war gewachsen, in stetem Kampf mit Heiden und Sarazenen, in fortdauernd tätigem Bunde mit der römischen Kirche. Er hatte allmählich Sachsen und Baiern, Gallier und Italiener, Slawen und Muselmänner unter sein Schwert gebeugt und hielt jede neue Eroberung mit den Kräften aller anderen unter seinem Fuße. Die Sachsen, die zu Hause eine Empörung nach der anderen versuchten, mußten ihm italienische Rebellen zu Paaren treiben; die Italiener, welche unaufhörlich in den Zügeln knirschten, mußten Truppen zur Unterwerfung Baierns und dann wieder Baiern Streitkräfte zur letzten Bändigung Sachsens stellen. Sein Reich hatte keine nationale Grundlage; er mußte vor allem darauf sehen, aus so vielen Elementen ein festes kaiserliches Heer zu schaffen, und nichts konnte ihm für eine hierzu passende Bereitung der Gemüter besser dienen, als das Bild jener politisch-religiösen Weltmonarchie, in welcher der oberste

Herrscher statt der engen nationalen, eine breite theokratische Unterlage empfing.

Niemand wird, ich wiederhole es, die ideale Größe oder die religiöse Aufrichtigkeit in Abrede stellen, welche in jenem Herrschergedanken des gewaltigen Kaisers zutage tritt. Wohl aber drängt gleich hier sich unsere Frage auf: kann man ein Amt, dessen innerstes Prinzip gerade die Vertilgung des nationalen Charakters, dessen permanente Aufgabe die unterschiedslose Einpressung aller Nationalitäten in eine halbgeistliche Weltmacht ist, kann man ein solches Amt als das naturgemäße Organ einer nationalen Staatsgewalt bezeichnen? Man sage nicht, daß eine solche Frage aus modernen Vorstellungen entspringe, die in eine altertümliche Zeit nicht passen. So unentwickelt die politische Bildung des 9. Jahrhunderts, so embryonisch das Nationalbewußtsein der damaligen Deutschen war: soviel war auch ihnen deutlich, daß eine solche Verquickung politischer und kirchlicher Dinge den Staat notwendig in eine Priesterherrschaft verwandeln, daß eine solche Weltumfassung dem Leben durch Vertilgung der nationalen Eigentümlichkeit seinen Wert rauben müsse.«

Das Karlsbild des Nationalsozialismus und seines Chefideologen Alfred Rosenberg (1895–1946) orientiert sich an dem Engländer Houston Stewart Chamberlain, der in Karl einen verhängnisvoll eifrigen Römling sieht. Dem Werk Chamberlains »Die Grundlagen des 19. Jahrhunderts« entnehmen wir folgende Sentenzen: »Doch verhinderte das Alles nicht, daß gerade er (Karl) das Papsttum aufrichtete, indem er ihm Macht und Ansehen verlieh und indem er jener Verquickung von deutschem Königtum mit römischem Christentum Vorschub leistete, von der bisher keine Rede gewesen war und die von nun an wie ein Alp auf Deutschland lastete . . . Ja, wenn nur Karls Versuche geglückt wären, sich die Kaiserkrone nicht von den Römern, sondern von Byzanz aus verleihen zu lassen, so wäre die kirchliche Unabhängigkeit

der Germanen nie ernstlich gefährdet worden... aus dem
›De civitate Dei‹ entnahm Karl seine Pflicht zur gewaltsamen
Bekehrung, wozu er vom Papst, der ihm den Titel eines
›Christianissimus Rex‹ verlieh, unaufhörlich angetrieben
wurde...«
1935 sollte Karl der Beiname »der Große« aberkannt werden.
Als deutschen Urhelden wollte das Dritte Reich den Sach-
senführer Widukind sehen und nicht mehr Karl, der für
seine Verbrechen am sächsischen, sprich, deutschen Volk,
von Rom zum Heiligen erhoben worden war.
Diese perfiden Angriffe führten zu einer Sternstunde deut-
scher Geschichtsschreibng. In einer Arbeit »Karl der Große
oder Charlemagne« traten acht deutsche Historiker: Karl
Hampe, Hans Naumann, Hermann Aubin, Martin Lintzel,
Friedrich Baethgen, Albert Brackmann, Carl Erdmann und
Wolfgang Windelband gegen diese Geschichtsklitterung an.
In einer geschickt aufgebauten Fiktion, eine Ehrenrettung
Karls gegen französischen Chauvinismus zu betreiben, rück-
ten sie das Geschichtsbild wieder ins rechte Licht.[9]
Sie zeichneten Karl als Brückenbauer zwischen Germanen-
tum und Christentum und einen Retter des antiken Erbes.
Unter dem Eindruck der eigenen Siege, die dem Dritten
Reich ein Territorium bescherten, das fast karolingische Aus-
maße hatte, erkannte man später in Karl wieder die große
Integrationsfigur. Ein Zeichen dafür war die Schaffung der
Divsion Charlemagne, in der romanische Freiwillige die Ehre
hatten, ihr Blut für großdeutsche Ziele zu vergießen.
Rekapitulieren wir dieses Kapitel, das wesentlich auf der
Arbeit von Arno Borst: »Das Karlsbild in der Geschichtswis-
senschaft vom Humanismus bis heute« basiert, so ist leicht
zu erkennen, daß Karl bald von dieser Gruppe, bald von
jener, okkupiert oder abgelehnt wird. Es gibt einen Karl der
Katholiken und der Protestanten, einen Karl der Deutschen
und der Franzosen, einen Karl der Aufklärung und der
Restauration, einen Karl der Kleindeutschen und der Groß-

deutschen. Auch das dritte Reich besetzt den Karlsbegriff unter wechselnden Vorzeichen für sich und seine jeweiligen Zwecke. Das Karlsbild wurde und wird verstellt von den Wertmaßstäben und Philosophien des jeweiligen Zeitgeistes. Machiavelli verwirft Karl, weil er nicht der wertfreie Machtpolitiker ist, wie ihn der Florentiner in seinem Bildnis des vorbildlichen Fürsten gezeichnet hat.

Martin Luthers Kritik gipfelt in dem Vorwurf, Karl habe nicht seine, des Reformators, antipapistische, antirömische Lehre vertreten und nicht in diesem Sinne gehandelt.

Karl konnte auch nicht im Sinne der Aufklärung wirken, wie es sich Voltaire wünschte. Die von dem französischen Philosophen verfluchte Einheit von Thron und Altar war wichtig, um der jungen Dynastie der Karolinger einen sakralen Halt gegen den Mythos germanischer Geblütsheiligkeit zu geben. Und schließlich war das Bündnis von Thron und Altar die einzige Möglichkeit, ein unwissendes Volk zu den Quellen der Bildung zu führen, die fest in den Händen derer waren, die die Macht der Altäre verkörperten.

Bismarcks Vorwurf an Karl läuft vereinfacht darauf hinaus, daß der Karolinger es 1000 Jahre zuvor versäumt habe, Bismarcksche Reichspolitik auf der Grundlage der politischen Fakten der Jahre 1860 bis 1870 zu betreiben.

Auch der Vorwurf, den Heinrich von Sybel im Namen des kleindeutschen Nationalismus erhebt: Karl habe den nationalen Charakter der Deutschen eingestampft in sein abendländisches Großreich – trifft nicht. Es gab zu dieser Zeit weder Deutsche noch Franzosen, und es gab noch nicht einmal das von Sybel angeführte »embryonische deutsche Nationalbewußtsein«.

Und wer Karl vorwirft, er habe die Deutschen auf den Weg nach Süden getrieben, verkennt den Tatbestand.

Der Traum vom Süden war kein Traum nach Licht und Sonne. Er war geboren aus der Armut, aus der Not der Landschaften jenseits von Rhein und Elbe.

Tacitus beschreibt diese Länder 700 Jahre früher so: »Das Land zeigt zwar im einzelnen einige Unterschiede; doch im ganzen macht es mit seinen Wäldern einen schaurigen, mit seinen Sümpfen einen widerwärtigen Eindruck. Gegen Gallien hin ist es reicher an Regen, nach Noricum und Pannonien windiger. Getreide gedeiht, Obst hingegen nicht; Vieh gibt es reichlich, doch zumeist ist es unansehnlich . . . Silber und Gold haben ihnen die Götter – ich weiß nicht, ob aus Huld oder Zorn – versagt.«

Aus diesem Land der Armut, das sich in den folgenden 700 Jahren kaum verändert hatte, in den Reichtum Italiens hineinzuführen, in diesen blühenden Garten, in die Kultur und Fülle seiner Städte, wo Gold und Silber im Übermaß vorhanden waren, das war die Absicht germanischer Fürsten und zu dieser Heerfahrt fanden sie jubelnde Gefolgschaft. Dieses Italien war kein Land der Wegelosigkeit wie das damalige Deutschland. Aus dem Erbe Roms waren überkommen: 372 Haupt- und Fernstraßen in einer Gesamtlänge von 18000 Kilometern.[10] (Zum Vergleich: das Autobahnnetz der Bundesrepublik Deutschland beträgt zur Zeit 9000 Kilometer!)

Dieses reiche Italien in sein Imperium eingeflochten zu haben, germanische Vitalität und Kampfkraft mit italienischem Reichtum und Luxus, mit römischer Kultur zu verbinden und dennoch im Osten, zwischen Rhein und Elbe, künftige deutsche Kernlande in das gleiche Reich einzubinden, überwölbt durch eine gemeinschaftliche Gottesidee, das war die Großtat des Karolingers.

Befreien wir uns von Vorurteilen, von engen, zeitgebundenen Maßstäben, orientieren wir uns an dem, was war, an den Taten, den Ideen, die uns überkommen sind, an den Möglichkeiten der Zeit, dann berührt uns über ein Jahrtausend hinweg die Größe einer beispiellosen Lebensleistung.

Das Bildnis des Kaisers

Unter den vielen Karlsdarstellungen, authentische gibt es nicht, sind zwei von besonderem Rang: Die Reiterstatuette aus dem Schatz der Metzer Kathedrale und das Karlsbild Dürers in Nürnberg.

Die Metzer Statuette, die nach vielerlei Irrwegen ihren Platz als Nationaldenkmal im Louvre gefunden hat, ist nach Stil, Tracht und Attributen sowie dem Typus des rundschädeligen Kopfes, mit Sicherheit das Bildnis eines karolingischen Herrschers. Wir wissen nicht, ob Karl so war, aber er könnte so gewesen sein.

In der Metzer Reiterstatuette, so sagen die Kunsthistoriker, lebt mit größerer Wahrscheinlichkeit als in jedem anderen Karlsbild der erste Kaiser des Abendlandes.

Percy Ernst Schramm spricht von einem Erinnerungsbild. W. Köhler hat die Stilmerkmale aufgeführt und ordnet sie der gleichen Hofkultur zu wie den Pinienzapfen und die rätselvollen Gitter und Türen im Aachener Dom.

Die Statuette zeigt uns einen großen, dennoch gedrungen wirkenden Mann zu Pferde, mit rundem Kopf und kurzem Hals, so, wie Einhard uns Karl geschildert hat.

In herrscherlicher Pose, mit Lilienkrone und Schwert, ist er ein Mann des Schicksals. Pferd und Reiter sind durchdrungen von gemeinsamer Vorwärtsbewegung. Vor unseren Augen erscheint ein sehr diesseitiger, germanischer Fürst, für den Regieren, Rechtsprechen und Ordnen mit Reiten von Ort zu Ort verbunden ist.

Ein Bildnis voller Kraft und innerer Würde.

Anders das Dürerbild, über dessen Entstehung wir mehr wissen. Im Jahre 1510 gab der Rat der freien Reichsstadt Nürnberg bei Dürer dieses Bild in Auftrag, zusammen mit dem Gegenstück eines Bildnisses von Kaiser Sigismund (1410–1437).

Die Bilder waren bestimmt für die Heiligtumskammer im

Schopperschen Haus in Nürnberg am Markt. Der Auftrag an Dürer lautete, den Kaiser mit Ornat und Krönungsinsignien, der Kaiserkrone, dem Zepter, dem Reichsapfel und dem Reichsschwert darzustellen. Das Karlsbild wurde in den Jahren 1512–13 gemalt. Die Inschrift des schweren Goldrahmens mit einem breiten blauen Mittelfeld in goldenen Lettern lautet:

»Dis ist der Gestalt und biltnus gleich / Kaiser Karlus der das Remisch reich / Den teitschen under tenig macht / Sein Kron und Klaidung hoch geacht / Zaigt man zu Nürenberg alle Jar / Mit andern haltum offenbar.«

Aus blauem Hintergrund erwächst die Gestalt des Kaisers. Siebenhundert Jahre ist er nun durch die Geschichte geschritten, und Völker und Zeiten haben sein Bildnis geformt und verwandelt. Dies ist nicht mehr nur der kaiserliche Held, der mit dem Schwert ein Weltreich fügte.

Es ist die Summe aller Träume vom gerechten Kaiser, die sich mit der Person Karls verbunden haben.

Es ist die Hoffnung der geschundenen, enttäuschten und betrogenen Menschheit auf Gerechtigkeit.

Die Bildkomposition in Blau und Gold wird zu drei Vierteln beherrscht von der Figur des Kaisers. Goldstola und Krönungsmantel wachsen zu einem majestätischen Dreieck, dessen Gipfelpunkt das mit der Reichskrone gekrönte Haupt des Kaisers ist. Rechts und links die Wappen des Reiches und Frankreichs. Sie bewahren Haupt und Krone davor, alleiniger, fast hypnotischer Blickpunkt des Bildes zu werden. Die Wappen erinnern aber auch daran, daß es nicht nur um die Person, sondern auch um die Ziele geht, denen der Kaiser diente.

Unter den Wappen, die den blauen Hintergrund aufgliedern, die Worte in Goldschrift: »Karolus magnus impavit annis 14.«

Unter der juwelengeschmückten Reichskrone schaut uns, mit weitgeöffneten Augen, das Antlitz eines Priesterkönigs an, die eindringliche Suggestion von Heiligkeit und Macht. Die linke Hand des Kaisers trägt den Reichsapfel mit dem Kreuz, ein Hinweis auf die Geschlossenheit der christlichen Welt, für die der Kaiser steht.

Aus der Rechten des Kaisers erwächst das große Reichsschwert, das die Krone fast überragt. Dieses Schwert ist nicht mehr Waffe, sondern Zeichen der richtenden Majestät. Die Reiterstatuette von Metz verströmt keine Sakralität wie das Dürerbild. Sie ist von erregender Gegenwärtigkeit, von einer anpackenden, aktuellen Realität.

Das Kaiserbild von Dürer hingegen atmet eine nie verlöschende, aber auch nie zu verwirklichende Idealität.

Nachklang

Die Karolinger haben der europäischen Welt nicht nur das Schauspiel ihrer Taten und Werke hinterlassen. Sie haben dem Leben der europäischen Menschheit noch auf andere Weise ihren Stempel aufgedrückt.

Erich Brandenburg hat in seinem Werk:»Die Nachkommen Karls des Großen, I.–XIV. Generation«, Leipzig 1935, die Karlsnachkommen sichtbar gemacht und stellt sie als Fundament des europäischen Hochadels vor, der bis ins 19. Jahrhundert die Herrschaftsmacht in Europa darstellt.

K. F. Werner hat in»Die Nachkommen Karls des Großen bis um das Jahr 1000«, Düsseldorf 1967, die Arbeit Brandenburgs bis zur 8. Generation präzisiert. Ein Ergebnis beider Arbeiten ist die Erkenntnis, daß in den ersten 14 Generationen (die erste Generation beginnt mit Karl) nicht weniger als 2075 gesicherte Karlsnachkommen ermittelt werden können. Dazu zählen weitere 775 Personen, die als wahrscheinliche Karlsnachkommen gelten. So erhöht sich der Kreis der »gesicherten« und »wahrscheinlichen« Karlsabkömmlinge auf insgesamt 2850 Personen.

In der 14. Nachkommensgeneration, das heißt, in der ersten Hälfte des 12. bis zur zweiten Hälfte des 13. Jahrhunderts, sind 984, also fast 1000 Menschen karolingischer Herkunft und ihre Todesdaten erfaßt. In ihnen stellt sich zu Beginn des Spätmittelalters fast der gesamte europäische Hochadel dar. Dieser, und das ist ein weiteres interessantes Ergebnis der Recherchen Brandenburgs, stammt meistens nicht nur einmal, sondern in der Regel mehrfach von Karl dem Großen ab. Die Nachkommenschaft Karls fühlte sich so elitär, daß sie sich, in einem allerdings großen Personenkreis, gegenseitig ehelichte, was zu einem überdurchschnittlichen »Ahnenschwund« führte.[11]

In der 7. Generation zieht K. F. Werner einen Vergleich, inwieweit in den Quellen Männer und Frauen als Karlsnachkommen genannt werden. Er findet, daß von insgesamt 359 Karlsnachkommen 229 Männer und nur 130 Frauen erwähnt sind.

Das Mißverhältnis ist augenscheinlich und dokumentiert, wie wenig Beachtung die Frau in der Geschichte, im Gegensatz zum Manne gefunden hat. So wird uns das Leben und Wirken einer großen Anzahl karolingischer Frauen für immer unbekannt bleiben.

Aber selbst unter den von K. F. Werner erfaßten 130 Frauen der siebten Generation stellt sich ein weiterer »Schwund« von Karolingernachkommen ein, weil die ungenauen Quellen oftmals nur die Existenz, aber nicht die Namen der Karolingerfrauen nennen, geschweige ihr Leben und Schicksal.

K. F. Werner macht die Dunkelziffern an zwei exemplarischen Beispielen sichtbar. Zum ersten fragt er nach den Lebensschicksalen der 5 Töchter des Karlssohnes König Pippin von Italien, die bei Einhard genannt sind. Blieben Adalhaid, Atula, Gundrada, Berthaid und Theodorada, so ihre Namen, unvermählt? Hatten sie keine Nachkommen?

Wir wissen es nicht.
Zum zweiten stellt er die Frage nach den 6 Töchtern König
Karls III. (893–923) von Westfranken, die er mit seiner ersten
Frau Frederuna hatte.
Die Geschichte schweigt über sie.
Wenn dieses Ignorieren von bedeutenden Karolingerfrauen,
die dem Hauptstamm so nahe waren, möglich war, wie
würde die Nichtbeachtung der Frauen erst in den Seitenlinien sein?
Dieses Versinken der Karolingernachkommen in der
Geschichte verbirgt für immer die ganze personale Größe
dieses Geschlechts. Zwar glänzen die großen Namen der
europäischen Geschichte auf, die uns durch E. Brandenburg
und K. F. Werner als Karlsnachkommen sichtbar gemacht
worden sind,
die Grafenhäuser
der Herren: von Anjou,
                               von Blois und Champagne,
                               von Vermandois,
                               von Stade,
                               von Macon,
                               von Nevers,
                               von Provence,
                               von Burgund,
                               von Hennegau,
                               von Savoyen,
                               von Poitou,
                               von Westfriesland (Holland),
                               von Flandern,
                               von Guines,
                               von Luxemburg,
                               von Salm,
                               von Genf
                               von Maine;
die Herzöge: von Burgund,

von Schwaben,
von Brabant,
von Aquitanien,
von Gascogne,
von Baiern (Welfen),
von Normandie,
von Oberlothringen,
von Niederlothringen,

ebenso wie das
Königshaus   von Frankreich
und das salisch/
staufische   Kaiserhaus.

Aber über diese großen Namen hinaus fließt der Lebensstrom der Karolinger ja auch in den niederen Adel und über ihre Friedelfrauen sicher auch ins Volk.

Wenn die Frauen der Karlsnachkommenschaft der 7. Generation gleichermaßen bekannt wären wie ihre Männer, wenn ihre ehelichen Verbindungen und Kinder ersichtlich wären, so erhöhte sich die Karlsnachkommenschaft erheblich. Überträgt man diese Überlegungen auf die von E. Brandenburg festgestellten Karlsabkömmlinge der 14. Generation, die er ja auf 2850 Personen beziffert, so müssen Tausende von Karolingern Europa bevölkert haben, über den Hochadel, den Adel bis hin ins Volk.

So haben die Karolinger ihre Völker und ihre Zeit nicht nur beherrscht und gestaltet, sondern sie auch in die Zukunft hinein genetisch geprägt.

Angesichts dieser Fülle steigt ein Bibelwort auf aus dem Traum des Jakob:

»Und dein Samen soll werden wie der Staub auf Erden und du sollst ausgebreitet werden gegen Abend, Morgen, Mitternacht und Mittag und durch dich und deinen Samen sollen alle Geschlechter gesegnet werden.«
Mose 1. Kap. 28, 14.

Angesichts der biblischen Fülle von Karlsnachkommen darf,

wer es wünscht, glauben (vor allem wenn er ein Bewohner der alten Francia ist), daß auch in ihm ein Blutstropfen jenes mächtigen Geschlechts rinnt, dem Europa, trotz all seiner Widersprüche, seine Identität und sein unverwechselbares Bewußtsein verdankt.

ANMERKUNGEN

Das Geheimnis eines Grabes

1 Dies wird verdeutlicht durch die nachfolgend beschriebene Grabestheorie des Aachener Dombaumeisters Prof. Dr. Leo Hugot. Die Kenntnis davon erhielt ich durch Aufsätze und Zeitungsberichte des früh Verstorbenen, die mir seine Witwe, Frau Dorothée Hugot, dankenswerterweise zur Verfügung stellte.
2 Diese Verfügung ist in einer Urkunde vom 13. Januar 769 enthalten, durch welche Karl das Kloster des hl. Deodat (St. Dié in den Vogesen) dem Kloster St. Denis schenkte. Siehe: Abel/Simson, »Jahrbücher des Fränkischen Reiches unter Karl dem Großen«, aber auch bei Mühlbacher Nr. 128; Tardif, S. 52.
3 Widukind von Corvey, »Res gestae Saxonicae.« Liber secundus. 1. Übersetzt von E. Rotter und B. Schneidmüller, Reclam.
4 Thietmar von Merseburg, »Chronicon.« Liber II. in der Übersetzung von Holzmann/Trillmich. Darmstadt 1974.

Geheimnisse eines Lebens

1 Eine der wichtigsten Quellen der frühen Merowingerzeit, reich an stofflichem Material, wenn auch literarisch nicht hochstehend, sind die »Zehn Bücher Geschichten« (Historiarum Libri Decem) des aus Senatorenadel stammenden Bischofs Gregor von Tours († 593/94).
Wichtig ist auch die Chronik des Fredegar, ein Autorenname, der im 16. Jh. aufgekommen ist. Sie behandelt die Zeit von 584 bis 642/43. Nach vorherrschender Meinung hat die Chronik 3 Autoren, zwei Burgunder und einen Austrier, und wurde geschrieben etwa

613, 642 und 758, nach älterer Meinung wurde sie von einem einzigen Autor um 658 verfaßt.

2 Siehe Engelbert Mühlbacher,»Deutsche Geschichte unter den Karolingern«, S. 43.
3 Kapitular von Herstal von Karl dem Großen, 779.
4 Siehe Engelbert Mühlbacher,»Deutsche Geschichte unter den Karolingern«, Bd. 1, S. 52, aber auch Reichsannalen unter den Jahren 745 und 746.
5 Siehe Engelbert Mühlbacher,»Deutsche Geschichte unter den Karolingern«, S. 30.
6 Siehe Reichsannalen unter dem Jahre 749.
7 Näheres über das Schenkungsversprechen von Quierzy, das 774 von Karl d. Gr. bestätigt wurde, findet sich in der Vita Hadriani des Liber pontificalis.
8 Die Reichsannalen datieren Karlmanns Tod in das Jahr 755.
9 Die Reichsannalen berichten ausführlich darüber unter dem Jahr 757.
10 Siehe Abel/Simson,»Jahrbücher des Fränkischen Reiches unter Karl dem Großen«, S. 81.
11 Erhellend dazu, daß Paulus Diaconus diese Ehe Karls in den Gest.epp. Mett. ganz übergeht.
12 Die Reichsannalen handeln diesen Vorgang unter dem Jahre 771 knapp, aber erschöpfend ab.
13 Abel/Simson belegen den Cathvulfbrief bei Jaffé IV 336f., Cod. Carolin. Nr. 1 (um 775 geschrieben).

Die Taten eines Lebens – Das Wirken nach außen

1 Paulus Diaconus hat ihr in einer Grabschrift ein Denkmal gesetzt und zugleich ihren Todestag fixiert. (Poet. Lat. aev. Carolin. I, 58, v. 3–16).
2 Siehe Annales Laur. mai. SS. I., 148.
3 Siehe: Vita Hadriani I.c.
4 Wolfgang Braunfels,»Die Welt der Karolinger«, München 1968.
5 Siehe: Reichsannalen unter dem Jahre 793.
6 Siehe: Vita Hadriani S. 495.
7 Annales Laur. mai.l.c.
8 Siehe: Vita Hadriani l.c. S. 498.
9 Siehe: Reichsannalen unter dem Jahre 781.

10 Siehe: Annales Einhardi, SS. I, 153.
11 Siehe: Annales Einhardi, SS. I, 155.
12 Siehe: Reichsannalen unter dem Jahre 776.
13 Siehe: Reichsannalen unter dem Jahre 776.
14 Siehe: Annales Einhardi l.c.
15 Siehe: Reichsannalen unter dem Jahre 782.
16 Siehe: Engelbert Mühlbacher,»Deutsche Geschichte unter den Karolingern«, 1980 Ndr. Darmstadt, S. 121–122.
17 Siehe: Reichsannalen unter dem Jahre 785.
18 Siehe: Abel/Simson, Jahrbücher des Fränkischen Reiches unter Karl dem Großen. Bd. I, S. 508–509.
19 Siehe: Widukind von Corvey,»Res gestae Saxonicae.« Liber primus, Absatz 3–7. Übersetzt von E. Rotter und B. Schneidmüller, Reclam.
20 Siehe: Die Bittschrift von Richards Sohn an Ludwig den Frommen: Epist. Moguntin. I.c.
21 Siehe: Reichsannalen unter dem Jahre 778.
22 Siehe: Reichsannalen unter dem Jahre 763.
23 Siehe: Reichsannalen unter dem Jahre 787. Nach den Annales Laur.mai. scheint Papst Hadrian Tassilo und auch seine Gesandten mit dem Anathem (Bann) bedroht zu haben.
24 Siehe: Reichsannalen unter dem Jahr 787.
25 Siehe: Josef Fleckenstein,»Karl der Große«. 1962, S. 47.
26 Die Annales Einhardi sprechen von einem – crimen maiestatis – des Tassilo.
27 Wolfram von den Steinen,»Karl der Große« Leben und Briefe, Breslau 1928, – An die Königin Fastrada – (Ep. IV, 528), S. 81.
28 Siehe: Karl Brunner,»Oppositionelle Gruppen im Karolingerreich«, 1979. Siehe auch: Abel/Simson,»Jahrbücher des Fränkischen Reiches unter Karl dem Großen«, Bd. 1 unter dem Jahr 786. Dunker und Humblot, Berlin, Ndr. 1969.
29 Am ausführlichsten berichtet über Gerolds Tod Einhard in»Vita Caroli Magni«, c. 13.
30 Siehe: Abel/Simson,»Jahrbücher des fränkischen Reiches unter Karl dem Großen«, Ndr. Berlin 1969, Bd. II, S. 196–98.
31 Siehe: Einhard Annalen aber auch – Dahlmann,»Geschichte von Dänemark«, Bd. I., S. 21 ff.

1 Siehe: K. F. Werner,»Bedeutende Adelsfamilien im Reich Karls des Großen«, in Karl der Große, Lebenswerk und Nachleben Bd. 1, hrsg. von Wolfgang Braunfels, 1965

2 Siehe:»Capitulare missorum generale«, von 802. S. 91–92.

3 Siehe: Peter Berghaus,»Das Münzwesen«, Ausstellungskatalog »Karl der Große«, Werk und Wirkung 1965.

4 Siehe: J. Werner,»Fernhandel und Naturalwirtschaft im östlichen Merowingerreich nach archaeologischen und numismatischen Zeugnissen«, in Berichte der röm.-germ. Komm. XLII. 1961.

5 Siehe: Pierre Riché,»Die Welt der Karolinger«, 2. Teil, S. 142, 1981.

6 Siehe: Theodor Schieder,»Die wirtschaftliche und soziale Grundstruktur des frühen Europa«. Bd. 1, S. 108, Handbuch der europäischen Geschichte, Hrsg. Theodor Schieder, 1979.

7 Siehe: Edith Ennen,»Frauen im Mittelalter«, S. 16, 1985.

8 Siehe:»Monumenta Germaniae Historica«, Leges, sectio II, Capitularia Regnum Francorum, Bd. 1, Teil 1, 1883.

9 Siehe: Heinz Ritter-Schaumburg,»Die Nibelungen zogen nordwärts«, S. 44–47, 1981.

10 Siehe: Heinrich Mitteis,»Der Staat des hohen Mittelalters«, S. 79, Ndr. 1980.

11 Siehe: Josef Fleckenstein,»Karl der Große und sein Hof«, in Karl der Große, Lebenswerk und Nachleben, Bd. 1 Hrsg. Wolfgang Braunfels, 1965.

12 Siehe: Wolfgang Braunfels,»Der Aachener Hof und seine Kultur«, in Karl der Große, Werk und Wirkung, Ausstellungskatalog 1965.

13 Siehe: Gustav Freytag,»Bilder aus der deutschen Vergangenheit«. 5 Bde. 1859–67.

14 Siehe Barbara Beuys,»Familienleben in Deutschland«, S. 47, 1980.

15 Ausführlicher über die Interpretation des Gelasiusbriefes bei: W. Ennslein: HJB 74 (1955) S. 661 ff., auf dessen Übersetzung sich das Gelasiuszitat stützt.

16 Siehe: Wolfram von den Steinen,»Karl der Große«, Leben und Briefe, Breslau 1928 – An Papst Leo III. 796 (ib. 136).

17 Wolfram von den Steinen,»Karl der Große« Leben und Briefe, Breslau 1928 – An einen Erzbischof – (wahrscheinlich Lul von Mainz 754–86), (Ep. IV, 532).

18 Wolfram von den Steinen,»Karl der Große« Leben und Briefe, Breslau 1928 – An Baugolf, Abt von Fulda 779–800 (ib. 79).

19 Wolfram von den Steinen,»Karl der Große« Leben und Briefe, Breslau 1928 – An Elipand, Erzbischof von Toledo – 794, (Concil. II, 158).

20 Wolfram von den Steinen,»Karl der Große« Leben und Briefe, Breslau 1928 – An Angilbert – 796 (ib. 135).

21 Siehe: Jaffé IV, 378–379 (Epist. Carolin. 20). Nach der Übersetzung von Abel/Simson in:»Jahrbücher des Fränkischen Reiches unter Karl dem Großen«, Bd. 2, S. 230/31.

22 Percy Ernst Schramm,»Kaiser Rom und Renovatio«. Ndr. 1984, S. 17.

Die Menschlichkeit eines Lebens

1 Siehe: Theodulf. carm. 25 v. 83, 85, v. 84–90.

2 Siehe: Alcuin. epist. 128 S. 514–515 und Alcuin. epist. 59 S. 294.

3 Siehe: Alcuin. epist. 138. In einem Brief an den Ebf. v. Salzburg (Alcuin. epist. 125) führt Alkuin zum Thema des Todes an:»daß es dem Christen nicht anstehe, über das Abscheiden ihm teurer Menschen, welche ein würdiges Leben hinter sich haben, zu trauern.«

4 Siehe: Gest. abb. Fontanell. (St. Wandrille) 16 Ssr. II, 291.

5 Siehe: Alcuin. epist. 57, 58, S. 286. Daß der Friede zwischen Karl und König Offa wiederhergestellt ist, zeigt sich daran, daß Karl dem Offa aus dem Awarenschatz ein kostbares Schwert, einen Schwertgürtel und zwei seidene Mäntel schenkt und zwar im Jahre 796. Siehe dazu: Alcuin. epist. 57, S. 289.

6 Siehe: Abel/Simson,»Jahrbücher des Fränkischen Reiches unter Karl dem Großen«. Ndr. 1969, Bd. 1, S. 450.

7 Zu den Zeugen des Karls-Testaments siehe: Karl Brunner,»Oppositionelle Gruppen im Karolingerreich«, 1979, S. 70–83.

Die Nachwirkungen eines Lebens

1 Siehe: Nithardi Historiae, Neubearbeitet von R. Rau, Ndr. 1980, S. 481, in Quellen zur karolingischen Reichsgeschichte.

2 Ohrenzeugenbericht des Thangmar in der Vita S. Bernwardi, (M. G. SS. IV. S. 770), hier im Anschluß an die Übersetzung bei Hartmann a. a. O. S. 143 und F. Gregorovius,»Geschichte der Stadt Rom im Mittelalter«. III. S. 480.

3 Siehe: J. Leuschner, »Kirche des Mittelalters«, Stuttgart, S. 18.
Ich bin erstaunt, wie summarisch die Historiker diese 27 Punkte
behandeln. Selbst ein so großer Historiker wie Haller behandelt
dieses wichtige Dokument nur in wenigen Punkten. Ich möchte
dem Leser einmal den ganzen Text zugänglich machen, damit er
die Bedeutung des päpstlichen Machtanspruches kennenlernen
kann.
1 Daß die Römische Kirche allein vom Herrn gegründet sei.
2 Daß allein der römische Papst (pontifex) zu Recht universal
genannt wird.
3 Daß dieser allein Bischöfe absetzen oder begnadigen dürfe.
4 Daß sein Legat allen Bischöfen im Konzil vorsitze, auch wenn er
geringeren Weihegrades ist, und daß er gegen sie einen Abset-
zungsspruch fällen dürfe.
5 Daß der Papst Abwesende absetzen dürfe.
6 Daß man mit von ihm Exkommunizierten unter anderm nicht im
gleichen Hause weilen dürfe.
7 Daß es ihm allein zukomme, nach der Zeit Notwendigkeit neue
Gesetze zu erlassen, neue Gemeinden zu bilden, aus einem Kano-
nikat eine Abtei zu machen und umgekehrt, ein reiches Bistum zu
teilen und arme zu vereinen.
8 Daß er allein die kaiserlichen Insignien führe: Stirnreif, Phrygium (eine Art weißer Fellmütze), Purpurkleidung, Aufzug mit
Fahne und Vorreitern, weiße Pferdedecken, die roten senatorische
Schuhe für das priesterliche Gefolge u. a., vor allem den Reitknechtdienst (Stratordienst) des Kaisers.
9 Daß allein des Papstes Füße alle Fürsten der Welt küssen sollen.
10 Daß sein Name (Papst) allein in den Kirchen angerufen werde.
11 Daß dieser Name einzig in der Welt sei.
12 Daß es ihm zukomme, Kaiser abzusetzen.
13 Daß es ihm zukomme, im dringenden Notfall Bischöfe von
einem Bischofssitz zum anderen zu versetzen.
14 Daß er von jeder Kirche, wo immer er wolle, einen Geistlichen
weihen dürfe.
15 Daß ein von ihm Geweihter einer anderen Kirche vorstehen,
aber nicht dienen kann, und daß er von einem anderen Bischof
nicht eine höhere Weihe empfangen darf.
16 Daß keine Synode ohne seinen Befehl eine allgemeine genannt
werden dürfe.

17 Daß kein Rechtssatz (capitulum) und keine Rechtssammlung (kirchenrechtliches Buch) ohne seine Billigung gelte.

18 Daß sein Spruch von keinem anderen widerrufen werden dürfe und daß von allen allein er widerrufen könne.

19 Daß er von niemandem gerichtet werden dürfe.

20 Daß keiner jemanden zu verdammen wage, der an den apostolischen Stuhl appelliert.

21 Daß die »Causae maiores« jeder Kirche vor ihn gebracht werden sollen. (Causae maiores sind die eigentlich dem Bischof, jetzt dem Papst vorbehaltenen Rechtsfälle und Verwaltungsakte der Kirche, z. B. Gericht über weltliche Fürsten, Ein- und Absetzung von Bischöfen, aber auch Heiligsprechung.)

22 Daß die römische Kirche niemals geirrt hat und, nach Zeugnis der heiligen Schrift, in Ewigkeit niemals irren wird.

23 Daß der römische Papst, wenn er rechtmäßig geweiht ist, durch die Verdienste des heiligen Petrus unbezweifelbar heilig wird, wie der heilige Ennodius, Bischof von Pavia bezeugt, dem viele heilige Väter beipflichten, wie in den Dekreten des heiligen Papstes Symmachus steht.

24 Daß auf seinen Befehl und mit seiner Erlaubnis Untertanen klagen dürfen.

25 Daß er ohne Zusammentritt einer Synode Bischöfe absetzen und begnadigen dürfe.

26 Daß nicht für katholisch gehalten werde, wer nicht mit der Römischen Kirche übereinstimmt.

27 Daß er die Untertanen von der Treue gegen ungerechte Herrscher lösen kann.

4 Siehe: ZAGV (Zeitschrift des Aachener Geschichtsvereins:) Emil Pauls, »Zur Geschichte der Heiligsprechung Karls des Großen«, Bd. 25, S. 335 – sowie: Maria Schmitz, »Die Beziehungen Friedrich Barbarossas zu Aachen«, Bd. 25, S. 1.

5 J. B. Sägmüller, »Lehrbuch des katholischen Kirchenrechts«, Freiburg 1909, S. 353.

6 Siehe: Abel/Simson, »Jahrbücher des Fränkischen Reiches«, Ndr. 1969, Bd. 2, S. 84, 85.

Der Vorwurf ist absurd. Alle Quellen besagen, daß Fastrada am 10. August 794 starb. Im September tritt Karl von Frankfurt aus, wo er vorher die Synode über den Bilderstreit abgehalten hatte, zum Sachsenzug an. Die Tatkraft des Königs ist ungebrochen, so daß für morbide Melancholie gar keine Zeit bleibt.

313

7 Siehe: ZAGV. August Paul, »Die Fastradasage«, Bd. 17.
8 Siehe: H. Schiffer, »Kulturgeschichte der Heiligtumsfahrt«, Aachen, 1930.
9 Siehe: »Karl der Große oder Charlemagne?« Acht Antworten deutscher Geschichtsforscher, Berlin 1935 mit Beiträgen von: Karl Hampe, Hans Naumann, Hermann Aubin, Martin Lintzel, Friedrich Baethgen, Albert Brackmann, Carl Erdmann, Wolfgang Windelband.
10 Siehe: Werner Raith, »Das verlassene Imperium«, Berlin 1982, S. 57.
11 Siehe: K. F. Werner, »Die Nachkommen Karls des Großen bis um das Jahr 1000«. S. 407, in »Karl der Große, Lebenswerk und Nachleben«, Bd. 3, 1967.

ZEITTAFEL

714   Karl Martell, unehelicher Sohn des Hausmeiers Pippin und seiner Friedelfrau Chalpaida, erkämpft die fränkische Gesamtherrschaft.

732   In der Schlacht bei Tours und Poitiers besiegt Karl Martell die Araber und bewahrt Europa vor der Islamisierung.

741   Tod des Hausmeiers Karl Martell. Teilung des Reiches unter seine Söhne Karlmann und Pippin.

742   Beginn der fränkischen Kirchenreform. Mutmaßliches Geburtsjahr Karls des Großen.

746   Bonifatius wird Erzbischof von Mainz.

747   Karlmanns Eintritt ins Kloster. Pippin fällt als Hausmeier die Gesamtherrschaft zu.

751   Mit Zustimmung des Papstes Zacharias setzt Pippin den letzten Merowingerkönig, Childerich III., ab und wird an seiner Stelle zum König gewählt und gesalbt, vielleicht durch Bonifatius. Geburt Karlmanns. Die Langobarden erobern Ravenna.

752   Aquitanien wird von den Sarazenen befreit.

754   Papst Stephan II. erscheint schutzsuchend vor langobardischer Bedrohung im Frankenreich, Karl reist dem Papst nach Saint Maurice (Wallis) entgegen. Erste Nennung des späteren Königs und Kaisers. Pippin empfängt den Papst mit Proskynese und Stratordienst in seiner Pfalz Ponthion. Der Papst salbt Pippin und seine Söhne zu Königen und verleiht ihnen die Würde eines Patricius Romanorum. In der Pippinschen Schenkung gibt Pippin dem Papst Versprechungen auf Gebiete in Italien (Beginn des Kirchenstaates). Bonifatius findet den gesuchten Märtyrertod bei Dokkum. Italienkrieg und Sieg Pippins über die Langobarden.

756   Erneuter Langobardenangriff auf Rom endet mit neuerlichem Sieg Pippins und der Unterwerfung des Langobardenkönigs in Pavia.

804 Erlöschen des Sachsenkrieges – schwere Deportationen zwischen Weser und Elbe. Tod Alkuins. Besuch Papst Leos III. in Soissons, in Chelles bei Paris, in Quierzy und in Aachen.

805 Feldzug in Böhmen.

806 Plan der Teilung des Reichs unter die Söhne Karl, Pippin und Ludwig.

807 Ehrenhoheit über Jerusalem.

808 König Gottfried von Dänemark unterwirft die unter fränkischem Schutz stehenden Abodriten und macht sie tributpflichtig.

809 Synode in Aachen über die Frage, ob der Heilige Geist nur von Gottvater oder auch vom Sohne ausgehe. Kämpfe an der Dänengrenze.

810 König Pippin erobert Venedig und stirbt. Ebenso die Karlstochter Rotrud. Karls letzter Feldzug gegen Dänemark. Dänenkönig Gottfried ermordet.

811 Tod des Sohnes Karl. Das Karlstestament. Dänenfrieden.

812 Vertrag zwischen Karl dem Großen und dem byzantinischen Kaiser Michael. Karl wird als Basileus und Imperator anerkannt.

813 Nach dem Tode der Söhne Karl und Pippin erhebt Karl seinen Sohn Ludwig zum Mitkaiser durch Selbstkrönung.

814 Tod Karls des Großen am 28. Januar 814 in Aachen. Beginn des Kaisertums Ludwigs des Frommen. Im gleichen Jahr stirbt Angilbert. Karls Vetter Wala, bis dahin fast sein Stellvertreter, wird nach Corbie verbannt.

Bemerkung zum Literaturhinweis

Wer tiefer in die faszinierende Vergangenheit der Karolinger eindringen will, dem empfiehlt sich das vierbändige, mit einem zusätzlichen Registerband versehene Werk »Karl der Große, Lebenswerk und Nachleben«, 1967, herausgegeben von Wolfgang Braunfels. Die hervorragendsten Karlsforscher unserer Zeit nehmen hier zum gesamten karolingischen Lebenskreis Stellung. Dem Kauf steht in den meisten Fällen nur der Preis, der sicherlich gerechtfertigt ist, entgegen. Hier empfehlen sich die einschlägigen Bibliotheken, in denen diese umfassende Gesamtdarstellung zu finden ist.

Wichtig ist, daß die »Quellen zur karolingischen Reichsgeschichte« in der Bearbeitung von Reinhold Rau in deutsch und lateinisch zu erwerben sind, so daß auch dem Nichthumanisten das Studium der Quellen möglich ist.

Immer noch von hohem Interesse, und im wesentlichen nicht überholt, bietet sich Engelbert Mühlbachers 1896 bei Cotta und 1980 neuerschienenes Werk: »Deutsche Geschichte unter den Karolingern« an.

In einer nur 90 Seiten starken Arbeit, die aber an Präzision, Faktenvermittlung und historischer Gestaltungskraft bedeutend und gewichtig ist, stellte Josef Fleckenstein 1962 »Karl den Großen« vor.

In dem 1981 veröffentlichten Werk »Die Welt der Karolinger« gibt der französische Historiker Pierre Riché eine umfassende Darstellung des Alltagslebens der Herrscher und der Sklaven, der Bauern und der Krieger, der Kaufleute und der Künstler, der Kleriker und der Wissenschaftler der damaligen Zeit.

In der Darstellung und Ausdeutung der karolingischen Kunst- und Geisteswelt ist Wolfgang Braunfels mit seiner 1968 erschienenen »Welt der Karolinger«, aber auch mit seiner Biographie »Karl der Große in Selbstzeugnissen und Bilddokumenten« 1972, ein einfühlsamer und kenntnisreicher Führer und Deuter.

LITERATURHINWEIS

Sigurd Abel, »Jahrbücher des fränkischen Reiches unter Karl dem Großen, 768–814. Bd. 1 und 2«. Fortgesetzt von Bernhard Simson. Neudruck der Auflage von 1888 bei Dunker und Humblot, Berlin 1968.

W. Abel, »Geschichte der deutschen Landwirtschaft vom frühen Mittelalter bis zum 19. Jahrhundert«. Stuttgart 1978.

Peter Berghaus, »Das Münzwesen«.

H. Beumann, Marburg, »Grab und Thron Karl des Großen zu Aachen«. In: »Karl der Große, Lebenswerk und Nachleben«. 4 Bände 1967.

Barbara Beuys, »Familienleben in Deutschland«. Reinbek bei Hamburg, 1980.

Marc Bloch, »Die Feudalgesellschaft«. Berlin–Wien 1982.

J. F. Böhmer und Engelbert Mühlbacher, »Regesten des Kaiserreiches unter den Karolingern«. Darmstadt 1959.

Arno Borst, »Das Karlsbild in der Geschichtswissenschaft vom Humanismus bis Heute«.

Wolfgang Braunfels, »Der Aachener Hof und seine Kultur«.

Wolfgang Braunfels, »Die Welt der Karolinger«. München 1968.

Wolfgang Braunfels, »Karl der Große in Selbstzeugnissen und Bilddokumenten«. 1972.

Franz Brunhölzel, »Der Bildungsauftrag der Hofschule«.

Georges Duby, »Die drei Ordnungen«. Das Weltbild des Feudalismus. 1981.

Georges Duby, »Krieger und Bauern«. Die Entwicklung von Wirtschaft und Gesellschaft im frühen Mittelalter. 1981.

Edith Ennen, »Frauen im Mittelalter«. München 1985.

J. Fischer, »De civitate Dei« (Der Gottesstaat), Verlag Kemper, Heidelberg.

Josef Fleckenstein, »Karl der Große«. 1962.

F. L. Ganshoff, »Was ist das Lehnswesen«. Darmstadt 1983.

F. L. Ganshoff, »Karl der Große und sein Vermächtnis«.

B. Gebhardt und G. Grundmann, Hrsg.,»Handbuch der deutschen Geschichte«. Stuttgart 1970.

Karl Grauert,»Das Itinerar Karls des Großen«.

Gregor von Tours,»Zehn Bücher Geschichten«, Bd. 1 und 2 lat./ deutsch. In der Übersetzung von W. Giesebrecht, neubearb. von Rudolf Buchner. Darmstadt 1977.

Ernst Günther Grimme,»Karl der Große in seiner Stadt«.

Johannes Haller,»Das Papsttum, Idee und Wirklichkeit«. 4 Bände 1965.

Karl Hampe,»Herrschergestalten des Mittelalters«. 1955.

Albert Hauck,»Kirchengeschichte Deutschlands«. 5 Bände 1887–1920.

Karl Hauck,»Die Ottonen und Aachen, 876–936«.

E. Hawlitschka,»Die Vorfahren Karls des Großen«.

Wilhelm Heil,»Der Adoptianismus, Alcuin und Spanien«.

Robert Holzmann,»Geschichte der sächsischen Kaiserzeit«. 1979.

Ricarda Huch,»Das römische Reich«. 1934.

Leo Hugot,»Die Pfalz Karls des Großen in Aachen«.

Fritz Kern,»Gottesgnadentum und Widerstandsrecht im frühen Mittelalter«. 1954.

Fritz Kern,»Recht und Verfassung im Mittelalter«. Darmstadt 1976.

Ludolf Kuchenbuch,»Bäuerliche Gesellschaft und Klosterherrschaft im 9. Jahrhundert«. Wiesbaden 1978.

J. Leuschner,»Kirche des Mittelalters«. Klett-Verlag, Stuttgart 1962.

Heinz Löwe,»Von Theoderich zu Karl dem Großen«. In: Deutsches Archiv 1952 – Nachdruck: Darmstadt 1958.

Gerhard Lohse,»Das Nachleben Karls des Großen in der deutschen Literatur des Mittelalters«.

E. Meuthen,»Karl der Große – Barbarossa – Aachen«.

Heinrich Mitteis,»Der Staat des hohen Mittelalters«. 1980.

Engelbert Mühlbacher,»Deutsche Geschichte unter den Karolingern«. Darmstadt 1959.

Franz Petri und Georg Droege, Hrsg.,»Rheinische Geschichte«. Düsseldorf 1978.

Sigurd, Graf Pfeil,»Karl der Große in der deutschen Sage«.

H. Pirenne,»Geschichte Europas«. 1956.

Friedrich Prinz,»Abriß der kirchlichen und monastischen Entwicklung des Frankenreiches bis zu Karl dem Großen«.

Werner Raith,»Das verlassene Imperium«. Berlin 1982.

Quellen zur karolingischen Reichsgeschichte, bearb. von Reinhold Rau, lat./deutsch,»Die Reichsannalen«,»Einhard Leben Karls des

Großen«, »Zwei ›LEBEN‹ Ludwigs«, »Nithard Geschichten«, »Jahrbücher von St. Bertin«, »Jahrbücher von St. Vaast«, »Xantener Jahrbücher«, »Jahrbücher von Fulda«, »Regino Chronik«, »Notker Taten Karls«.

Pierre Riché, »Die Welt der Karolinger«. 1981.

Heinz Ritter, »Die Nibelungen zogen Nordwärts«. München 1981.

J. B. Sägmüller, »Lehrbuch des katholischen Kirchenrechts«. Freiburg 1909.

Th. Schieder, Hrsg., »Handbuch der europäischen Geschichte«. 1979.

Heinrich Schiffers, »Karls des Großen Reliquienschatz und die Anfänge der Aachenfahrt«. 1951.

Heinrich Schiffers, »Kulturgeschichte der Heiligtumsfahrt«. 1930.

Paul Schönen, »Das Karlsbild der Neuzeit«.

Percy Ernst Schramm, »Herrschaftszeichen und Staatssymbolik«. 1955

Percy Ernst Schramm, »Kaiser, Rom und Renovatio«. 1957.

Percy Ernst Schramm, »Die Anerkennung Karls des Großen als Kaiser«. In: Historische Zeitschrift 172. 1951. Nachdruck München 1952.

Josef Semler, »Karl der Große und das fränkische Mönchstum«.

Wolfram von den Steinen, »Der Neubeginn«.

Wolfram von den Steinen, »Karl und die Dichter«.

Wolfram von den Steinen, »Karl der Große, Leben und Briefe«. 1928.

Thietmar von Merseburg, »Chronik«, lat./deutsch, neu übertragen von Werner Trillmich. Hrsg. R. Buchner. 1957.

Wattenbach-Levison-Löwe, »Deutschlands Geschichtsquellen im Mittelalter«, Heft 1 und 2. Weimar 1952.

Max Weber, »Wirtschaftsgeschichte«. Berlin 1923.

K. Weidemann, »Von der Spätantike zu Karl dem Großen«.

K. F. Werner, »Die Nachkommen Karls des Großen bis um das Jahr 1000«.

Widukind von Corvey, »Die Sachsengeschichte«, übersetzt und herausgegeben von E. Rotter und B. Schneidmüller. 1981.

ZAGV. (Zeitschrift des Aachener Geschichtsvereins) unter besonderer Berücksichtigung der Bände: 13, 14, 21, 24, 25, 27, 41, 46, 47, 55, 83.

M. Zender, »Die Verehrung des hl. Karl im Gebiet des mittelalterlichen Reiches«.

Personenregister

Abbio (Abbi), Ende 8. Jh., Sächs. Großer, vielleicht Schwiegersohn v. Widukind *111*

Abdarrahman, 756–788, Emir, Herr des Kalifats von Cordoba *31, 130f*

Abdurrahman Ibn Habib (gen. der Slawe), um 778, arab. Heerführer d. abbasidischen Kalifen in Bagdad *133*

Adalgis, † 782, Kämmerer Karls des Großen *106, 108, 200*

Adalhaid, 8./9. Jh., Tochter Pippins, Kg. in Italien *258, 303*

Adalhard, † 826, Abt. v. Corbie, Vetter Karls d. Großen und Bruder des Wala *66, 73, 94, 197, 201, 224, 226*

Adalheid/Adelheid (?), 773–774, Tochter Karls d. Großen, geb. und gest. im Feldlager vor Pavia *87, 254*

Adaltrud, 8/9. Jh., Tochter Karls des Großen und der Gerswind *257*

Adelchis, † n. 788, Sohn des Langobardenkgs. Desiderius *61, 84f, 87*

Adelinde, 8./9. Jh., Konkubine Karls d. Großen *253*

Adelperga, Ende 8. Jh., Tochter des Langobardenkgs. Desiderius und Gem. d. Hzgs. Arichis v. Benevent *61, 141, 165*

Ademar v. Chabannes, Anfg. 11. Jh., Chronist *11f, 14*

Agilulf, 591–615/16, Hzg. von Turin, Kg. d. Langobarden *141*

Agnes v. Meran, 12./13. Jh., Gem. Kg. Philipp II. August, Kg. v. Frankreich *40f*

Agnes von Poitou, † 1077, dt. Ksn., Gem. Ks. Heinrichs III., Reichsregentin v. 1056–1062 *275*

Agobard, 816–840, Ebf. v. Lyon *189, 225*

Aistulf, 749–751, Kg. d. Langobarden *48ff, 52*

Alkuin (Alchwine), † 804, angels. Gelehrter, Abt von Tours *7, 121, 126ff, 164, 185, 204, 207–212, 214, 217, 219, 223, 225f, 231, 234, 236, 239f, 252, 256, 260*

Alexander d. Große, † 323, Kg. v. Makedonien *7*

Alexander III., 1159–1181, Papst *277f*

ELISABETH V. THÜRINGEN, † 1231, Gem. d. Markgf. v. Thüringen, Heilige 23

ERASMUS V. ROTTERDAM, † 1536 227

ERICH, † 799, Markgf. v. Friaul und Heerführer Karls d. Großen 162 ff

ERDMANN, CARL, zeitgen. Historiker 297

ERMOLDUS NIGELLUS, um 826/28, Dichter 193, 195, 213, 225

EUGEN III., 1145–1153, Papst 277

FASTRADA, † 794, 3. Gem. Karls d. Großen 17, 110, 153, 157, 159, 230, 253–257, 281

FELIX, † 818, Bischof v. Urgel und markantester Vertreter d. Adoptianismus 208, 231, 234

FRIEDRICH I., 1152–1190, Dt. Kg. und Ks. 14f, 277f, 286

FRIEDRICH II., 1212–1250, Dt. Kg. und Ks. 15, 278, 280, 285f

FRIEDRICH III., 1440–1493, Dt. Kg. und Ks. 289

FULRAD, † 784, Abt v. St. Denis 37, 43f, 52, 72, 104, 135, 198

GAGUIN, ROBERT, 15. Jh., franz. Gelehrter und Diplomat 291

GEILO, † 782, Marschall Karls d. Großen 106, 108

GELASIUS I., 492–496, Papst 216, 240

GERBERGA, † n. 771, Gem. d. Kgs. Karlmanns 61, 71, 73, 87

GERBERT V. REIMS, 999–1003, späterer Papst Silvester II. 273

GERMANOS I., 715–730, Patriarch von Konstantinopel 234

GEROLD, † 799, Heerführer Karls d. Großen und Präfekt in Baiern, Bruder der Karlsgattin Hildegard 148, 151, 162f

GERVOLD, † 806, Abt v. St. Wandrille (Fontanella) 260

GERSWIND, 8./9. Jh., Konkubine Karls d. Großen 253, 257

GIBBON, EDWARD, † 1794, Brit. Historiker 293

GISELA, 757–810, Schwester Karls d. Großen, Äbtissin der Frauenklöster Chelles und Notre-Dame de Soissons 61f, 226

GISELA (GISLA), † n. 814, Tochter Karls d. Großen 144

GISELA, 11. Jh., Mutter v. Heinrich III. 277

GODOFRID, † 810, Kg. der Dänen 168

GOTFRID, † 709, Hzg. der Alemannen, wahrscheinl. Großvater der 2. Karlsfrau Hildegard 75

GOTTFRIED, 8. Jh., Vater der Hildegard 254

GOZBERT, um 820, Abt von St. Gallen 224

GREGOR I., DER GROSSE, 590–604, Papst 219

GREGOR III., 731–741, Papst 32, 45f, 238

GREGOR V., 996–999, Erster deutscher Papst 273

HITHERIUS (ITHERIUS), 8. Jh., Abt von St. Martin zu Tours, Kanzler
Karls d. Großen 90
HRABANUS MAURUS, 822–856, Abt von Fulda und von 847 Ebf. von
Mainz 80, 225, 258
HRODGAUD, † 776, Langobardenhzg. v. Friaul 102
HUGO, † 844, außerehel. Sohn Karls d. Großen, Abt von St. Quentin
und Erzkanzler Ludwigs des Frommen 226, 257
HUNOALD, 735–745, Hzg.? von Aquitanien 58f, 76

INNOZENZ III., 1198–1216, Papst 277, 288
INNOZENZ IV., 1243–1254, Papst 285, 288
IRENE, 780–803, Ksn. von Byzanz 94, 207, 235f, 241, 283

JOHANNES VIII., 872–882, Papst 272
JOHANNES XII., 955–963, Papst 272
JUSTINIAN I., 527–565, Byzant. Ks. 40, 203, 214
JUSTINIAN II., 685–695, 705–711, Byzant. Ks. 217

KARL DER JÜNGERE, † 811, Frankenkg. und Sohn Karls des Gro-
ßen 121f, 127, 166, 168, 254, 257, 260, 262
KARL II. (DER KAHLE), 840–877, Frankenkg. und Ks. 187, 226, 272
KARL III. (DER DICKE), 876–888, Frankenkg. und Ks. 284, 304
KARL IV., 1346–1378, Dt. Kg. und Ks. 282
KARL V., 1519–1556, Dt. Kg. und Ks. 286
KARL BORROMÄUS, † 1584, Ebf. von Mailand und Heiliger 280
KARLMANN, 741–747, † 754, Hausmeier in Austrien, dann Mönch 34–
37, 49, 52, 74, 94f, 137, 193
KARLMANN, 768–771, Frankenkg., Bruder Karls d. Großen 48, 58–61,
64ff, 67, 69, 71ff, 75, 89, 104, 138, 141, 194
KARL MARTELL, 714–741, Fränk. Hausmeier 29, 30–34, 37, 45, 49f, 52,
58, 70, 76, 78, 89, 95, 137, 158, 191f, 238, 268
KARLMEINET, 14. Jh., Karlmeinet, gebildet aus »Carolus Magnitus«.
Niedrrh. poetisches Sammelwerk einer sagenhaften Karlsbiogra-
phie 290
KONRAD II., 1024–1039, Dt. Kg. und Ks. 20
KONRAD DER PFAFFE, um 1170, Regensburger Geistlicher und erster
deutscher Bearbeiter des Rolandliedes 135
KONSTANS II., 641–668, Byzant. Ks. 217
KONSTANTIN DER GROSSE, 306–337, Röm. Ks. 33, 57, 216

Karl der Groß

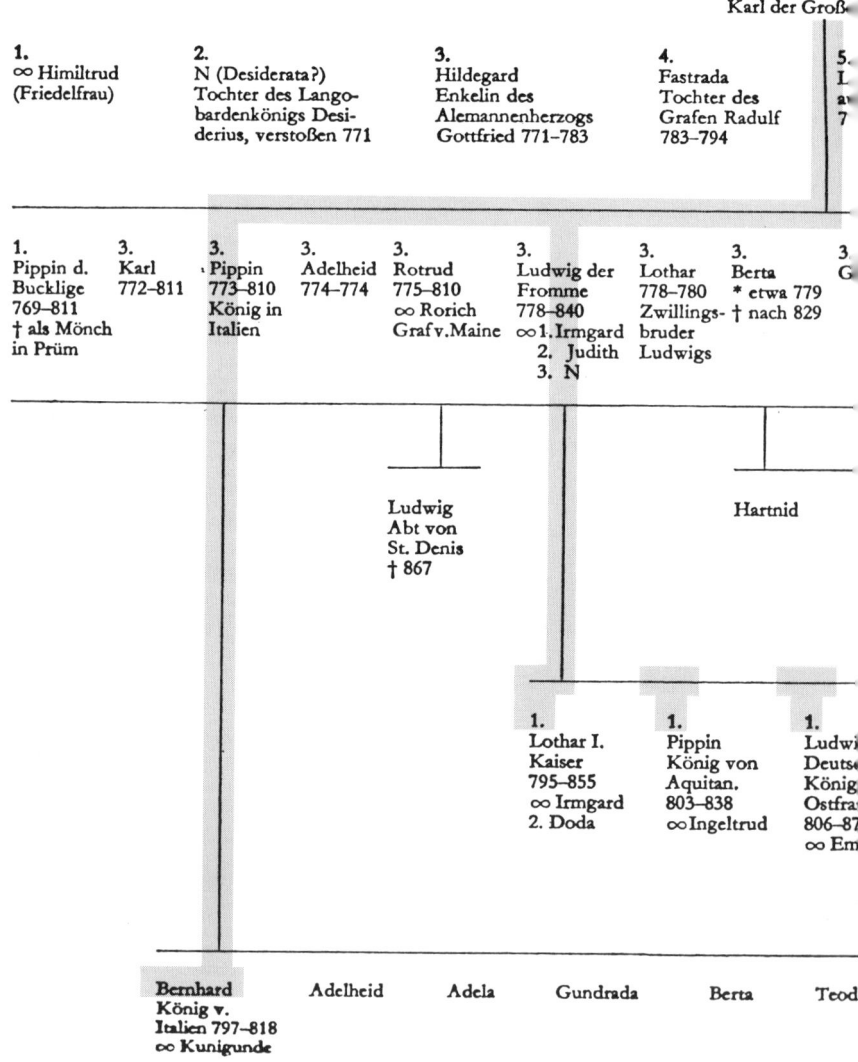

1.	2.	3.	4.	5.
∞ Himiltrud (Friedelfrau)	N (Desiderata?) Tochter des Lango- bardenkönigs Desi- derius, verstoßen 771	Hildegard Enkelin des Alemannenherzogs Gottfried 771–783	Fastrada Tochter des Grafen Radulf 783–794	L a 7

| 1. Pippin d. Bucklige 769–811 † als Mönch in Prüm | 3. Karl 772–811 | 3. Pippin 773–810 König in Italien | 3. Adelheid 774–774 | 3. Rotrud 775–810 ∞ Rorich Graf v.Maine | 3. Ludwig der Fromme 778–840 ∞1.Irmgard 2. Judith 3. N | 3. Lothar 778–780 Zwillings- bruder Ludwigs | 3. Berta * etwa 779 † nach 829 | 3 G |

Ludwig
Abt von
St. Denis
† 867

Hartnid

1. Lothar I. Kaiser 795–855 ∞ Irmgard 2. Doda	1. Pippin König von Aquitan. 803–838 ∞Ingeltrud	1. Ludwi Deuts König Ostfra 806–87 ∞ Em

Bernhard
König v.
Italien 797–818
∞ Kunigunde

Adelheid   Adela   Gundrada   Berta   Teod